論老年

LA VIEILLESSE

Simone de Beauvoir

西蒙·德·波娃 著

邱瑞鑾 譯

第一部

西蒙波娃繼《第二性》之後

再次打破西方千年沉默的重磅論述

目次

第二部　存在世界之中

編按：

1. 本書內文中的小標題，出自中文版編輯，以利讀者更快掌握段落重點。
2. 本書原於一九七〇年一月出版，書中所陳述的統計數據、事實、現況描述、現象觀察、現下時間用語（如現在、目前、最近、最新、今日等），若未特別指明年代，皆以作者寫作此書的一九六〇至七〇年代為時代背景。
3. 本書提的法國法郎、美元幣值，根據中央銀行「我國與主要貿易對手通貨對美元之匯率年資料」，一九六九年時，一法郎約等於新台幣七·七元，一美元約相當於新台幣四十元。

導論

在佛陀還是悉達多王子的時候，他被父王關在金碧輝煌的皇宮裡，但他曾經多次暗自搭著車子出宮，到宮外走走。他第一次出宮時，遇見了一個滿臉皺紋、滿頭白髮、沒了牙齒、駝背且身體孱弱的人。這人撐著枴杖，全身顫抖，說話含糊不清。悉達多王子對此很訝異，車伕對他解釋老年人是什麼樣子。悉達多王子驚呼：「弱小而無知的人是多麼不幸啊。他傲於自己年輕氣盛而目盲，竟然看不見老年就在眼前！我們快點回家吧。既然我未來會是個老年人，遊戲和歡樂又有何用？」

佛陀在一個老年人身上看見了他自己未來的命運，因為生來即為拯救世人的他，想全盤承擔人類人生各個階段的景況。這一點就是他與其他人不同之處；其他人會迴避讓他們不快的那一面，特別是迴避老年的景況。美國人在他們的字彙裡刪去了「死」這個字，他們只說「親愛的逝者」；同樣地，他們的字彙裡也沒有類似「高齡」這樣的字眼。在今日的法國，這也是個禁忌話題。在我的《事物的力量》一書最後面，我觸犯了這個禁忌，這可大大激起公憤！姑且說我也離老年的門檻不遠了，這話也等於在說，所有女人都逃不了老年的虎視眈眈，而且已經有許多人被攫捕在其掌中。不少人（尤其是些老年人）會用和藹或憤怒的口氣一再對我說，老年是不存在的！總歸一句話，不過就是有些人沒另外一些人年輕。在社會上，老年像是某種讓人羞愧的祕密，談論它有失體面。有非常多領域的文學都以女人、小孩、青少年為題材；而除了某些特定的書籍之外，以老年為題材的作品很罕見。有一位漫畫家只是因為在作品人物裡納入了祖父母，人家便命令他[1]：「刪去老人。」害他整個系列都得重新繪製。當我對人說，我正在寫一本關於老年的書時，大部分時候都會引來他人的驚呼：「這念頭真奇怪！……但您又還不老！……這主題真讓人悲傷……」

就是因為這樣，我才要寫這本書——為了打破人人對此皆閉口不言的沉默。馬爾庫塞[2]表示，消費社會用快樂的意識取代了不快樂的意識，並排拒了罪惡感。必須要攪亂消費社會這樣的平靜狀態。對老年人來說，消費社會不只在精神上有罪過，而是實際上犯了罪。它躲在擴張和富足的迷思背後，把老年人當成賤民。法國老年人的人口比例是全世界最高的——有十二％的人超過六十五歲——他們都被迫活在窮困、孤獨、病弱與絕望中。在美國，他們的命運也好不到哪兒去。這種不文明的狀況配上所謂人道主義的道德，主宰階層便很方便地決定不把老年人看成人。但是，如果你聽了他們的聲音，你會不得不承認：這確確實實是「人」所發出的聲音。我就要強迫我的讀者來聽聽他們的聲音。我會描繪造成他們當前狀況的處境，描繪他們是如何活在這處境中；我會說說他們腦中、他們心裡真正所想的——這些通常都被謊言、迷思、中產階級文化的教條給歪曲了。

然而，社會對老年人的態度是表裡不一的。在這社會中，通常，老年不被視為某一個明確的年齡層。青春期的激變是一條清楚的界線，讓我們將青少年和成年人劃分開來，當中雖然有模糊難分之處，但僅限於幾歲之差。到了十八歲、二十一歲，年輕人在社會中便被當作成年人一般地接納。從青少年跨入成年，往往有「成年禮」來慶祝這個過渡。而幾歲起才算是老人，這界線從來不分明，根據年代、地區的不同而有所差異。而不管在何地，都沒有所謂「老年禮」這回事，沒人會慶賀這個新身分[3]。在政治上，人們一生都保有同樣的權利和義務。法國民法不會對一百歲和四十歲的人所享有的權利、義務做出區別；除了某些反常的情況，法學家認為老年人應負的刑事責任和年輕人完全相同[4]。事實上，我們不會將老年人看成一個特別的類別，而且老年人自己也不希望如此。有不少的書籍、出版品、表演、電視節目、廣播節目專為小孩和青少年製作，為老年人而製作的則沒有[5]。在所有這些領域，我們將老年人與較年輕的成年人同等看待。然而，當我們看他們在經濟上的地位時，不禁要認為他們是屬於外來物種：他們的需求、感受和其他人並不相同，就好像只要給他們施點小惠，一般人就覺得不欠老年人什麼。在經濟學家、立法人士悲嘆已經退出勞動社會的人給仍在社會中勞動的人帶來極大負擔之時（彷彿還在社會中勞動的人以後不會是退出社會勞動的人，也沒想要照顧老年人的經濟來保障自己的未來），他們便讓上述這個輕易產生的錯覺更站得住腳。工會人士則看清了問題所在：他們在要求自己的權利時，重點總是繫於退休的問題上。

1 根據法蘭沙．加希格的報導。《阿爾薩斯時事報》，一九六八年十月十二日。
2 譯注：馬爾庫塞（Herbert Marcuse，一八九八－一九七九），德國哲學家、社會學家及政治理論家，為法蘭克福學派與新馬克思主義的要角。
3 在某些社會中，當人活到六十歲或八十歲的那一天會舉行慶祝儀式，但這儀式沒有跨入新身分的含意。
4 總檢察官莫爾內在起訴維琪政府元首貝當時，強調了在法律當前，是不會考量他的年紀的。這幾年，訴訟之前的「人身調查」會特別指出嫌犯的年紀，不過，它被看作是和其他特徵沒兩樣。
5 《好報》不久前才刊行了專為老年人製作的版面，內容卻僅限於實用的資訊。

經濟上處於弱勢的老年人，沒有辦法維護他們自己的權利：想從這景況中牟利的人，便想打破勞動人口和非勞動人口之間團結一致的關係，使後者不受到任何人的保護。根據中產階級傳播的迷思與陳腔濫調，他們竭力顯示出老年人是「非我族類」。普魯斯特表示：「因為青少年時光漫漫持續如此多年，以致忽焉來到了老年。」老年人仍保有他身為人生平所具的優點與缺點。對於這一點，輿論卻總是刻意忽視。如果老年人表現出擁有和年輕人一樣的慾望、感受、要求，就會讓人覺得反感；在老年人身上，愛情、嫉妒似乎顯得可憎或可笑，性慾更是令人作嘔，暴力則微不足道。他們應該在各種德行上作為他人的典範。我們要求老年人首先應該是一個泰然平和的人；我們確信他們是泰然平和的，因此他們不把自己的不幸放在心上。我們加諸老年人一種昇華的形象：他是滿頭白髮、籠罩著一圈光環的智者，經驗豐富，而且受人敬愛，他超乎人類景況之上。要是他遠離了這樣的形象，便會落入低下的景況。和上述相反的形象是瘋老頭一個，說話嘮叨、顛三倒四，連小孩子都會取笑他。無論如何，不管他們的形象是有德行或是可鄙的，都被劃在人類的範疇之外。所以，我們就可以無所顧忌地拒絕他們的最低需求，這最低需求是讓人過一個像人的生活最基本的條件。

我們把老人排拒得太遠，以致它有可能反過頭來讓我們自己排拒自己，也就是說我們拒絕承認自己以後也會變成老年人。普魯斯特這麼表示：「就所有的現實來看，〈老年〉說不定是我們在生命中保有最久的一個純粹的抽象概念。」所有人都會死。我們都沒忘記這件事。絕大部分的人都會成為老年人，但幾乎沒有人會提早面對這個新的身分。沒有什麼比老年更確定會到來，也沒有什麼比老年更讓我們沒準備。詢問年輕人（尤其是年輕女生）他們的未來，問到他們六十歲以後的景況時，有些女生會說：「我不會活到那麼老，我會在那之前就死去。」有些女生甚至說：「我會在那之前自殺。」很多成年人的作為，就好像他們永遠也不會成為老年人一般。往往，勞工在年屆退休之齡時會很訝異地發現：退休之期早就定了，他們自己很清楚這個日期，應該及早做好準備的。但事實上，直到最後一刻，他們都沒想到要及早做好準備——除了那些對這類政治議題非常感興趣的人。

臨到老年，甚至在已經接近老年時，我們通常寧願老去，而不是死去。然而，因為有距離，我們總是能頭腦清明地設想死亡這件事。死亡是立即的可能性，不論哪個年紀的人都受到死亡的威脅。它有可能與我們擦身而過；我們往往懼怕死亡。而我們不會在剎那之間內成為老年人：年輕人或是壯年人不會像佛陀一樣想到老年就駐紮在我們身上。老年和我們隔著許久的時間，以致在我們眼中它有如永恆之久。這個遙遠的未來，在我們看來是如此不真實。再者，逝者並沒什麼；我們在這虛無之前可能感受到形而上的迷亂，但是從某方面來說，死亡讓人感到安心。它再也不成問題。「我人不在世了」：我在死後仍保有我的身分[6]。在二十歲、在四十歲時想像著自己老去，即是想像著自己是「別的」。所有的蛻變都具有某種可怕的東西。我小時候在意識到有一天我會變為大人時，我非常驚訝，甚至焦慮。不過，在年紀還小時，那股想要維持自己現狀的慾望，通常會被成為大人有諸多好處所取代。然而，老年卻顯得猥瑣、不光彩。即使是保養得宜的老年人，那外貌上的衰頹

6 尤其，對相信靈魂不朽的人來說，這個身分是取得保障的。

還是能讓人一眼就看出來。因為人類的外貌隨著年歲改變，那變化最是觸目驚心。其他的動物會變瘦、變衰弱，但他們外貌的變化並不顯著。我們人類則非如此。當我們在一個美麗的年輕女孩身邊看見她未來的影像——也就是她媽媽時，我們的心會傷痛。人類學家李維史陀曾經提到南美洲的印地安人南比夸拉族，說他們只用一個字來指稱「年輕、貌美」，用另外一個字來指稱「年老、醜陋」。面對老年人所呈現的我們未來的面貌，我們總是抱持懷疑態度，內心裡有個荒謬的聲音輕聲地說，這件事才不會臨到我們頭上；就算事情真的發生了，那也不再是我們。當事情在我們身上還沒成立時，老年只會是別人的事。所以，我們便可瞭解到這個社會成功地讓我們轉過頭去，不去看老年人是我們的同類。

讓我們誠實以對吧。我們人生的意義在那等待著我們的未來成了問題；而要是我們忽視我們即將成為的，就不會知道自己是誰。我們就認了自己未來會是眼前的老先生、老太太吧。如果我們要全盤承擔自己作為一個人的景況，就得這麼做。這麼一來，我們不會再漠不關心老年人的不幸，我們會感覺這個問題很切身，因為我們即是老年人。老年人的不幸，明明白白地揭露了我們這個社會的剝削制度。無法滿足自己需求的老年人永遠是社會的負擔。但是在具有某種平等的群體社會中（在農村社區裡，在某些原始部族中），一個成年人他雖然不想知道，但仍然很清楚自己的未來會和他自己現今加諸老年人的景況一樣。這就是我們在流傳各鄉間不同版本的格林童話中所看見的。有個農夫讓他的老父親在全家人用餐的飯桌之外用木製的小食槽吃飯，這個農夫有一天發現他的兒子正在組裝木板，孩子說：「這給你老了以後用。」這下子，老父親終於可以和全家人一起在桌邊吃飯了。

仍在群體社會中勞動的人，他們在自己的長遠利益和短程立即性利益之間找到了折衷之道。某些原始部族迫於生活資源的急迫匱乏，會殺害族中的老年父母，哪怕他們自己未來也會遭受同樣的命運。就其他沒這麼極端的例子來看，對未來的深謀遠慮和對父母的感情減緩了人的自私之情。而在資本主義世界中，再也不把長遠利益考量在內，使那些決定大眾命運的特權人士並不畏懼承擔大眾的命運。至於人道主義精神，儘管它虛偽地說個沒完沒了，但它不會出手相援。經濟是建立在利潤之上，整個文明幾乎可以說都是取決於此：我們只有在它能帶來利潤時才關心人類的境遇。一旦沒有利益可榨取，社會就把人扔掉。劍橋大學一位人類學家利奇博士最近[7]在一場會議上就表示：「在這個變動的世界裡，機器的使用年限都不長，人也不應該使用過久。所有超過五十五歲的人都應該當廢物報銷。」

「廢物」一詞明確傳達了他想要表達的。有人跟我們說，退休以後便是自由的時光、休閒娛樂的時光；還有詩人吹噓說，退休以後的日子是「甜蜜如港灣[8]」。這些都是無恥的謊言。這個社會讓絕大部分的老人活得如此貧賤，以致「又老又窮」這個說法幾乎是同義疊用：大部分的貧困人口都是老年人。有了空閒並沒有為退休人士帶來新的可能；在他終於解脫桎梏之時，我們卻使他沒辦法行使自由。他被判活在孤獨、厭煩之中，混著過日子，純然是社會的渣滓。一個人在他人生最後的十五、二十年，不應該是沒人要的。情況若是如此，就意味著我們這個文明的挫敗。如果我們是

7　寫於一九六八年十二月。

8　這是十七世紀詩人哈康的說法。

把老年人當作人，讓他們過著像人的生活，而不是像個活死人，那麼，拋棄處於人生最後階段的老年人，這件事會令我們感到憤慨才對。那些宣稱我們這個制度殘缺不全的人，應該清楚表明這是件醜聞。只有當我們在集中力量幫助最貧苦的人，才能成功撼動我們的社會。在印度，甘地為了推翻種姓制度，從謀求改善賤民的生活條件著手；在中國，共產黨為了瓦解封建家庭，解放了婦女。要求一個人在他最後的年歲中活得仍然像個人，也意味著徹底的變革。但想要達到這樣的結果，不可能只靠幾個有限的改革，而整個制度仍然維持不變。這是剝削勞動者，這是社會的齏粉化，這是將文化保留給權勢之不幸——這一切全都使得老年人變得如同非人。它們在在顯示了：打從一開始，一切就得重新審議。這也是為什麼問題是如此精心地埋沉在沉默中，而我們必須打破這個沉默。我要請讀者在這件事上與我齊心協力。

開場白

到目前為止，我談到老年，就好像這個詞具有明確的實在性一樣。事實上，當它涉及我們人類，它的內涵並不容易確定。這是一種生物現象：老年人的身體機能具有某種特殊性。老年會引發心理上的後果，也就是說，有些行為會很正當地被認為是老年特有的。就像所有的人類處境，老年也具有「存在」的面向：它改變了個人與時間的關係，因而也改變了個人與世界、與其個人歷史的關係。從另一方面來說，人類從來不會活在天生本然的狀態裡。老年階段，就和在各年齡層一樣，他的身分是他所屬的社會強加給他的。這使得問題更形複雜。各個不同觀點之間，彼此是緊密互相依存的。我們現今明白了，把生理感知和心理事實分開來考量是一件很抽象難懂的事，因為它們是彼此相通的。我們知道，這兩者的關係在老年階段特別明顯，屬於典型的「心理—身體」領域。然而，我們所謂一個人的心理生活，只有根據他的存在景況才能理解，而存在景況也會影響人的生理機能；而且，根據身體或多或少的衰頹程度，我們和時間的關係也不相同。

總之，我們的社會是在考慮了老年人個體的特異反應——他不靈便的肢體、他的經驗——之後，才指派給他位置和角色；同樣地，個體會受到社會對他的實際態度和意識型態所影響。因此，以分析的方式來描述老年各種不同面向是不夠的，因為每個面向都會影響到其他面向，也反過來被其影響。所以，我們必須掌握的是此一循環難以界定的運動。

這也是為什麼要研究老年就必須努力研究得全面而徹底。既然我的主要目的是闡明今日在我們社會中老年人的命運，說不定大家會很訝異我花這麼多篇幅來寫在所謂原始社會中的老年人景況，以及他們在人類歷史不同時期中的景況。不過，作為生理上受制於生物自然法則的人，如果說老年是一個跨越歷史的實在（réalité），那麼，這個受制於生物自然法則的生理命運則會根據社會背景的不同而有異；反之，老年在一個社會中是有意義或無意義，會使得整個社會必須重新評議，因為，是通過老年揭露了我們之前的人生是有意義還是沒意義。為了評價我們這個社會，有必要在它所選擇的對待老年人的解決辦法，以及不同時空中其他群體社會所採用的解決辦法之間進行比較。這個比較，讓我們可以明白老年人面臨的景況是無可避免的，不管是在何時、何地；這個比較，讓我們清楚該付出什麼樣的代價並在何種程度上可以找到方法來緩和老年人的困境；這個比較，也讓我們清楚在今日所處社會的系統，對老年人的處境應該負什麼樣的責任。

所有的人類處境，都能從外在性來觀察，也就是它顯現於他人面前的樣貌，以及從內在性來觀察，意即個體如何承擔並超越自己的處境。對他人來說，老年是知識研究的對象；對自己來說，它是親身經歷的現實經驗。本書的第一部中，我採用第一種觀點，研究了生物學、人類學、歷史學、現代社會學傳授給我們的老年。在第二部中，我則努力描繪人是怎麼內在化他與自己身體的關係、與時間的關係、與他人的關係。但是這兩方面的探究，都無法讓我們定義「老年」；相反地，我們會發現老年有許多面貌，而且這些面貌不可能彼此化約。在歷史上，就像在今日，階級鬥爭左右了一個人怎麼邁入老年；老奴隸和老菁英階層之間隔著一道鴻溝，退休金微薄的老工人和億萬富翁之間也一樣。造成個別老人之間差異的還有其他種種因素，像是健康、家庭等。不過，老年人可以分為兩大類，一類人為數眾多，另一類人是極小眾，他們分屬互為對立的剝削者與被剝削者。那些宣稱涵蓋了全部老年人的主張，都應該被我們摒棄，因為這些主張試圖掩飾這兩類老年人之間的斷裂。

這時立即就有一個問題產生。老年並非一個靜態的事實，而是一個有延伸、有結果的過程。這個過程包含了什麼呢？換句話說，什麼是老化？老化這個概念，和變化的概念相關。不過，胎兒、新生兒和孩童也是個持續變化的過程。我們應該像某些人一樣下結論說，我們的生命是緩慢地邁向死亡？肯定不能這樣下結論。這種似是而非的話，不瞭解生命主要的真理：生命是一個不穩定的系統，它無時無刻都在失去平衡又重拾平衡。只有停滯不動才是死亡的同義詞。生命的法則是變化。老化的特徵即是某一種變化，意即不可逆的變化和不利的變化，也就是越來越傾向衰頹。美國老年學家藍辛對老年提出下面這項定義：「一種逐漸往不利方向變化的過程，通常和時間的進程有關，在邁入成熟期後變得明顯，並必然走向死亡。」

不過，立刻就有個困難攔下了我們。「不利」這個詞的意思是什麼？它具有價值判斷的意涵。只有當你有一個瞄準的目標，才能談進步或倒退。在瑪希愛勒．郭緒薛[9]滑雪比不上那些比她年輕

[9] 譯注：瑪希愛勒．郭緒薛（Marielle Goitschel，一九四五－），法國滑雪運動員，在十七歲到二十三歲之間（即一九六二年到一九六八年間），贏得了兩面奧運滑雪金牌，以及七面世界盃滑雪冠軍金牌。

的人時，她就從運動的角度把自己看作是老了。我們是在「活著」這件事裡，才有年紀的高低等級之分，而根據什麼標準來判定高低等級則非常不確定。我們必須知道我們的生命瞄準了什麼目標，才能決定自己是發生哪種變化，是接近目標、還是遠離目標。

如果我們在考量人時只考量他的身體機能，問題就變得很簡單。所有的身體機能都傾向於繼續生存。為了繼續生存，它每每在受到危害時，都必須找回平衡之道，保護自己不受外在的侵擾，更廣泛、更堅定地探取這世界。從這樣的角度來看，「有利的」、「無足輕重的」、「有害的」這些字眼才有明確的意義。從出生一直到十八、二十歲之間，我們身體機能的發展，傾向於提高生存的機會：它變得更強壯、更有抵抗力、更有精力，也更加增了它的可能性。大約到二十歲時，個體的體能臻至最高點。因此就整體來看，在前二十年的生命中，身體機能的變化是往好的一面走。

有些變化既不會改善也不會減損我們身體的機能。這些變化無足輕重，就像在幼年時期會有的胸腺退化，還有遠比我們所需數量更多的大腦神經元的退化也是。

有些不利的變化在很早期便已產生，像是視覺邊緣的調節幅度從十歲就開始下降。青少年時期之前，我們對高音的聽力已經開始減損，記憶力也從十二歲就開始衰退。根據金賽報告，男人的性能力在十六歲以後即開始減弱。這些非常有限的耗損並不妨礙孩童和青少年循著一道上升的曲線發展。

二十歲以後，尤其是三十歲起，各個器官開始退化。我們該從這時起就說已經邁入老年嗎？當然不。對人來說，身體不是純屬天然的領域。身體機能的減損、變質、衰弱，是可以由依程序組織的行動、自動作用、實際技能、智識來彌補的。只要機能減退是偶發的，並且輕易就可以掩飾，我們就不會說自己已經邁入老年。當機能衰退變得很明顯，而且再也無法補救，這時，身體會變得脆弱，而且多少變得不靈便，那麼我們便可明確地說老年來臨了。

如果我們從整體來考量一個個體，事情便變得更為複雜。我們在達到頂點以後就開始走下坡，但這頂點是落在哪裡呢？儘管身體和精神彼此相互依存，但這兩者的發展並非完全平行的。一個人可能在他身體尚未衰頹之前，就在精神上蒙受巨大的耗損；相反地，他也可能在身體衰頹時，智識上卻有了長足的進步。我們應該更看重上述哪一種情況呢？每個人給的答案不盡相同，因為這要看他看重的是身體的能力，還是心理的能力，又或者是這兩者之間的平衡。個體與社會就在這樣的選擇之後，對不同的年紀畫分等級，但沒有哪一種選擇是所有人都接受的。

孩子更勝於成年人之處，在於他充滿豐富的可能性，在於他無盡的探取能力、他感官感受之清新。等孩子漸長，失去這些豐富性的時候，這可以說是退化嗎？佛洛伊德似乎在某些點上認為這是退化。他寫道：「在一個非常健康又無比聰明的孩子和一個智力低落的普通大人之間，兩者真是一種令人傷心的對比。」這也是二十世紀法國作家蒙特朗經常表達的想法。他在他的《死皇后》一劇中藉由費杭特的嘴說道：「孩童時的天才，它一旦殞落了，就是永遠殞落了。我們常說蝴蝶是從毛毛蟲蛻變的，但是就人來說，卻是蝴蝶化為毛毛蟲。」

這兩人基於個人因素（雖然他們彼此的個人因素差異極大）都特意看重童年，但不是人人都和他們看法相同。通常，「成熟」這個詞指的是，我們認為成年人比孩童與少年優越，因為成年人取得了知識、經驗、能力。知識分子、哲學家、作家的頂峰通常是在他人生的中點[10]。他們當中有些人甚至把老年視為人生的精華，認為老年帶來了經驗、智慧與平和心境。人生是沒有衰頹這回事的。

對人來說，要定義什麼是進步、什麼是退步，意味著我們有個目標當作參照；但是在本質上，沒有哪一個目標是優先的。每個社會都會創造它自己的價值：只有在社會的脈絡下，「衰頹」這個詞才能找到它明確的意義。

這番論說和我在前面談的並無二致，也就是說：要瞭解老年，只能從整體來考量。老年不只是生物事實，也是個文化事實。

10 根據古希臘醫學之父希波克拉底的說法，人生的頂峰是五十六歲。亞里斯多德認為身體於三十五歲時臻於完美狀態，靈魂則於五十歲臻於完美。根據但丁的說法，四十五歲之後即邁入老年。今日的工業社會則通常讓勞工在六十五歲退休。我自己稱呼六十五歲和六十五歲以後的人為老人。對那些六十五歲以下的人，當我提到他們時，我會明確指明他們的年紀。

·第一部·

外在性的觀點

LE POINT DE VUE DE L'EXTÉRIORITÉ

第一章　老年與生物學

我們在前面已經看到，生物學層面上，衰頹的概念有明確的意義。當身體機能持續生存的機會減少時，它就會衰頹。人類歷來都很清楚生命會有這個命定的衰頹。我們知道自古以來人類就在探究這個衰頹的起因。就整體來看，這個問題的回答取決於醫學怎麼對待生命。

老年與十八世紀以前的醫學

在埃及與在許多古老的民族，醫學和巫術是不可分的。古希臘的醫學一開始也甩不開宗教的形上學或哲學的約束，一直到了希波克拉底時，才讓醫學享有獨創性：醫學成了一門科學，也成了一項藝術；它是建立在經驗與理性思考上。希波克拉底將畢達哥拉斯思想中的四體液學說（血液、黏液、黃膽汁、黑膽汁）轉化為他自己的理論；疾病的成因，是這四種體液在我們體內失去了平衡。老年也是如此。他認為老年是從五十六歲開始。他是第一位以四季來和人生各階段作比較的人，將老年比喻為冬季。在他的好幾本書裡，尤其是在他的箴言中，對老年有準確的觀察（他們對食物的需求低於年輕人。他們有呼吸道問題、有卡他（黏膜炎）引發的咳嗽，而且排尿困難、關節疼痛、腎臟有毛病、暈眩、中風、惡病質、全身搔癢、昏昏欲睡，還會從腸道、眼睛、鼻孔排出水來；他們往往有白內障，視力減退，聽力降低）。他建議老年人在各方面都要有節制，但是更建議他們不要停止日常的活動。

希波克拉底之後，醫學沒什麼進展。亞里斯多德的觀點是建立在思辨上，而不是建立在經驗上。根據他的說法，生命的狀態是內在有一股熱力，而他認為衰老即是這股熱力冷卻了下來。古羅馬人繼承了古希臘人解釋生命有機現象的觀念：四種氣質、四種體液、四液的平衡、普紐瑪（氣息）。在古羅馬時期馬可·奧里略的治下，醫學知識並沒有比在古希臘時期伯里克利的治下更進步。

到了公元二世紀，古希臘醫學家蓋倫對古代的醫學學說做了綜論。他把老年看作介於疾病與健康之間的中間狀態。老年不完全是一種病理狀態，但是老年人所有的生理作用都會減損或衰弱。他採取體液學說與內在熱力的學說來解釋這個現象。內在熱力的學說汲取了體液學說的理論：身體失去水分、體液散發以後，熱力會消散。在他的著作《老年保健》中，他提出了幾項衛生保健的建議，這些建議在歐洲直到十九世紀都還奉行不渝。他認為根據「對抗性治療」的原則，必須讓老年人的身體熱起來、濕潤起來，像是洗熱水澡、喝酒暖身，並保持活動。他還詳細地提出了不少飲食健身建議。他舉了一位八十歲還在幫病人看病、參加政治集會的一位老醫生安提奧許為例，還提到一位文法學者泰勒豐斯直到快一百歲都還非常健康。

接下來好幾世紀的醫學，都只是不斷複述蓋倫作品的內容。權威、可靠的他，在那個眾人寧願不討論就相信的年代全面取得勝利，尤其是他活在一個反對異教、信仰從東方來的一神教的年代與階層。他的理論充滿宗教性。他相信獨一真神的存在。他把身體看作是靈魂的物質性工具。早期基督教的教會聖師採取了他的觀點，還有猶太人、伊斯蘭教的阿拉伯人也是。這就是為什麼醫學的發展在整個中世紀幾乎是停滯的，導致我們對老年的認識依舊十分有限。不過，古波斯的醫學家阿維森納（也出自蓋倫一派）於十一世紀在老年慢性病和心理疾病方面提出了出色的看法。

經院學派則是將生命比作油燈裡的火焰——這是具有神祕主義傾向的意象。中世紀時期，經常以火焰來代表靈魂。在非宗教的世俗層面上，醫生憂心的比較是預防，而不是治療。孕育並且發展了西方醫學的義大利薩萊諾醫學院，致力於制訂「健康與長壽的養生法則」。許多文學作品都以它為主題。十三世紀，堅信老年是一種疾病[11]的羅傑·培根修士寫信給教宗克萊蒙六世[12]，信中提到了老年的衛生保健，但他的衛生保健觀念中有一大部分是和鍊金術有關。不過，他是第一個想到以放大鏡來矯正視力的人（他死後不久，義大利在一三〇〇年製造了眼鏡。伊特魯里亞人早就知道可使用假牙。在中世紀時，我們會從動物屍體上或年輕人屍體上移植假牙）。一直到十五世紀末，談及老年的書籍都把重點放在衛生保健上。法國的蒙彼利埃醫學院也寫了一套「健康養生法則」。十五世紀末的義大利，科學的復興與藝術的復興同時並進。十五世紀的義大利澤爾比醫生寫了《老年人的保健》一書，這是頭一次有專著寫到老年病理學，不過沒有新的創見。

文藝復興初期，醫學中有一門分科取得了巨大進展，那就是解剖學。千年以來，人體解剖始終是被禁止的，直到十五世紀末才成為可能，而且多少是一件公開的事。引人注目但又不完全讓人意外的是，現代解剖學的奠基者正是李奧納多·達文西。身為畫家的他非常熱衷於描繪人體，希望對人體能夠有準確的認識。他寫道：「為了完全而真實地認識人體，我解剖了超過十具屍體。」事實上，到他晚年時，他解剖了超過三十具屍體，當中包含老年人。他畫了許多老年人的臉孔與身體，也以自己實際觀察所得畫了人的腸道、動脈（他也寫下了他觀察到的人體構造變化，只是這些文字到很後來才為人所知）。

解剖學繼續發展，十六世紀的解剖學家維薩里更成為一方權威，醫學其他分科的發展則停滯不前。科學裡滿是形上學的影子。人文主義試著打破傳統，但最終還是沒能從中解脫。到了十六世紀，瑞士醫生兼鍊金術士帕拉塞爾蘇斯為了追求現代化，以德文而非拉丁文寫了幾本書。他有一些新穎而出色的想法，只是這些想法夾纏在混亂不堪的理論中。根據他的說法，人是一種「化學組合物」，老年則是自體中毒的結果。

到這時候為止，談到老年的著作都只提到預防性的衛生保健方法，對於老年疾病的診斷與治療則只有零零散散的一些資料。威尼斯醫生大衛．波米斯，是第一位條理分明地來探討這些問題的人。他對老年疾病的某些描述不只是準確，還很詳盡，特別是針對高血壓。

到了十七世紀，有不少著作談到了老年，內容卻毫無重要性。到了十八世紀，蓋倫還有一些追隨他主張的門生，像是荷蘭醫生傑哈．范．斯韋騰。斯韋騰把老年看作某種不治之症，嘲笑那些受鍊金術和占星術啟發、為老年人所開的藥方，也很精準地寫到老年帶來的人體構造變化。然而，中產階級開始崛起，他們支持的理性主義、機械論帶來了一個新學派的創立：物理醫學派。義大利

11 他的看法和古羅馬時代的泰倫提烏斯一樣。

12 譯注：作者誤植，應是教宗克萊蒙四世。

的物理學家博雷利和拉古薩共和國的醫生巴格里維，在醫學裡引進了法國啟蒙思想家拉美特利的觀念：身體是一具機器，是滾筒、紡錘和輪子的總和，而肺是風箱。論及老年時，他們重拾古代的機械論[13]論點：人體機能會崩壞，就像因為長期使用而耗損的機器一樣[14]。這種論點一直到十九世紀都有人為它辯護，甚至在十九世紀時最為風行，只是對「耗損」的理解始終含糊不清。另一方面，十八世紀的德國醫生兼化學家斯塔爾創立了「生機論」。他認為人的身上有一種維生的關鍵實體，一旦它衰弱下來，就會帶來老年與死亡。

在傳統論者與現代化論者之間，有許多無用的爭論。醫學理論發展面臨嚴重的困難，它再也不滿意古老的體液病理學之說，但新的立論又還沒建立起來。它處在僵局裡。不過，在實務經驗層面上，還是有所進展。屍體檢剖的案例不斷增加，解剖學進步了許多。老年的研究也因此得利。在俄國，衛生首長菲舍爾不再採用蓋倫的學說，而是有系統地描述人體器官的老年性衰退。他的書儘管有些缺點，仍不失為劃時代的作品。在義大利，解剖學家莫爾加尼出版於一七六一年的著作也相當重要。從大量解剖案例觀察中記錄下許多疾病的器官病理變化，他是頭一個這麼做的人，書中還有一整章專門在討論老年。

十八世紀的最後十年當中，就老年此一主題，我們見到了三本書的出版，它們預見了十九、二十世紀的發現。美國醫生瑞許根據他的觀察所得，出版了一本生理與臨床研究的著作。德國醫生胡費蘭也在一本論著中收錄了許多有意思的觀察，使他享有盛名。他是生機論者，認為每個器官都具有某種生機活力，這活力會隨著時間而衰竭。最重要的論著，是德國醫生謝勒在一七九九年出版的作品，專論老年人的解剖學。他的論述建立在屍體檢剖上，雖然缺乏原創性，但是在十幾年的時間裡，是最受讚譽的工作用書，直到十九世紀中期都還有人在使用這本書。

老年醫學確立

十九世紀初，蒙彼利埃的醫生繼續支持生機論的學說[15]。不過，醫學開始從生理學的發展和所有經驗科學的發展中得益，對老年的研究也更為準確而系統化。法國醫生侯斯坦在一八一七年研究了老年人的哮喘，發現哮喘和腦性障礙（trouble cérébral）有關。一八四〇年，法國醫生佩呂斯有系統地寫下第一部關於老年疾病的論著。

十九世紀中期起，老年醫學開始真正的存在，雖然當時還沒有稱之為「老年醫學」。在法國，老年醫學的發展更是受惠於收容了許多老年人的大型療養院的建立。法國的薩勒佩提耶爾是當時歐洲最大的療養院，收容八千名病患，其中有兩、三千人是老年人。畢塞特赫療養院也一樣有許多老年人。因此，搜集老年人的臨床病例變得很容易。我們可以把薩勒佩提耶爾療養院看成最早的老年醫學重鎮。法國醫生夏科有幾場談到老年的著名演講，引起大轟動；這些演講稿於一八八六年出版。

---

13 特別是古希臘的德謨克利特和伊比鳩魯。

14 這種比擬完全是錯誤的。人體器官是在運作中維持它的功能，遠遠不會耗損；如果器官停止了運作，則會衰退。

15 體液學說已遭廢棄，但在神祕想像的領域裡仍繼續存在。英國科學家法拉第在一場著名的演講中，就曾將老年與死亡比作殘燭、燭火熄滅。到今日，這樣的譬喻依然存在人心。

這時期還出版了許多關於衛生保健的論述，只是都很刻板而無意義。不過，整體而言，預防醫學的重要性比不上治療醫學，因為這時醫生開始關心起治癒老年人的疾病。尤有甚者，老年人也越來越多——先是在法國，後來在其他國家也是如此；醫生們開始有越來越多遭受退化性疾病之苦的老年病患。在夏科的著作問世之前，有佩諾克醫生在一八四七年出版的著作，以及法國醫生賀維耶－帕里斯於一八五二年出版的論著。在這兩本書中，他們研究了老年人的脈搏和呼吸頻率。傑斯特則在一八五七到一八六〇年間發表了一本綜論老年文學的佳作，在德國、法國、英國出版。

十九世紀末和二十世紀之間，對老年醫學的研究多了起來。鮑伊－戴吉耶於一八九五年、侯茲耶於一九〇八年、畢克與巴瑪慕於一九一二年，都在法國出版了綜論性的鉅著。德國也有布爾哲的很重要著作，美國則同樣於一九〇八年出版了米諾特的論著與梅契尼可夫的論著，還有動物學家柴爾德於一九一五年出版的論著。就像之前的時期一樣，有些學者仍然希望能以單一原因來解釋衰老的過程。十九世紀末，有些學者還認為衰老是因為性腺衰退造成的。法蘭西公學院的教授布朗－塞加爾在七十二歲時自行注射了豚鼠和狗的睪丸萃取物，但效果並不持久。另一位法蘭西公學院教授沃侯諾夫，則是把猴子的性腺移植到老年人身上，結果失敗。波勾摩勒茲宣稱他以賀爾蒙為主製造出可以讓人變年輕的血清，結果也失敗。梅契尼可夫則是用比較現代的方法重新詮釋了老年是自體中毒的結果。二十世紀初有一個很流行的說法，也就是卡扎里所謂的「一個人的動脈有多老，他就有多老。」這種說法是把動脈粥狀硬化當作老化的主要原因。而最普遍的看法是，老化來自新陳代謝的減緩。

美國醫生納肖爾被視為老年醫學之父。他出生於維也納（維也納當時是研究老年醫學的重鎮），童年時期來到紐約，也在這裡學醫。有一次，他和一群學生拜訪養老院，聽見一位老太太向教授抱怨她的身體有多種病變。教授解釋她是因為年紀大了，才會有一身病。納肖爾問教授：「那我們該怎麼做呢？」教授回答：「什麼也不能做。」納肖爾非常震驚，從此獻身於衰老的研究。他後來回到維也納，拜訪了當地的養老院，對院裡的老年人享有高壽，並且個個身體健康很是訝異。他的同事對他說：「這是因為我們對待老年的病人，就像兒科醫生對待孩童一樣。」這讓他在醫學中創立了一個特別的分科，並且稱之為「老年醫學」。一九〇九年，他公布了第一個方案；一九一二年，他創立了紐約老年醫學學會；一九一四年，他出版了一本專論老年疾病的新書。他找出版社出書的過程並不順利，因為大家都認為這個主題很乏味。

老年學出現

在老年醫學之外，這時也漸漸發展出一門新的科學，也就是今天所謂的「老年學」。老年學不研究老年的病理學，而是研究老化的過程。二十世紀初，對老年的生理機能研究只是其他研究的副產品，譬如在研究植物與動物的生命時，我們附帶地對年歲帶來的變化感興趣。當時，有許多專論年輕人與青少年的著作，老年則不在專門研究之列，而這絕大部分原因在於我指出的禁忌[16]。這是

16　美國老年學家畢倫指出，研究老年會讓人「感到不舒服」。不過，他說，今日的科學已經走得很遠了。

個令人不快的問題。一九一四年到一九三〇年間，只有卡雷勒的研究稍具重要性，他的想法在法國廣泛傳布，而他的立論又回到老年是細胞新陳代謝不良的自體中毒。

接下來的情況大有改變。在美國，老年人的人數在一九〇〇年到一九三〇年間增加了一倍，一九三〇年到一九五〇年之間又增加了一倍。工業化社會使得許多老年人集中居住在城市裡，引發嚴重問題。當時為找出解決辦法，進行了許多調查。這些調查讓人注意到老年人的存在，便想更進一步認識老年人，於是從一九三〇年起，在生物學、心理學、社會學方面，研究有長足的發展。在其他國家，情況也相同。一九三八年，在基輔有一場以衰老為主題的國家會議。同一年，法國出版了巴斯岱與波格里亞提合著的一部綜論，在德國則出版了第一部以老年為專題的期刊。一九三九年，英國有一群學者與醫學教授決定創立一個以研究老年為主的協會。在美國，考德里出版了鉅著《老化的問題》。

二次大戰期間，研究工作放緩了。不過，戰爭一結束便又展開來。一九四五年，美國創立了老年學學會。一九四六年，第二部以老年為專題的期刊出版了。在各個國家，關於老年的著作有增無減。在英國，納菲爾德勳爵創立擁有大筆資金的納菲爾德基金會，以研究老年醫學和英國老年人的景況為主要項目。法國在雷翁・比內醫生的推動下，對老年的研究有了新一步進展。一九五〇年，國際老年學學會在比利時列日創立，並在同年於列日舉辦了會議，然後一九五一年在美國密蘇里州的聖路易、一九五四年在英國倫敦也舉辦了會議，後來也陸續在其他地方舉辦。不少國家紛紛成立了研究學會。一九五四年，美國清點了關於老年學的書目索引，共列出一萬九千筆資料。根據德坦醫生的說法，現在必須讓這些書目倍增。在法國方面，法國老年學學會創立於一九五八年，同一年也成立了老年學研究中心，由布里耶赫教授主事。在法國有幾部重要的論著問世，像是一九五三年由奎利和德坦出版的論著、一九五五年由比內和布里耶赫出版的論著。《法國老年學期刊》創刊於一九五四年。後來，為了面對老年的問題，巴黎成立了一個社會衛生保健特別委員會。在美國，芝加哥大學於一九五九年和一九六〇年出版了三部論著，從個人與社會的角度綜論老年的問題，內容觸及美國與西歐。

老年學在三個領域有所開拓：生物學、心理學和社會學。在這些領域裡，老年學都一貫採取了實證主義的立場；它不解釋為什麼會有這樣的現象，而是盡可能精準地以綜論式的描寫來論及老年的表現。

衰老的生理學特徵

現代醫學則不再企圖以單一原因來解釋老化。它把老化視為生命過程中固有的現象，就像出生、成長、繁殖和死亡。麥克凱伊在老鼠身上做的實驗[17]讓艾斯寇菲爾－蘭比歐特醫生做出一番有意思的評論：「所以老年與死亡，和能量的耗散、心跳總數是沒有關係的，不過在成長、成熟到頭時，老年與死亡便會到臨。」這也就是說，老年並非機械性的意外，就像死亡也不是。根據德國詩人里

17 麥克．凱伊的實驗證明了在幼年時期因為「食物卡路里的縮減」而成長遲緩的老鼠，比正常飲食的老鼠還要來得長命許多。其中一隻營養不良的老鼠，幾乎活了對照組老鼠平均年齡的兩倍之久。

爾克的說法：「每個人身上都帶著死亡，就像果子帶著果核一樣。」似乎每個有機體一開始就含有老年，老年是生命實現過程中不可避免的結果[18]。

今天，我們認為這是所有生物都會發生的一種過程。我們直到最近仍然誤以為細胞本身是永存不朽的，但其實細胞的合成會隨著年歲而分解。卡雷勒醫生支持細胞不死的說法，還認為自己證明了它。但新近的一些實驗，證明細胞也會隨著時間而起變化。根據美國生物學家奧爾格勒的說法，年齡會引發細胞蛋白質的欠缺，這細胞蛋白質原本在系統運作中是準確、規劃妥當地產生的。然而，這類生物化學方面的研究進展仍然有限。

就我們人來說，衰老的生理學特徵，是德坦醫生所稱的「人體組織的負面變化」。新陳代謝旺盛的組織數量減少，而新陳代謝遲滯的組織數量增多。新陳代謝遲滯的組織指的就是間質性、纖維硬化的組織，是由脫水與脂肪質退化引起的。細胞再生的能力也因此有所減損。間質組織的發展超越了被視為重要組織的實質組織，這在腺體和神經系統上表現得特別明顯。它會引發主要器官的退化，並會弱化某些機能，而且會一直衰退下去，直到死亡。它會產生一種生物化學的現象：鈉、氯、鈣會增加，鉀、鎂、磷，以及蛋白質合成會減少。

人的外貌會起變化，我們可以從外貌大概猜測出人的年紀。頭髮會發白而且變稀疏，但是我們不知道為什麼，毛球色素減退的機制仍不為人所知。體毛也一樣會變白，而且在某些部位會迅速增生，例如老年婦女的下巴。而因為下層的真皮組織脫水，繼而失去彈性的關係，我們的皮膚會起皺紋。另外，牙齒也會脫落。一九五七年八月，美國有二千一百六十萬缺牙的人，約佔人口總數的十三%。缺牙會使我們臉龐的下部縮短，讓因彈性組織萎縮而加長的鼻子和下巴更為靠近。老年的皮膚增生會使得上眼皮變厚，同時眼睛下方的眼袋會更明顯。上嘴唇會變薄，耳垂會變大，骨骼也會起變化。脊椎的椎間盤會受到壓縮，椎體會下陷，結果是在四十五歲到八十五歲之間，男人的上半身會縮減十公分，女人的上半身會縮減十五公分。我們肩膀的寬度也會縮減，骨盆的寬度則會增加；胸腔傾向呈現矢形，這一點在女人身上尤其明顯。肌肉萎縮、關節硬化會引發運動失調，骨骼也會有骨質疏鬆的毛病，意思是骨骼原本嚴密的組織會變成多孔的海綿狀，並變得脆弱，使得承受身體重量的股骨發生骨折是很常見的意外。

心臟雖然沒有什麼大改變，但它的機能起了變化。它漸漸失去適應的能力，必須減少活動以謹慎維護它的運作。血液循環系統也受到影響；動脈粥狀硬化不是老年引起的，但它是老年人身上最常見的特徵之一。我們不太確定是什麼引發了動脈粥狀硬化，有人說是賀爾蒙失調造成的，還有人說是血壓過高造成的，但通常我們認為最主要的原因是脂質的新陳代謝異常。這會引發多種不同的結果。有時候，它會影響腦部。無論如何，腦循環會減緩。血管失去彈性，血液輸送量減少，血液循環的速度減慢，血壓增高。不過，對成年人非常危險的高血壓，在老年人身上可能不造成問題。大腦會減少氧氣的消耗。胸廓會變得比較僵直，呼吸量會從二十五歲時的五公升降為到八十五歲時三公升。肌力也會減低。在激動時，運動神經的傳導會比較慢，反應也會比較遲緩。腎臟、消化腺、

18 當然，各種意外與偏離可能讓我們生命還沒到頭就隨時中止，這一點在人身上尤其明顯。就此來看，單獨研究作為一個有機體的人是過於抽象的，因為人從來不只是活在天生本然的狀態裡，他的發展是和社會不可分的。

肝臟會退化。感覺器官也會受到影響。原本強而有力的視覺調整能力減弱了。在老年人身上，老花眼幾乎是普遍現象。老年人的視力「減退」，辨識能力衰退。聽力也是一樣，往往會變成重聽。觸覺、味覺、嗅覺也比以往更不敏銳。

內分泌腺的衰退，是衰老最普遍、最明顯的結果，也會引發性器官衰退。就這一點，有幾項明確的事實最近已經確立[19]。在上了年紀的男人身上，精子沒有特別的異常現象。理論上，老年人的精液還是可能讓卵子受孕。就一般法則而言，除了某些特例，精子生成是不會停止的。不過，老年人的勃起速度要比年輕時慢個兩、三倍（我們發現即使是年紀很大的人都有晨間勃起的現象，只是不帶有性的意味）。他們的勃起可以持續很久而不射精，能做到這樣一方面是因為交媾的經驗，另一方面是因為對性反應的強度減弱。高潮之後，老年人的性器官很快就軟縮下來，也比年輕人需要更長的時間接受新的性刺激。

在年輕人身上，射精分為兩個階段：首先是把精液排到尿道前列腺部，再來是精液經過尿道來到尿道口並排出體外。在第一個階段，男人感受到射精會不可避免地發生。但是上了年紀的男性一般來說不會有這樣的感受；在他身上，這兩個階段併合為一。他往往會覺得射精比較是滲出，而不是噴發。年紀越大，射精與勃起的可能性越低，甚至不會再勃起、射精。不過，性無能不必然會讓人沒有性慾。

在女人身上，繁殖能力會在還算年輕的時候就突然停止。這是老化過程中唯一的特例，其他方面的老化過程則是漸進的。這現象大約在女人五十歲時突然發生，也就是停經。這時，卵巢的週期性變化會停止，月經也會停止，而且卵巢會硬化。女人再也不能受孕。她的性類固醇[20]會消失，性器官會衰退。

有一種流傳很廣泛的偏見，認為老年人總是睡不好。事實上，根據一九五九年在法國療養院進行的調查，老年人每晚睡超過七小時。不過，確實有不少老年人患有睡眠障礙。他們或是難以入睡，或是早早醒來，或是在睡眠中途短暫醒來好幾次；這些異常狀況可能源自生理、生物或心理方面的理由。到了八十歲以後，幾乎每個老年人都會在白天陷入昏昏欲睡的狀態。

老年人身上整體機能的衰退會引發疲勞，沒有人逃得過，體力從此變得很有限。他對傳染病比年輕人更有抵抗力，不過，他變得孱弱的生理機能在面對外界侵擾時無法妥善防衛；器官的退化，降低了他抵抗外在世界侵擾的能力。有些醫生甚至把老年等同於疾病，知名的羅馬尼亞老年病醫生阿斯朗最近[21]在義大利的一場訪談中就這麼表示。我不認為將老年等同於疾病是合理的說法，因為疾病是意外，老年則是生命的法則。不過，「又老又殘」幾乎等於同義疊用詞。法國詩人夏爾・貝璣就曾經寫道：「老年，扼要來說，就是殘疾。」英國文人薩姆爾・約翰遜也說：「我患的疾病是哮喘、水腫，以及更無藥可救的七十五歲。」有位醫生問一位戴著眼鏡的老太太：「老太太，您的眼睛怎麼了？是遠視，還是近視？」老太太回答：「醫生，我的毛病是老了。」

19 特別是在麥斯特斯和強生於一九六六年所著的《性反應》中羅列了這些事實。
20 內分泌腺的產物。
21 寫於一九六九年十月。

老年與疾病

老年與疾病是相互作用的；疾病會加速老化，高齡也容易引發疾病，特別是作為老化特徵的退化性疾病。我們很難遇到一個可以說他「無病無痛」的老年人。老年人總是患有多種慢性疾病。

要是我們觀察一百名老年人、一百名年輕人，前者看醫生、買藥的比例比後者要高出許多。另一方面來說，老年人不過佔人口總數的十二％左右。然而，在法國的醫院裡，老年病患大約佔入院病患總數的三分之一，而且就單日來看，老年病患佔了一半以上，因為他們在醫院待得比別人久。在美國，一九五五年時，老年人口約是人口總數的十二分之一，卻佔據了五分之一的醫院病床。一九五五年在加州進行的一項調查指出，年紀越大，看醫生的人就越多。老年人看醫生和所有人口看醫生比起來多了五十％之多，而且老年女性病患比老年男性病患多了一倍。醫院裡，女性病患也是佔大多數。女人活得比男人久，一生當中卻比較常生病[22]。整體而言，美國慢性病的患者中，老年人比其他人平均高出四倍。澳洲、荷蘭也做了類似的調查，結果大致相同。

老年人容易罹患的毛病尤其是「不明的身體不適」和風濕病這兩種。美國有一項數據統計指出老年人的主要疾病是關節炎、風濕病，以及心臟方面的疾病。另一項數據統計則指出是心臟方面的疾病、關節炎、風濕病、腎炎、高血壓、動脈粥狀硬化。還有另一項數據統計是：協調紊亂、風濕病、呼吸道疾病、消化道疾病，以及神經性疾病。法國的維聶醫生在里昂研究了住院的老年人，發現他們患有（依照患病人數遞減的順序來說）心血管疾病、呼吸道疾病、精神疾病、消瘦、血管疾病、神經性疾病、癌症[23]、運動機能失調、消化機能失調。老年是身心失調方面最典型的代表，器質性疾病往往和心理因素緊密相連。

說真的，要切割這兩方面的疾病成因在很多情況下是不可能的，比如說，在老年人身上相對頻繁發生的意外就是如此。這些意外是老年人某些行為的結果，它們關係到智性方面的能力（像是注意力、覺察力），以及情感態度（像是冷漠、自棄、缺乏意志）。不過，在另一方面，意外發生的原因絕大部分也可從方向感失調、暈眩、肌肉僵硬、骨骼脆弱來解釋。所以，我們應該在這裡指出生理方面的影響。在《國民健康訪問調查》調查的團體中，有三十三％的男人、二十三％的女人在調查的那一年中曾經因為意外而導致一天或更多天以上無法行動。在四十五歲到五十五歲之間，十萬人當中每年平均會發生五十二件意外；在七十五歲以上，這個平均數會提高到三百三十八件。這些意外當中，最常見的是在家中跌倒，它甚至可能導致死亡。老年人也常是交通意外的受害者，因為他們走路有困難，而且視力不佳。很多老年人因此放棄外出。

有些針對老年人做的健康調查所顯示的訊息很樂觀，但我們必須知道調查人員賦予描述文字什麼樣的意思。根據薛爾登醫生於一九四八年在美國所做的調查報告，四百七十一名六十歲以上的人士，只有二十九．三％的健康狀況低於正常水平；在這二十九．三％當中，很多是八十歲以上的老

22 在美國，根據《國民健康訪問調查》在一九五七年到一九五八年之間所做的調查指出，四十五歲到六十四歲的人因為疾病而躺在病床上的人平均約躺二十五天，六十五歲以上的人平均躺五十天，超過七十五歲的人則平均躺七十二天。

23 癌症和年紀並沒有關係。如果說它通常是在五十歲到八十歲之間發生，那是因為致癌因子的作用方式所致。癌症的死亡率高是因為今日的醫學在與很多其他疾病搏鬥很有成效，在癌症的領域卻還沒有取得進展。

年人：這當中，有二．五％是臥病在床，八．五％長年待在家中，二十二％只會到緊鄰的隔壁鄰居家走動，四十六％是完全正常，二十四．五％則是身體非常健朗。好吧，就是這樣，但薛爾登所謂的「正常」是以什麼作參照呢？是以四十來歲的人為標準來說嗎？想必不是。一九五五年，在謝菲爾德進行的一項調查提供了更準確的資料：四百七十六名超過六十一歲的人當中，有五十四．九％的女性、七十一．二％的男性仍然在社會上活動。一九五四年和一九五七年在荷蘭做的調查也有類似的結論。事實上，「在社會上活動」的意思是健康狀況大致良好。不過，基於許多理由（心理的或社會的），即使身體狀況不佳都仍然可能持續在社會上活動。

所有的研究調查均顯示，同年齡的人之間往往有重大的差異。實際年齡（âge chronologique）和生物年齡（âge biologique）這兩者並非總是相符，外貌比生理檢查更能正確傳達我們的年紀。年紀壓在每個人肩上的重量並不相同，美國老年學家豪威爾就曾說，衰老「並非一道每個人都以同樣速度走下來的斜坡。它是一座不規則的樓梯，有些人比另一些人更快從上面滾下去[24]」。有一種疾病叫做「早衰症」，會讓病人的所有器官提早衰老[25]。一九六八年一月十二日，加拿大的查塔姆醫院有一位十歲的女孩去世了，她從外表看去卻像個九十歲的老婦人。她有一個患有同樣疾病的哥哥也在十一歲那年去世。戴納爾－圖雷醫生對我提過一個女人因為多重器官老年性衰退而在四十五歲那年去世。除了這些極少數的案例，有許多種因素決定了衰老的現象是加速進行，或是延緩發生，比如健康、遺傳、環境、情緒、過去的習慣、生活水準等。是這一種或另一種器官機能率先惡化，會讓衰老顯示出不同的面貌。有時候，老化是一種連續的過程；但也有另一種情況是，一個本來看起來符合自己年齡或甚至看起來比實際年齡年輕的人，會在突然之間「蒼老了許多」。生病、有壓力、服喪期間，或是遭受嚴重挫折時，這種時候不是器官突然間發生惡化，而是掩飾器官機能不全的結構崩塌了。這樣的人其實在身體上早就承受了老年性衰退，但他成功以無意識或有意識的行為彌補了這個衰退的事實；當他突然間變成無法靠這些防衛來掩飾時，潛伏的老化便顯露出來。精神上的崩潰會反應在器官上，甚至可能引發死亡。有人跟我提過一個例子，有位本來不見老態的六十三歲婦人，她堅強地承受劇烈的病痛，並為此接受治療。但有一位實習醫生很冒失地對她說，她的病痛永遠都治不好，竟然讓這位婦人一下子老了二十歲，病痛更加劇。一件嚴重的挫折，比如輸了一場官司，能夠讓一個六十歲的人在生理和精神上變成一個老年人。

如果沒有這類挫折的衝擊，如果健康依然良好，那麼即使年紀很大了，也還能彌補那些失去的能力。某些運動員靠著先進的技術和對自己身體的深入瞭解，能夠長久維持健康的良好狀態。泰德．梅雷迪斯在五十二歲時仍然獲選參加國際足球賽事；尤金．勒諾爾曼在六十三歲時參加游泳比賽；還有尚．波侯塔，五十六歲時仍贏得了世界網球冠軍。

從前，精神上的進化與身體的進化之間往往呈現明顯反差。孟德斯鳩就曾為這兩者之間的差別而嘆道：「人類的景況真是可悲！精神上才剛達到成熟，身體卻開始變虛弱！」畫家德拉克洛瓦在

---

24 普魯斯特寫道：「對某些人來說，時間的節拍可能是加快或是減緩。」

25 這種疾病顯示了有老化因子的存在。它雖然還不為人所知，卻很明確。要是我們能夠找出老化因子，說不定我們就能夠中止或至少延緩老化的發生。

他的日記裡也寫道：「年紀帶來的精神力量，和也是年紀帶來的身體衰弱，這之間的奇異矛盾總是讓我驚訝不已。在我看來，這是自然律則的矛盾。」

醫學的進步改變了這個情況。醫學讓我們不受多種殘疾、疾病侵擾，身體比較能夠長久維持健康。只要精神能夠保持平衡、保持活力，生理的健康通常也就能夠維持。而精神一旦垮下來，生理的健康也會跟著不保。相反地，如果生理健康嚴重受損，也會影響我們智性方面的能力。無論如何，智性方面的能力會因身體的變化而受到損害。訊息傳遞會因為接收品質不良而變得比較緩慢，而且會有所歪曲。腦部運作會變得比較不靈活，大腦消耗氧氣的能力會降低。不過，血液的氧合作用不足會使得立即性記憶和回憶的能力降低，也會減緩概念形成的過程，還會使簡易的心智運作變得異常、情緒反應加劇（不管是欣快感或抑鬱的感受）。我們可以把衰老看作是「瀰漫性截斷」（amputation diffuse）的一個例子，這個詞是神經病學家戈德斯坦談到大腦受到意外創傷後所使用的。這時候也會發生腦細胞的減損。由於腦細胞數量眾多，若在受創後沒有很嚴重傷損，那麼大腦還是能夠處理這樣的創傷。不過，要是這人的人生因此失去平衡，則可能面臨大災難。無論如何，用腦會讓他感到疲倦；他的工作能力、注意力都會減弱，至少在七十歲以後是如此。

老年人的心理與智性

老年學家研究老年人的心理時，採取了和研究生理學一樣的方法。他們以外在性的角度來處理這個主題，主要是以精神能力測定為基礎。在我看來，這種做法非常不可靠。做精神能力測定的人是處在一種人工假造的情況下，取得的結果也是純粹抽象的，和活生生、實際的現實大相逕庭。事實上，一個人智性的反應必須看他的整體處境。我們很清楚，一個本來早慧的孩子會因為身在一個高衝突的家庭而變蠢。稍後，在我探究老年人的心理時，會以總體觀照的角度來切入，並根據我曾經提過的循環原則，將這樣的觀照連結到生物性的、存在的、社會的背景脈絡。因為我要讓我的讀者對老年學家的研究有更準確的觀念，所以這時我應該指出他們的研究方法，以及他們估計會達成的結果。

一九一七年，美軍想為軍官候選人建立一套探知智力水平的辦法，為此發明了最早的智力測驗。後來，這一類研究大幅增加。一九二七年，威洛比重新採用了美軍使用的幾項智力測驗，並且應用在史丹福大學附近的一些家庭。一九二五年到一九二六年間，鍾斯和康瑞德把美國新英格蘭地區一千一百九十一個人的測試結果匯集起來。美國、德國、英國都繼續這類的研究。一九五五年在法國，蘇珊．帕果研究了鐵路局四千名員工的反應，當中包括二十歲到五十五歲的員工，以及十二歲半到十五歲半的學徒。最近，布里耶赫教授在聖佩新娜醫院更準確地進行了關於智性能力方面的「一套測試」，例如，他要受試者在一系列圖畫中指出錯誤之處，或是要受試者以最短的路徑走出紙上迷宮，或是完成未完成的圖畫，或是將同類的東西集合起來、將不同類的東西劃分開來，或是找出同義字，並指出它們在字義上略有差異之處，或是要受試者掌握字母與數字之間的配合（符碼的測試），或是憑記憶畫出幾何圖形，或是看他如何應對信號，或是針對涉及行為與人格的問題回答「對」或「錯」，或是畫出鏡中的圖像。我們發現短期記憶幾乎不受到影響；具體記憶（對一些明確認知的資料的記憶）則是在三十到五十歲間減弱，還有邏輯記憶也是。減弱最嚴重的，是建立新的關聯的記憶，例如學習語言的能力。不過，依據受試者文化程度的不同，會顯現極大的差異。在荷蘭，有三千人接受了格羅寧根的記憶測試，結果顯示：所有人的記憶力都會隨著年齡增長而減退，但在知識分子身上減退得比體力勞動者緩慢，在老技工身上又減退得比非技術性工人緩慢，還有，仍在工作的人記憶力減退得比退休人員緩慢。

關於運動方面的反應，最敏捷、最精確的時候是在二十五歲時，速度和準確度從三十五歲起就開始減損，四十五歲以後減損得更厲害。至於心智運作的敏捷度，到十五歲都還在進步，十五歲到三十五歲間維持穩定，三十五歲以後則開始衰退。六十歲以上的人，對智力測驗的反應不佳，覺得時間不夠；相反地，要是測驗的時間沒有限制，他們的表現會等同於成年人，甚至超越他們。老年人很難適應新的狀況；他們能好好地掌握已經知悉的事物，但是會抗拒變化。要讓老年人接受我們所謂的「作勢」（set）——也就是一種態度，一種心智取向——他們必須花許多力氣，因為他們是舊有習慣的奴隸，比較不靈活。但是，一旦他們接納了「作勢」，又會很難放下它。即使面對完全不適合他們的問題，仍然會緊緊抓著不放。他們學習的可能性因此變得非常有限。從三十五歲開始，適應新狀況的能力便開始衰退，尤其是我們不特別鍛鍊它的話，這些能力包括：觀察能力、抽象能力與綜合能力、整合能力、組織能力。心算、空間組織能力，和邏輯推理一樣都容易出差錯。至於字彙，測驗的結果則是捏造的。對沒什麼文化教養的人來說，六十歲以後便會變得字彙貧乏。對智識水平較高的人來說，字彙會保持一樣的水準，甚至有時會變得更豐富。整體而言，我們學到的知識和字彙，還有字彙、數字的立即性記憶和延遲記憶並不會變糟。總之，在人的身上，變動、調適的能力會減低，但是靠後天機制具體養成的部分則會保留。

所有的測驗和統計可以得出一個重要的結論：智識水準越高，能力的衰退就越小、越緩慢。要是繼續操練記憶力和智識能力，就有可能讓這些能力保持完好。要解釋這一點，我們只能把一個人的智識與記憶，跟他對生活的關心、對這世界的關心，以及跟他所有的計畫連結起來看。後面我會再回頭來談這一點，這裡我們就先只看這件事：有些老年人即使年紀很大了，卻仍然比年輕人來得有效率。事實上，很多智性工作的完成是沒有時間限制的。職業、技術、判斷、對工作的組織安排，可以緩和記憶的衰退、疲倦，以及需要適應的困難。許多老年人直到他們生命的最後一刻仍然保持活動，並且頭腦清醒。

然而，就像他的身體機能一樣（而且心理和身體機能是相關的），老年人的心靈很脆弱。精神疾病發生在老年人身上，比發生在年輕人身上來得更常見[26]。根據美國國立精神衛生研究院的一項報告，在各為十萬名的不同年齡分組當中，十五歲以下的人患有精神疾病的有二・三人，在二十五到三十四歲之間有七十六・三人，在三十五到五十四歲之間有九十三人，在老年人當中則有二百三十六・一人。在瑞典，七百萬居民中，有九千名是就嚴格意義來說的老年失智症。在美國，精神病患的人數在一九〇四年到一九五〇年當中總體增加了四倍，而且老年人住進精神病院的人數

26 等我查驗了老年人整體的景況以後，會在稍後研究這一點。

增加了九倍之多；其中部分原因是大家比較願意就醫求助。在瑞典，近二十五年來的變化不大。

今天，老年人不像從前那麼身殘體弱，長期臥床不起的人數減少了許多。甚至，如果比較幾個不同年齡層的人，我們發現年紀最大的那個年齡層有抗衰退的現象：也就是說，為了活得長久，一開始就得有一種潛在的良好健康狀況。一般而言，到了某個年紀後，每個人都會陷入衰弱。我們所謂「健康的老年」、「活力充沛的老年」，指的是人到老年不論在生理或精神上都還能保持平衡，而不是指他的身體機能、記憶力、心理動作適應能力如同年輕人一樣。一個人只要活得夠久，就逃不開老年。這是不可避免的現象，也是不可逆轉的現象。

老年最後一定是導向死亡。然而，死亡就這樣自然發生、沒有病理因素介入的情況是很少見的。叔本華表示他見過一些年紀非常大的老年人在死去時並沒有任何特殊病因。德洛爾教授也說過一位百歲人瑞的故事，這位人瑞徒步走到醫院，請求院方給她一個床位，好讓她死在床上，因為她感覺自己累極了。第二天，她真的死了，驗屍時也沒發現器官有任何病變。不過，這幾乎可說是唯一的例子。事實上，所謂的「自然死亡」——相對於意外死亡來說——是由器官退化引起的。

人類的壽命比其他哺乳類動物來得長。根據可靠消息來源，我只知道有一位超過一百零五歲的人瑞。他叫做安端－尚．喬凡尼，住在高薩村子裡，現年一百零八歲[27]。我們相信（但不十分確定），長壽直接或間接受到遺傳的影響。還有很多其他因素也影響了我們的壽命。首先是性別，所有的動物都是雌性活得比雄性久；在法國，女人平均比男人多活七年。然後是，成長的條件、營養條件、環境條件、經濟條件也會影響我們的壽命。

上述這些因素對衰老的影響甚大。老年學家對此做了許多研究調查。我前面提過在謝菲爾德進行的一項調查，它指出健康和生活水準息息相關。這也是布里耶赫教授的團隊在調查布列塔尼的農民和漁民時得出的結果。我們總以為鄉間比城市有益於老年人的健康，但事實上，根據調查，受訪人當中的鄉間居民健康比同齡的巴黎人差多了[28]。

如果說老年學是在生物自然法則方面界定了個體的衰老現象，那麼，經濟因素扮演的角色則向我們展現了老年學的界線。老年學研究取得的結果非常重要，想要瞭解老年就不可能不參照，但是光倚賴這些結果是不夠的。研究老年時，這些結果只是抽象的。一個人發生老年性衰退時，是一直

27 這是《法蘭西晚報》在一九六九年年初報導的一件事例。安端－尚．喬凡尼於一八六〇年八月一日在法國科西嘉島齊卡沃出生，一輩子住在高薩。參見〈第二部〉附錄一，三五〇頁。

28 一九六九年，德桑提教授在法國馬賽針對一萬七千名有社會保險的人做了一項調查，調查結果指出：不同職業的人，老化的程度也不一樣。根據老化程度排序可得以下結果（老化越嚴重的排在越後面）：

—小學老師、中學老師、技術教師
—高階主管
—中階主管
—醫療輔助人員、社工人員
—上班族、市鎮公務員
—司機、銷售代表、失業人士
—老闆
—服務人員
—工頭、技工、專門技工
—一般工人

身處在社會中。老年性衰退和社會的狀態緊密相關，也和這個人在社會中佔的位置密切相關。經濟因素本身和承載它的社會性、政治性、意識型態的上層結構是分不開的。被視為絕對值的生活水準，其實仍不過是一個抽象概念，因為以同樣的收入來說，一個人如果處在貧窮的社會中會被視為有錢人，在富有的社會中則會被視為窮人。為了瞭解老年的真實景況與它真正的意義，查驗在不同年代、不同地區的社會分派給老年人什麼樣的位置、社會賦予老年什麼樣的面貌是必不可少的。我在前面已經說過，這樣查驗的好處在於，它回答了下面這個重要的問題，或至少讓我們瞥見了回答的可能：老年人的景況中，有什麼是不可避免的？對此，社會要負什麼樣的責任？我們就先來檢視那些所謂「尚未有歷史的」社會中的狀況，或者說，那些「原始」社會的狀況。

第二章 民族學的論據

任何的人類社會都擁有文化，即使是很粗糙的文化。人類靠著自製的工具從事活動，這樣的活動構成了工作，並且以工作為基礎至少建立了一個社會組織的雛形。所以我們就別去想像對人類而言什麼是「自然的」老年了。不過，雖然「自然」這個詞對動物而言仍存有一些論辯，但我們仍可以觀察發生在牠們身上的狀況。在許多物種裡，年紀大的、有經驗的動物特別享有威望——進化程度越高的物種越是如此。牠們會將自己從經驗中得來的資訊，傳授給其他動物。每個動物在群體中佔的位階和牠的歲數直接相關。就這一點，動物學家有不少有意思的觀察。以寒鴉來說，如果一隻幼鳥表現出害怕，其他的寒鴉不會在意這件事；但如果是一隻年紀大的雄鳥發出警報，所有寒鴉都會飛走。是有經驗的老寒鴉教導其他寒鴉認識敵人。動物學家約爾克斯和他的同事，教會一隻年輕的黑猩猩操作複雜的工具以取得香蕉，但牠的同伴都不願意模仿牠這麼做。於是他們又教會另一隻老黑猩猩，也就是說位階較高的黑猩猩，結果其他的黑猩猩都會觀察牠怎麼做，並且模仿牠。牠們原則上只願意模仿位階較高的同伴。

觀察和我們人類最接近的動物的行為特別有意思，譬如觀察類人猿。在所有的群落中，相較於雌性和年輕的類人猿，年紀大的雄性類人猿都扮演了支配者的角色。有時候，握有權力的是一群雄性類人猿，牠們彼此分享雌性；有時則只有一個頭子，牠同意和其他類人猿分享雌性。在這兩種情況下，牠們彼此間不會有攻擊性行為，死亡都是自然發生的。但有些時候是年紀最大的雄性類人猿獨佔所有雌性，年輕的類人猿只能私下暗地接近雌性，萬一被發現，就會遭到嚴重的懲罰。老類人猿到了五十歲依然身強體壯，一旦遇到野獸襲擊，都還能保護雌性和年幼的類人猿。等年輕的類人猿年紀增長並有了力量以後，會起而反叛老類人猿。牠們窺伺著牠。當老類人猿體力變衰弱，牙齒本來是牠最令人生畏的武器，這時卻紛紛斷裂、爛掉；當一群年輕類人猿覺得時機到了——或因為老類人猿在和野獸爭鬥後累壞了，或因為牠命該如此——牠們當中年紀最大的就會撲向老類人猿。往往，老類人猿會被殺害，或受傷致死。即使老類人猿只是輕微受傷，也自知被打敗了，心生畏懼。牠會離開群體，讓打敗牠的類人猿稱王，從此離群索居。牠會越來越難取得食物，漸漸衰頹，往往成為野獸的獵物。也有的患了不治之症或是成了殘障，無法再養活自己，因此餓死。當比較年輕的雄性類人猿推翻牠時，而牠的身體仍然健朗，那麼牠對群落來說就不是一個負擔，一方面因為牠仍然有活動力，再方面因為這個群落就好比一個富足的社會，也就是說，牠們生活在其中的大自然很富足，而且群落遷徙很便利，所以食物的供給不成問題。要是老雄性類人猿遭到虐待（就像牠的繼任者以後也會遭到虐待一樣），那也是因為牠之前獨佔所有雌性，而且專橫地欺壓年輕的類人猿。在任何情況下，老類人猿都不會被殺害，群落會照顧牠。

就像許多其他物種一樣，我們發現在人類社會中，經驗、知識的累積對老年人來說是一張王牌。我們確實經常見到老年人被排除在社會群體之外，方式或多或少粗暴。不過，年齡的悲劇不是發生在性的層面，而是發生在經濟層面。老年人和已經不能打鬥的類人猿不一樣，而是跟再也不能做事的人一樣，成了吃閒飯的人。他的景況從來都不是只看生物基本特性，而是有文化因子的介入。對獨佔雌性的類人猿來說，老年的到來是一件壞事，因為牠就得任憑同類處置，而且使牠無法抵禦外來的攻擊。老年會突如其來引發死亡，或是讓牠獨自漸漸衰亡。但在人類社會中，「老年」這個自然的禍害是納在文明裡，而文明向來具有「違反自然」的性質（即使違反自然的程度很淺），因而可以深刻地改變老年的意義。所以，在某些社會裡，我們看到老年人獨佔了女性，而等到他們失去體力，他們享有的威望仍然能保護他們不受暴力傷害。

然而，不管在什麼樣的社會背景下，人還是一樣具有生物基本特性。對每個人來說，老年都會帶來讓人畏懼的衰頹。老年是和年輕人、成年人讚賞的「理想男性」、「理想女性」背道而馳的。我們出於本能的態度是，拒絕這個被定義為殘廢、醜陋、疾病的老年。看到別人的老年，會立刻讓我們覺得厭惡。即使道德風俗不允許，我們還是會有這樣的基本反應。這就是我們對老年的態度的矛盾根源，在後面的許多例子裡我們會經常看到。

用儀式解除年歲重擔

所有的社會都試圖活下去、存續下去；它們頌揚和青春相關的活力、繁殖力，畏懼和老年相關的精力消退、無生育能力。這當中最顯著的是弗雷澤[29]的研究。他表示，在許多群體中，我們將首領視為神靈的化身，在他死後他的神靈仍進駐到繼任者的身上；但如果他因為年紀太大而變得衰弱，就不能有效地保護他的族人，所以得在首領體衰人老之前就殺了他。弗雷澤解釋，所以古代在內米（義大利中部）有祭司被殺害。二十世紀初住在白尼羅河的希魯克族也有類似事件；首領只要稍有疾病、虛弱、無力的徵兆，族人就會殺掉他[30]。就這樣，剛果的大司祭徐圖美在看似健康不佳時就被殺害了。如果他是自然死亡，他的力量會消失，神靈的力量也會隨著他而消失，世界將會立刻化為烏有。卡利庫特的國王也是這樣被殺害。首領在壯年時被殺害，因此能傳給他的繼任者精力充沛的靈魂。

根據弗雷澤的說法，在斐濟群島和其他許多地方，類似這樣的思想使得老年人自願剝奪自己的性命，因為他們認為自己在離開這個世界以後仍然能以現在的年紀存活下去，所以他們不等到自己衰頹了，免得永遠以衰頹的老年存留到永恆。

我們必須拿這樣的傳統來和「活埋」的傳統做比較。根據不同研究者的觀察，丁卡族[31]裡就有這樣的傳統。在族裡扮演重要角色的老年人，擔負著族群的生存之道（因為他們是製造雨水的人，是以長矛捕魚的專家），只要他們一顯露出虛弱之象，就會被活埋。他們的老年人，自願出席自己的活埋大典。丁卡族人認為，如果讓老年人吐出最後一口氣自然死亡，而不是把氣息留在他們體內，那麼整個族群就會隨著他們一起滅亡。相反地，活埋大典對丁卡族來說是一種再生，一種生命本原再獲青春。

時間流逝會引發耗損與衰微。這樣的信念表現在神話與再生的儀式中——而神話與再生儀式，在所有這種重複性社會中扮演極重要的角色。「重複性社會」指的是古老、原始的，甚至是較為進化的農村社會，特性是技術並未讓他們有所進步。他們不把時間的流逝視為未來的到臨，而是看作遠離青春，因此要把青春找回來。有許多神話想像了如果大自然和人類能存活、能延續後代，那都是因為在某個時刻他們尋回了青春：古老的世界被消亡，新世界產生。巴比倫人就是這麼想像的：大洪水淹沒了所有人類，而從水中露出頭的大地上，有人類重新誕生。這種神話在《聖經》裡就可以看到。諾亞是亞當的復生，方舟上的動物是伊甸園的復生，而彩虹顯示一個新世紀的再臨。住在太平洋外圍的一些部族認為，大地被水淹沒是源於一場錯誤的儀式；這些部族把他們存在根源，歸因於某個傳說中的人物避開了大水災。尼羅河週期性的氾濫使土壤肥沃起來，這件事讓埃及人有了

29 譯注：弗雷澤（James George Frazer，一八五四－一九四一），英國社會人類學、神話學和比較宗教學的先驅，著有《金枝》一書。

30 英國人類學家伊凡－普理查則對弗雷澤的詮釋提出異議。他表示，這一族的人分為兩個區域，一在南，一在北，每個區域都有一個皇室家族，而國王是從這兩個皇室家族中輪流選出。國王是祖靈的化身，在祖靈身上聚集了過去整個族人的利益。相反地，在弒君這樣的概念中則表現出了社會的分裂。它意味著要是國家發生不幸，我們即把這不幸歸因於國王身上的祖靈之力變弱，並鼓勵另一個皇室家族的親王起而反抗國王。事實上，在有災難發生時就有叛亂出現，國王在這時會死於暴力之下。王權體現了國王職司和他個人之間的矛盾，這種矛盾會因傳統的弒君而得到解決。這個詮釋比弗雷澤的詮釋來得更為複雜，但是沒有否認他的說法。國王的弱化不是直接因為老化：老年使得起而反抗有正當的理由，這反叛在社會組織中是隨時可能的。不過，在這兩種詮釋中，老年都被看作是負面因子。

31 住在蘇丹南部的丁卡族約有九十萬人口。

不斷再生的想法。埃及的植物之神歐西里斯每年會在收穫季死亡，並在種子發芽時再生，帶著全新的青春活力，並且會不斷地再生[32]。

許多儀式的目的，都在於抹去某個週期內流逝的時光，讓我們可以解除所有年歲的重擔，開始新的生命。對巴比倫人來說，在新年的儀典中要朗讀創世的詩篇。西臺人則是重新演繹神祇德斯赫伯和蛇之間的爭鬥，而祂在這場爭鬥中取得勝利後便能夠號令、統治世界。許多地方是以節慶來為舊的一年作結：人們把舊的一年做成人像燒了它；人們把火熄滅，再點起其他的火；人們狂歡作慶，再現最原始的混沌。在農神節上，社會階級受到顛覆，也試著否定已經建立的秩序，社會和世界解體。這麼一來，我們便能重新創造像原初一樣清新的社會和世界。這些節慶會在年中舉行，或是在年初：春天的節慶賦予這個季節一種普天之下皆青春再生的意味。君主登基往往被看作開啟一個新紀元。中國皇帝在即帝位時都會施行新的曆法；過去的秩序崩落，新秩序產生。我們能以「再生」的觀念來解釋日本神道的一項習俗：神社必須每隔一段時間進行整個重建，家具和裝飾也全部翻新。尤其是神道的信仰中心伊勢神宮，它每二十年就要重建一次。自從持統天皇（公元六八六—六八九）第一次重建以來，伊勢神宮已經重建了五十九次，其間建造了通往神宮的大橋，以及十四座別宮。日本神社積極展現了連結人與世界的血親關係：重新建造神社，就是不讓時間削弱這個連結。更意味深長的是，根據弗雷澤描述的祭典儀式，群眾會假裝從內部將老年驅趕出去。在義大利、法國、西班牙，會在大齋期的第四個主日進行「鋸老婦」的儀式，假裝把一個真的老婦鋸成兩半；最後一次舉行鋸老婦儀式的時間是一七四七年，地點在義大利帕多瓦。在其他情況下，人們把代表老年人的木偶真的拿到火裡焚燒。

就神話的層面來說，重複性社會畏懼大自然的耗損、建制的過時，並且會對此加以防範。而對這樣的社會而言，這一切不表示他們要邁向一個全新的未來，而是以一再重複的儀式來活化過去，毫無損傷地保存受到尊崇的過去，以此為基礎來塑造現在。

當社群（communauté）打交道的是有血有肉的個人時，問題則完全不同：社群必須和這些個人建立真正的關係。老年是可憎的，必須把它排除在社會之外。但是當老年人在群體中不能作為代表時（通常是這種情況），理論上來說，就沒有理由需要翦除他。老年人的身分地位是根據形勢憑經驗建立起來的。當他因為年紀的關係而沒有生產力，他就成了負擔。不過，我在前面說過，在某些社會裡，成年人在決定老年人命運的時候，會考慮他自己的未來：他會顧及自己的長遠利益。另外還有可能是因為，他和年老的父母之間有很強的情感連結。另一方面來說，老年人在人生歲月中取得了不少能力，讓他變得有用。原始人類的社會比動物社會來得複雜之處在於，他們更需要知識，而社會只有靠著口述的傳統才能將知識傳承下去。如果老年人靠著記憶使自己成為知識的保存者，而他又能保有過去的記憶，是會在社會上受人敬重的。總之，他已經一隻腳踩進死人的世界，這讓他扮演起塵世與冥世之間的中介調停者角色，而這件事也賦予他無比的權力。這些因素會影響到他

32 西非的班巴哈族人夢想著人類有個黃金時代，在這樣的時代中人類能夠避開死亡。他們想像生命是不斷從老年回復到童年的永恆回歸。老年人爬到一棵神聖的樹上，切開自己的血管，在血流光了以後，就從樹上下來。年輕人拔光他們身上的毛髮，並毆打他們。他們失去了知覺，然後重新變成七歲的孩童。

的身分定位。不過，值得注意的是，原始人類能活到六十五歲的實屬極少數，這種人很少超過整個部族人數的三%。通常，五十歲的人就被認為老了，甚至是「很老」。在這一章裡，我所謂的「老年人」是依照那些社會群體各自認定的標準來稱呼，而在大部分情況下，這些「老年人」也真的在生理上屬於老年。

為了探究他們的景況，我採用了民族學家的研究成果，主要是法蘭西公學院社會人類學研究室善意提供給我的一份研究資料：「人群關係區域文件」（Human relation area files）。文件中的資訊有的非常老舊，有的並不完整，或是很難確定它的價值，所以必須審慎引用。觀察人員在描繪一個族群時極少採用這個族群本身的價值。他們以自己的文明來理解、判斷研究的對象，未顧及他們可能和研究人員自身文明的標準、習俗截然不同。關於老年的問題，他們的觀察極少是綜述性的，對老年的問題也不太感興趣。他們的陳述往往難以理解，不然就是矛盾的。我會試著將我們已知的老年存在處境相關資料，放到社群的整體結構中來討論。我明白取樣很可能落入主觀評判，但是用統計來看也一樣武斷，並不能幫助我們看得更清晰。藉由或相近或呈對比的比較，我們可以期望清楚呈現出有意義的關係來。

基於原始人類的生存條件，他們或以狩獵採集為生，或以飼養牲畜為生，或以務農為生；前兩類是以游牧生活為主，第三類則屬於定居族。也有所謂的半游牧，指的是在固定某幾個地點放養牲畜的畜牧者、在森林裡接連換地方耕作的農人。我是依據他們的工作方式和所處的環境來作分類，而不是根據他們在地理上的分布。因為相較之下，澳洲的採集者和非洲的採集者之間，比非洲的採集者和非洲的農人之間更有相近之處。

❖

原始社會對待老年人的習俗

一個群體創造的神話，往往和他們實際的風俗之間相距甚遠。說到老年人在原始社會中扮演的角色時，這個差距就顯得更加明顯。在一些最窮困的原始社會中，有許多便很神祕地頌揚起老年。愛斯基摩人的社會裡有許多傳說傳述了一個老年人奇蹟似地保全了自己的性命，幾個圖謀拋棄這個老年人的人遭受了可怕的刑罰。在其他傳說中，老年人常被描述為法力高強的魔法師、發明家、醫治者。原始人類往往以精力充沛、充滿智慧的老年人來代表神祇。在愛斯基摩人的傳說裡，奈維克女神是一位非常老的女人，與逝者的靈魂住在水中。有時這名女神會拒絕保護獵海豹的獵人，除非有巫師來為她梳頭髮。在其他地方，掌控風的是一名年老的女人。北美洲的霍皮族傳說中，一位年紀很大的蜘蛛女發明了手工藝。像這樣的例子不勝枚舉，但我們接下來會看到實際情況並未受到這些傳說影響。

極端的窮困會導致人沒有遠見，讓人一切以眼前為要，犧牲將來。在氣候嚴酷、環境艱難、生存資源不足時，人的老年往往酷似動物的老年。在西伯利亞東北部過著半游牧生活的雅庫特人便是如此。他們飼養牲畜和馬群，忍受冰寒的冬天、酷熱的夏天。他們當中大部分人終其一生都忍受著飢餓。

在這種生存景況簡陋的社會裡，知識和經驗可以說沒有用處，宗教也幾乎不存在，薩滿信仰則發展了起來，巫術扮演了一定的角色[33]。巫師的發掘與養成通常在兒童時期就開始，但是他取得的法力不會隨著時間而削弱。在所有的老年人當中，唯有年老的巫師受到尊重。他們的家庭採取父權制，擁有牛羊牲畜的是父親，對子女擁有絕對的權威，能賣了他們或殺了他們；尤其是女兒，做父親的往往棄養她們。兒子要是咒罵父親，或是不聽他的話，做父親的可以不讓他們繼承遺產。只要父親仍然身強力壯，在家中他都是專橫的一家之主。但當他的身體一開始衰弱，兒子就會奪去他的財產，放任他衰亡。在兒童時期遭到惡劣對待的兒子不會憐憫他們衰老的雙親。有人責怪某個惡待自己老母親的雅庫特人，這個雅庫特人是這麼回應的：「讓她哭吧！讓她餓肚子吧！她讓我哭過不只一次，她從前也捨不得給我東西吃。她動不動就打我。」流亡時期和雅庫特人一起生活二十年的托斯倉斯基曾經表示，他們的老年人會被趕出家門，以乞討為生，或是做兒子的會把老父母當作奴隸使喚，還會毆打父母，強迫他們從事艱困的工作。另一位研究者席耶侯席弗斯基則描述：「即使是在富裕的家庭，我都看過活骷髏，身上滿是縐紋，幾乎赤身裸體，或根本就是赤身裸體。他們只有在沒陌生人在場時才會從躲藏的角落出來，走到火爐邊，和小孩搶奪殘餘的食物。」如果老年人是遠親，情況只會更惡劣。「他們任由我們在陰冷的角落慢慢餓死。我們一點也不像是人類，反而像是動物。」為了避免遭受這種可怕的命運，他們往往要求兒子一刀刺進心臟殺了他。食物的缺乏、低落的文明程度，使嚴格的父權社會孕育出這種怨恨老邁父母的態度。所有人合謀對付老年人。

日本北方的愛努族在受到日本文化影響之前，對待老年人也類似如此。他們社會的發展還停留在很初階。他們得忍受寒冷的氣候，食物（以生的魚肉為主）也不足。他們席地而睡，擁有的器具很少，以獵熊和捕魚為生。老年人的經驗對他們來說並無大用。他們的宗教信仰是很粗糙的泛靈論，沒有廟宇，也沒有祭祀儀式，只會在地上插幾枝他們稱為「伊那歐」的柳條，以示尊崇神祇，把這幾枝柳條視為神聖之物。他們之間流傳著幾首歌謠，但是沒有節日，也沒有任何儀典。他們主要的娛樂，幾乎也是唯一的娛樂，就是喝酒灌醉自己。所以，老年人沒有任何傳統要傳承給下一代。做母親的忽視自己的孩子，孩子在青春期以後便和母親很疏遠。等做父母的老了後，大家都不關心他們。愛努族女性一輩子被視為賤民。她們的勞務繁重，也沒有權利參與祈禱。她們的命運隨著歲月流逝只有越來越惡化。英國人類學家蘭多爾[34]描述他在一八九三年時來到一間茅屋：「走進去裡面，

33　巫術和宗教信仰之間的界線很不明顯。這兩者都認為自己有能力掌控超自然的力量。根據法國社會學家牟斯的說法，宗教只在對群體有益時使用超自然的力量，而巫術雖然往往也對社會有益，但它可能將超自然力量挪移為有能力操控它的個人所用，而且有時候是邪惡的用途。根據李維史陀的說法，宗教是自然法則的人性化，巫術則是人類行為的自然化；這兩種成分總是聚合在一起，唯一的差異在於配量不同。所有巫術至少都具有一點宗教的成分。只有在人類認為自己擁有超自然的力量時，超自然才存在，人類並把他自己這超人的力量賦予大自然。

34　出自《與多毛的愛努人共處》。英國傳教士巴徹勒的書對愛努人的描寫比蘭多爾更具仁愛之心，但所描繪的情景幾無差別。

我發現了一堆白色頭髮和兩隻爪子，兩隻瘦巴巴的腳，腳上長著彎曲的長指甲；地上散落著幾根魚骨，角落裡盡是髒污；裡頭的味道難聞極了。在那堆頭髮底下，我聽見了呼吸聲。我摸了摸那堆頭髮，撥開它，這時候她發出了一陣咕嚕聲，兩隻瘦骨嶙峋的手臂伸向我來，抓住了我的手……她真的瘦得只剩皮膚和骨頭，長頭髮和長指甲讓她顯得非常可怕……她幾乎是眼盲、耳聾、口啞，也很顯然患有風濕病，使得她雙手、雙腳僵直。她身上甚至有痲瘋病的斑紋，看了就讓人覺得噁心、丟臉，讓人覺得可怕。村人或是與她同住一間茅屋的兒子沒有虐待她，可是也沒有照顧她。但她實在顯得很低賤，其他人於是也就這麼對待她。時不時，他們會丟條魚給她吃。」

在極端窮困的情況下，窮困就是決定性因子。它會抹煞感情的存在。住在玻利維亞森林裡的希里歐諾人，從來不會殺害他們的新生兒，雖然這些新生兒大部分天生就患有畸形足。他們愛自己的孩子，孩子也愛他們的父母。只是這個半游牧的部落經常處於挨餓的狀態。他們過著野蠻的生活，幾乎赤身裸體，身上沒有裝飾物，沒有工具。他們睡在吊床上，會製造弓箭，但是沒有獨木舟，只靠雙腳遷移。他們甚至不會生火，只能帶著火到處去。他們也不馴養動物。雨季一到，他們就躲在滿是灰塵的茅屋裡。他們會種植植物，但主要是吃野生的蔬果。雨季一過，他們會捕魚、打獵。他們沒有神話，也沒有巫師。他們不會數數兒，也不會計算時間。他們沒有政治組織，沒有社會組織，也沒有人扮演仲裁者的角色。他們經常為食物的問題起爭端：每個人都為自己的性命而搏鬥。這種生活是如此的艱困，以至於他們一到三十歲，體力便開始走下坡，四十歲就可以說衰老了。這時，孩子會忽略父母的存在。在分配食物時，他們會忘了分給父母。老年人走路走得慢，會妨礙族人遠征。在一次族群遷移時，人類學家霍姆伯格這樣描述：「我注意到一個躺在吊床裡的老婦人，她生著病，病到無法說話。我問村裡的首領他們要怎麼處理這位老婦人。他讓我去問她丈夫，而她丈夫跟我說就讓她死在這兒……第二天，全村的人都離開了，甚至沒人去跟她道別……三個星期後……我重新見到了那張吊床，還有那名老婦人殘存的屍骨……」

沒有希里歐諾人那麼窮困的芳族（Fang），居住在非洲加彭的北邊，人口大約十二萬七千人。他們大部分人的處境都沒有安全可言。他們多少受到了白人的教化，或多或少信仰基督教。他們處於過渡的階段，介於丟失那些再也不合時宜的習俗和尚未完備的現代倫理規範之間。

他們以武力征伐、用經濟手段取得生存所需的物資。老年人擁有政治權力，但實際上在遠征時指揮的是年輕人。遠征必須具備機動性，因而阻撓了社會階級組織的確立，也使他們的社會直到今天仍不斷地更換族長。他們分別住在幾個村落裡，而且常常遷移。現在他們主要的生產活動是狩獵和捕魚，也會定居在一地從事農耕，主要耕種可可，可以說過得欣欣向榮。這個社會群體裡最受到尊崇的是富人。他們的宗教信仰（已經被基督教摧毀殆半）是建立在對祖先的崇拜上——透過保存在提籃裡的頭顱來表達他們的崇敬。提籃是由擁有權力的人保存，或是父子相傳，或是靠著智慧、德行而取得。只要不是過於老邁，年紀是一張王牌，但比不上能力來得重要。一家之主是由屬於勞動人口的成年長子擔任。年老的雙親和他一起生活，只要老父母仍能讓自己像個「真的男人」、「真的女人」，他們就能保有權威。但事實上，女人並未真正擁有權威，純粹是生殖與生產的工具。大家會畏懼那些被認為是巫婆的老婦人，但這情況很可能會反過頭來使她受害。芳族女性命運的傾頹其實很早就開始，從她們不能再生育那時候起。男人正處鼎盛的時期，他的孫子出生並且住在他的家中，這時他的年紀大約五十歲。接著他的體力開始衰退，便失去他們的威望。芳族認為人的一生是道弧線，從童年到壯年的弧度是往上升的，然後這個弧線開始往下降，直到最低點，到了死亡時又升上來。財富和對巫術的認識，可以彌補他們因老化帶來的減損。不過，總體而言，老年人總是被排除在公眾生活之外，過著邊緣人的生活，大家一點也不敬重他們。衰老以後，大家輕鄙他們，以至於在他們死後，頭顱也不會用在祭典儀式上。要是他們沒有後代，處境更是艱困。即使是改信基督教的族人，到了老年也受到輕忽對待，生活貧苦，尤其是年老的寡婦。從前芳族人遷徙時，會把老年人拋棄在森林裡。現在，當整個村落移居他處時，還是很常見到族人將老年人拋棄在原地，沒給他任何資源，而老年人也接受自己的命運，據說甚至還會對此開玩笑。有些老年人表示「活累了」，選擇自焚而亡，有時候則是他們的後代拋棄了他們。

聰加人不是游牧民族，屬於班圖語系，定居在南非東岸的乾旱大地上。聰加族人散布各處，土地屬於首領，由他分配給其他的族人。每個人都完全享有自己或他要妻子去完成的工作所得成果。聰加族大部分的勞動，慣常是由女人在做。他們種植玉米、水果、蔬菜，飼養牛、山羊。他們狩獵、捕魚，會做一些木雕和陶器雕塑。他們的民俗裡有歌唱、舞蹈。他們有些時期過得很富足，有些時期則會因為水患或蝗災而遭遇飢荒。他們都一起用餐，會先服侍丈夫，然後是孩子，最後才輪到妻子；通常他們也會和殘疾的人、老年人分享。老年人沒有受到尊重。他們在經濟上屬於弱勢，大家對他們也沒什麼感情。三到十四歲的孩童會和祖父母共同生活，但祖父母只是放任他們長大。孩童總是餓肚子，他們會偷東西；而那些要跨入社會的男孩，必須經歷嚴酷的考驗。還有，少男少女在專為他們而設的茅屋裡共同生活。他們和自己的父母沒有太多聯繫，對向來輕忽他們教養的父母只有怨恨。成年以後，他們對老年人很粗魯。被迫和祖父母同住的孩子並不喜歡老年人，他們會嘲諷老年人，搶食他們的食物。聽加人幾乎沒有任何文化傳統、社會傳統，老年人的記憶派不上用場。他們的宗教信仰還很粗糙，由家中的長子負責祭祀祖先。祖先有時會在夢中顯現；族人會藉著「占卜的骨頭」求問祖先。在某些儀典上，會有老婦人唱歌、跳舞，而她們的歌舞往往帶有淫穢的色彩。她們不再受某些禁忌的約束，比如，只有老婦人和未到青春期的小女孩，可以吃被殺來當祭品的鹿肉。老婦人和小女孩避開了她們的性別所受到的詛咒，卻也不屬於男人社群。這種特殊處境，讓老婦人一點也不畏懼某些超自然的危險情況，所以，為村落和勇士的武器做淨化儀式的工作就落在她身上。然而，當她再也無法耕作時——她勤於耕作，直到再也沒力氣為止——她就成了負擔，所有人都鄙視衰老的她。聽加族的儀典通常是由上了年紀的男性主持，但這也不足以讓老年人擁有威望。聽加族尊敬的是最肥胖的人、最有力氣的人和最富有的人。為了讓自己富有，他們會娶好幾個老婆，因為工作主要是她們在做，做丈夫的有充足的食物。他讓自己的孩子吃得豐盛，他接待外來客，他受人欽佩、敬重，非常有影響力。但是當一個男人在他所有的太太死後，就會變蒼老、憔悴、孱弱、貧窮，這時的他只像渣滓，只是負擔，大家不耐煩地忍受他。很少有孩子會向老父母表現出奉獻之心。整體而言，老年人的處境艱困，也對此抱怨連連。遇到村落遷移時，老年人就會被拋棄。在戰爭時期，老年人大量死亡。在突發狀況下，村民四散逃逸，老年人躲到森林裡。這時，他們要不是被敵人發現後殺害，就是活活餓死。

不過，大部分的社會並不會讓老年人像動物一樣餓死[35]。他們會為死亡的老年人舉辦祭儀，而且會徵得或是假裝徵得老年人的同意，譬如科里亞克人的情況就是如此 。他們住在西伯利亞北方，和雅庫特人一樣生存環境很嚴酷。他們唯一的資源是到處跟著他們在草原上遷徙的馴鹿群。西伯利亞的冬天酷寒，長途遷徙讓老年人精疲力竭。很少有老年人在耗盡力氣之後還想殘喘過餘生，族人便會在這時殺掉老年人，就像他們也會殺掉有不治之症的人一樣。這對他們來說是極其自然的事，甚至為他們的手法感到自豪，挑明了以長矛或刀給予老年人致命傷害的身體部位。他們會在殺害老年人之前舉行漫長而複雜的儀式，然後在全族的人面前謀害他。

西伯利亞的楚科奇人，會和從事非法交易的白人做買賣，但主要是靠捕魚為生，經常食物不足。他們會殺死畸形的新生兒，或那些很難養的幼童。有些老年人在做買賣上取得成功，而且積攢了一點錢。族人很尊敬這樣的老年人。其他的老年人則是負擔，族人會讓他們日子過得艱困，以至於可以輕易勸服老年人選擇死亡。族人會在他死前讓他參加備極哀榮的儀式，吃海豹大餐、喝威士忌酒、唱歌、擊鼓，然後他的兒子或弟弟會悄悄來到他身後，用一根海豹骨頭勒死他。

北美印第安人的霍皮族、小川族、烏鴉族，以及南非的布須曼人，根據習俗，他們會將老年人帶到離村落很遠、一間特意為他們建造的茅屋裡，給他們一點水和食物後，就把他們棄置在那裡。愛斯基摩人的情況則是，因為生存資源非常有限，他們會請老年人躺在雪中，靜待死亡；或者是在他們遠征去捕魚時，刻意把老年人遺忘在大浮冰上；又或者是將他們關在雪屋裡，讓他們凍死。格陵蘭東南部安馬沙利克島上的愛斯基摩人，他們有個習俗是，當老年人自覺是族人的負擔時就會自尋死路。某天晚上，他們會在族人面前公開懺悔，兩、三天後自己登上小艇，離開陸地，永遠不再回來[36]。法國探險家兼民族學家保羅－艾彌．維克多描述道，有一個再也無法登上小艇出海的殘疾人請他孩子將他丟入海中，因為淹死是到彼岸最短的路。他的孩子照做了，但因為衣服的緣故，讓他浮在水面上。這時，很愛他的女兒溫柔地對他說：「爸爸，把頭埋進水裡，這樣路程比較短。」

許多社會敬重頭腦還清楚、身體仍硬朗的老年人，但是在他們衰老、痴呆後就拋棄他們。在非洲過著半游牧生活的霍騰托人就是如此。他們每戶人家都擁有一間茅屋、牛羊群，族人之間的關係也很緊密。「祖父」、「祖母」的稱呼是表示友好關係的名詞，用來稱呼族裡非自己親生祖父母的老年人，他們的傳說和故事裡也表現出對老年人的崇敬。霍騰托族人很早就邁向衰老，五十歲已經被當成老人。這時他們再也無法工作，要靠別人供養。老年人的經驗、知識對社會有所助益，族裡的顧問團會聽取他們的意見。老年人的年紀保護他們不受超自然力量的侵害，這讓他們在公眾社會扮演特殊而重要的角色，尤其是，他們負責主持族人從人生一個階段過渡到另一個階段的通過儀禮（rite de passage）。處於過渡處境的族人（像是新近鰥寡、大病初癒）不屬於任何團體，不只面臨危險，本身也是危險的；他是「伊諾」（Inau）。而唯有經歷過人生各個階段、超越善與惡的老年

35　美國人類學家席蒙斯於一九四五年出版了一本綜論性的著作《原始社會中老年人的角色》，他在書中指出在三十九個作為研究對象的部落中，會忽視老人、拋棄老人的社會有十八個，其中不只包括游牧社會，也包括定居的社會。

36　根據法國人類學家傑山的報導。

人，才能接近「伊諾」而不遭受惡果，並幫助他重新融入社會。而且，他們必須和「伊諾」屬於同一類的人，也就是說，由老鰥夫照顧年輕的鰥夫，曾經病重然後痊癒的老年人照顧康復中的年輕人。霍騰托族的所有老年人都有資格啟蒙青少年。因此，社會是靠著老年人來凝聚向心力。儘管如此，在老年人失去獨立生活的能力後，就會變成無用的人，大家會忽視他們，甚至——至少在上個世紀初時是這樣[37]——他們的兒子會請求有權拋棄自己的老父母，而他們的請求也會得到允許。做兒子的會在村落裡辦一場盛宴，以示向老父母訣別。大家把老父母放到一頭牛身上，一群隨行隊伍伴隨他們來到遠離村落的一間茅屋，在留給他們一點食物之後，便將他們拋棄在茅屋裡，任由他們餓死或被野獸吞食。這個習俗尤其盛行於窮人家裡，但有時在富有人家也看得到，原因是出於老年人的畏懼，因為大家賦予他們神奇的魔力，尤其是老婦人。

北美的歐及布威族住在溫尼伯湖附近。今天他們受到白人文明的影響極深，但二十世紀初時，他們仍然保有自己的古老習俗，而且在身體仍健朗的老年人和「衰老」的老年人之間，兩者的社會地位差異甚大。他們居住的地區雖然冬天氣候嚴寒，卻是對健康有益的，而且土地肥沃，種植了稻米、蔬菜、水果。在夏天，每一戶人家會在營地裡聚集起來，人數從五十人到兩百人不等；到了冬天，他們會分散為幾個小團體，到各處打獵，販賣動物的毛皮。他們對孩子很好；孩子通常到三、四歲才斷奶，做媽媽的會隨身帶著孩子。歐及布威族對孩子很溫柔，從不懲罰孩子，讓他們自由自在成長。在這樣的社會裡，通常沒有人會欺負任何人。他們會耐心地治療病患，也會擔心得罪鄰人，部分原因在於不信任鄰人，畏懼他們擁有巫術。宗教信仰的目的尤其在於保護人不受巫術的侵擾，並為個人的利益服務。

歐及布威族的祖父母通常是和父母住在一起，並給予他們意見。祖父母當中一人會為新生兒取名，和孫子之間維持「輕鬆愉快的關係」。祖父把孫子、祖母把孫女看作和他們平等的，祖孫之間會彼此逗弄，互相為對方服務。雖然如此，做孫子的仍然非常尊敬祖父母，因為族人教導他們要敬重所有老年人。老年人和其他的成年人一起隸屬於族中的顧問團，成年人也很敬重老年人。這種尊重之情經常是外顯的，並且會口頭表達出來。某些部落裡存在著研究草本植物的「醫學會所」，而他們認為有些草本植物能帶來健康與長壽。老年人會將年輕人引進「醫學會所」，並傳授他們相關的知識。大家認為老年人具有神奇魔力，所以他們可能是危險的。老年人有時會以祭司的身分主持儀式。族人會從老年人當中招募「宣讀公告的人」，這些人的工作是在晚間宣告第二天的工作項目，並給予建議。族人很欽羨身體健朗的長壽老人，認為長壽可以藉著德行和草本植物獲得。

歐及布威族對於非常老邁、病弱的老年人，不同的家庭各有不同的對待方式，彼此間差異很大，但經常可以看到老年人被忽視，年輕人甚至會偷走分配給他們的食物。族人認為他們已經失去神奇法力，不再害怕他們，有時候會將他們拋棄在遠離村落的小茅屋裡，或是丟在荒島上。如果親族中有人要救他們，大家就會取笑他，阻止他這麼做。通常，老年人寧願堂而皇之被殺死。大家會為此歡慶，抽著長管菸斗，唱著死亡之歌。在大家跳舞、歌唱的時候，做兒子的會以戰斧砍死父親。

37 提及這項傳統的資料是一九〇〇年以前的資料。

面對棄老的命運

民族學家表示，老年人很容易屈服於族人加諸他的死亡，因為這是習俗，他們的孩子也只能這麼做。說不定，這是因為他們從前也曾經置父母於死地，甚至，他們會覺得為自己舉辦的慶典是一種榮耀。這種樂觀的想法，在何種程度上是有正當理由的呢？實在很難說。關於這個問題，資料極少。我看過兩份資料。第一份是日本一本非常出色的小說：《楢山節考》。它取材自真實故事，作者深澤七郎提到一位老婦人的生命末期。故事背景是在日本的某個角落，而且是近代的事。那裡的村民過著窮困生活，為了生存不得不犧牲老年人。村民把老年人送到名為「死亡之山」的山上去，將他們丟棄在那裡。

《楢山節考》的故事是關於年近七十歲的老婦人阿玲婆。她非常虔誠，非常具有捨己精神，她的兒子辰平非常愛她。故事一開始，阿玲婆聽到有人在街上唱著以楢山[38]為名的歌謠；歌詞中說著，三年過去，人就老了三歲。這歌謠是為了讓老年人明白「朝山」的日子近了。亡靈節前一天晚上，那些「得到山上去」的人召集了村中曾經帶著父母去山上的子女。亡靈節是他們一年當中最重要的節日，大家吃著白米飯（這是最珍貴的食物）、喝著米酒。阿玲婆決定自己今年也要去「朝山」。所有的準備工作都就緒，此外，她的兒子也要再婚，從此她家裡有女人可以照顧了。阿玲婆身體仍很健朗，也還在工作。她還有一口好牙，但她的煩惱也來自這口好牙。村子裡缺糧食，到她這把年紀還什麼都吃實在是羞恥的事。她的一個孫子做了首小曲子取笑她，說她還有三十三顆好牙，村子裡所有的孩子都在哼唱這首曲子。她拿石頭敲斷了自己兩顆門牙，但曲子仍在孩童口中流傳，一逕取笑她。她的長孫也要娶媳婦了，家裡從此就會有兩個年輕女人。阿玲婆覺得自己沒用了，越來越想著去「朝山」的事。兒子和媳婦知道她的心意後忍不住哭了。慶典如期舉行。她希望山上會下雪，因為這表示上天會好好接待她。清晨時分，她在一塊木板上坐定，由兒子辰平揹著。按照習俗，他們悄悄離開村子，一路上彼此不說一句話。他們爬上高山。接近山頂時，可以看見岩石底下有屍體、骷髏。天上有烏鴉盤旋，山頂到處布滿了枯骨。兒子把老媽媽放在地上，她拿出自己帶來的一條桌巾，鋪在岩石下方，然後在上面放了一個飯糰，自己坐了下來。她一句話也沒說，只是擺擺手，趕她兒子走。辰平哭著離開。在他下山時，雪花飄落，於是他又折回山上，想告訴媽媽下雪了。山頂上也下起雪，阿玲婆身上覆滿白白的雪片，正在祈禱著。辰平對媽媽喊說：「下雪了，會有好運的。」阿玲婆又揮手趕他走，他只好離開。兒子很愛他媽媽，但是在有這樣習俗的社會裡，孝順也只能在這樣的框架裡表現：既然習俗規定如此，送媽媽上山頂就是孝順兒子該做的事。

和這個符合傳統並受到神明祝福的死亡之約比起來，小說裡有個作為對比的角色阿又。他已經七十多歲，但不準備到山上去。阿又的兒子想拋棄他，便在楢山節那一天用草繩綁住阿又。他用牙齒咬斷草繩，以此象徵斷絕他和他兒子、村人、神明之間的「關係」。阿又逃走了，但是他兒子把他抓了回來。第二天，在辰平下山時，途中看見被從頭綁到腳的阿又和他兒子兩人在懸崖邊。兒子將阿又丟下懸崖，就好像丟掉一只破舊的袋子一樣。烏鴉迅速飛進山谷裡。阿又的死是可恥的。雖

38 村人丟棄老年人的山即名為楢山，山上長滿了松樹。

然兒子的作為像個殺人犯，但阿又逃避天神訂下的習俗，只配得到這樣的命運。

我們很想知道，像阿又這種被犧牲的老人做出這樣的反應——也就是說他怕死，而且起身反抗——是不是很常見。如果說深澤七郎讓他在小說中具有這麼重要的地位，他的態度想必應該不是例外，而是具有代表性的。說不定，有教化作用、順從的阿玲婆，她的態度才是例外。

有一份難能可貴的資料，顯示老年人往往詛咒他們這不幸的命運，那就是納爾特史詩。這部史詩是許久以前由奧塞提亞人創造的，後來以口述方式傳給了切爾克斯人。史詩裡有些段落[39]描寫了老年人面對威脅自己的處決時心中那份焦慮。納爾特人是奧塞特人傳說中的祖先，他們將習俗傳給了奧塞特人。根據納爾特史詩，當時世界分為三大家族，分別住在一座山的山頂、山腰和山腳。住在山頂上的是戰士，住在山腳的是「富人」。住在山腰的是阿拉耶嘎代人，以聰明著稱，而且身分極尊貴。所有納爾特人會齊聚在阿拉耶嘎代人那裡，商議公眾議題，並舉行帶有宗教氣息的盛宴。席間，「處決老人大會」會從三個家族中選出該被處以死刑的老年人，用毒藥毒死他們，或是將他們打死。古羅馬作家老普林尼和地理學家龐波尼烏斯．梅拉寫到了斯基泰人（和北奧塞提亞人是近親）有殺老年人的習俗。如果「活夠了」說服不了他們從懸崖高處投海自盡，族人就會把他們推下懸崖。納爾特史詩裡寫到一個類似自願尋短的例子：「優里茲瑪埃格老了。他成了年輕納爾特人的笑柄。他們會吐痰在他身上，在他衣服上擦拭他們箭上的污垢……他決意尋死。他殺了他的馬，請人用馬皮做了一個袋子，自己坐到袋子裡，投海自盡。」不過，雖然村人希望他們去死，老年人卻通常不同意這樣的安排。他們受過建立在宗教、規章之上的法律薰陶，而老年人本來是受到尊敬而且扮演重要角色的。但是當他們年紀老邁了，史詩中寫道，納爾特人「將他們像小孩子一樣綁在搖籃裡，唱著搖籃曲哄他們睡覺」。

媳婦對公公唱著：

睡啊，睡啊，我的王子
睡啊，睡啊，我的爸爸
……如果你不睡，我的爸爸
我就讓人抓你去阿萊格人那裡。

媳婦對婆婆唱著：

睡啊，睡啊，我的公主
睡啊，睡啊，我的媽媽
如果妳不睡，我的老媽媽，
我就讓人抓你去阿萊格人那裡。

39 法國人類學家杜梅齊爾在他的《神話與史詩》節錄了這些片段。

老婆婆：

別把我抓到阿萊格人那裡，啊，我親愛的公主！

阿萊格人會殺老年人……

在另外一個場景裡，有一個老年人和他妻子的對話如下：

老婆婆：

壞心腸的媳婦真讓人痛心！

但願他們不會抓你到阿萊格人那裡！

那些被抓到阿萊格人那裡去的人

都被他們從山巔丟進山谷裡。

老公公：

住嘴吧妳！

他們本來沒想到要抓我去那裡，經妳這麼一說，他們說不定就抓我去了。

人家說，事情說多了就會發生。

啊，要是我能夠避開妳多好。

（他又對正好要來抓他走的人說：）
就把我丟給野獸啃吧。

還有另一個場景表現了老夫婦最後一次吵嘴：

「殺老人大會的首領問起：『你們兩個人誰比較老？』做丈夫的從牙縫裡擠出一句話：『當然是我老婆比較老。』」這時候老太太再也頂不住，一邊揮著雙手扯掉搖籃上的布帶，一邊滔滔地說：『啊，老天襲擊了我！有人像你這樣說話的嗎？在要被殺的時候，他竟然說我是最老的……要是你們不相信我，就看看我們的牙齒吧，我的牙齒還沒脫落，而他的牙齒已經脫落兩次、三次……』在殺老人大會的人檢查他們的牙齒時，她表示她丈夫才是最老的。他們抓走了他，他哀叫起來。他們讓他喝啤酒，然後把他丟到山谷裡。」

今天對老年人非常敬重的奧塞提亞人，修改了史詩中的某些片段。他們現在把史詩裡殺老年人的事件視為共謀犯罪，而不是遵循古老習俗之事。盛宴上，會出現一個年輕英雄來拯救將被殺害的老年人。

老年人不失勢的部族

有些非常窮困的部族並不會翦除老年人。將它拿來和前面的例子作比較，以察看兩者之間的差異何在，是非常有意思的事。不同於住在海邊的楚科奇人，內陸的楚科奇人很敬重老年人。他們和科里亞克人一樣，在北方大草原上放牧馴鹿群，日子過得艱困，所以很快就衰老。不過，衰老不會使人在社會上失勢。他們家人之間的連結很緊密。家中作主的是父親，擁有馴鹿群的也是他，這個所有權一直持續到他死亡為止。為什麼賦予他這樣的經濟權力？顯然，整個部落認為這樣有益於群體，原因或許在於比較年輕的成年人不願見到自己有一天財產被剝奪，或在於他們認為這樣才能維繫社會穩定。尤其是，老年人往往在分配嫁妝時扮演重要的角色，而這裡的情況或許就是如此。擁有牲口（或土地），意味著他會根據習俗將這些財產分給他的女婿和兒子。與其說他是擁有財產的人，不如說他是幾位合法財產受益人之間的調停者。所以這幾位受益人不會搶奪他的財產，不像雅庫特人那麼粗野。無論如何，擁有財產的老年人因此具有威望。甚至，有些已經老糊塗的老年人仍然指揮著部落，由他來決定何時遷徙、決定夏天時在何處落腳。當他們變更營地時，老年人和其他人一起坐在雪橇上；要是沒有雪，年輕人就會把老年人背在肩上。俄國人類學家玻哥哈斯描述說，他們當中有個老年人每年春天都會到沃爾維汗河去向極地村落的商人購買用品，而他會亂買一通，比如本來應該買獵刀，他卻買了餐刀回來。年輕人調侃他：「老瘋子！……但那又怎樣？他就是個老人。」玻哥哈斯還提到一個六十多歲、拄著枴杖的瘸子。他仍然在管理牲口，而且是一家之主。他每年都會去市集，幾乎把所有的錢都拿去買酒，但他依然很受敬重。

住在火地島海岸邊的雅加人[40]，人數大約有三千，是我們所知最原始的部族之一。他們沒有斧頭，沒有釣魚鉤，沒有廚房用具，也沒有陶器。他們不儲存食物[41]，所以不得不過一天算一天。他們沒有遊戲，沒有慶典，也沒有真正的宗教信仰，只是隱隱約約相信著一名至高的天神和巫師的法力。不過，他們還是有養狗，也擁有獨木舟。他們住在水上，四處漂移，以狩獵和捕魚為生。雅加族人個個身強體壯，但日子過得很不安穩，幾乎總是處於飢餓狀態，花很多時間尋找食物。在不事生產的期間，他們以家庭為單位聚集在部落裡，但部落中沒有高人一等的權威人士，也沒有人裁斷公平正義。他們生很多孩子，孩子是他們活著的理由，也疼愛孩子；祖父母也很疼愛他們的孫子。他們只有在做媽媽的被丈夫拋棄時才會殺嬰，或者當新生兒是畸形兒、不正常的時候才會殺嬰，但這種情況很少見。男孩、女孩都受到很好的對待，也都愛著自己的父母；在部落，他們是和父母同住在一個茅屋裡。等到父母年邁以後，這樣的感情仍在，而且所有老年人都受到敬重。他們取得的食物是全部落的人一起分享，會首先分給老年人。老年人在茅屋裡也佔有最好的位置。他們從不讓老年人落單，總會有個孩子在一旁照應。大家也從來不嘲弄老年人。眾人會聽取他們的意見。如果他們睿智、正派，在部落裡會很有影響力。也有年老的寡婦擔任一家之主，而且大家都很遵從她的話。老年人的經驗對部落而言是有用的，因為他們知道如何取得食物、做家事。這些都是他們傳授給下一代的，大家依據無形的法律尊敬他們。他們是好模範，會訓斥人，必要時還會處罰行為不端的人。

40 我是以現在式描述他們，但他們如今已經滅絕。這些研究是十九世紀末的資料。

41 囤積食物是文明已達某種程度發展的證明。此時群體在求生存之外，還可以另有其他生活目標。我們稍後會看到印加人擁有大穀倉。

老年人有這樣的身分地位，是基於部落群體的和諧。雅加人適應惡劣環境的能力很強。他們喜歡狀況相似的部落，彼此間時有往來，互相幫助，而且很熱情接待外來客。他們為了生存必須艱苦奮戰，卻沒有自私的心理。他們有時會為了減輕垂死之人的痛苦而實行安樂死，但必須是他真的已經沒救了，而且要所有人都同意才行。

記錄雅加人道德風俗的研究人員沒有解釋為什麼他們會有這樣美好的習俗，不過，事實上他們不是特例。阿留申人也是如此。儘管他們的處境艱困，阿留申人的老年人仍享有幸福的好運。毫無疑問，原因在於族人認可老年人那些經驗的價值，更在於父母和子女彼此相愛。阿留申人屬於蒙古人種，他們身強力壯，居住在阿留申群島，以獨木舟為交通工具，捕魚為生。他們吃鯨魚、發酵的魚頭。他們不儲存食物，而且雖然食物不多，他們卻很浪費。他們的耐力驚人，可以好幾天不吃東西，一有食物，就是全族的人共享。他們住在簡陋的小屋，做起事來很慢，但是很靈巧，而且不知疲倦。他們的記憶力很好，能夠模仿俄國工匠，而且會下西洋棋。有些研究人員認為他們很懶惰，其實這是他們的價值觀和貪財重利的社會不同。他們不想聚積財物。他們敬重富人，認為他們是技術精熟才累積了財富。他們敬重的是技術，而不是他擁有的財產。然而，阿留申女性的首飾非常昂貴；他們有時會遠征以取得石英或其他寶石。他們會舉辦節慶，包括舞蹈、表演和豐盛的宴席。他們沒什麼宗教信仰，但是相信巫師的法力。他們極少殺嬰。他們深愛孩子，所作所為全是為了孩子，有最好的東西也都給孩子。要是有人失去自己的兒子或侄兒，有時會因此深深絕望而自殺。同樣地，孩子也很愛父母，並且會努力讓年邁的父母過安適的生活。拋棄父母是可恥的事，大家應該幫助父母，和他們分享一切，必要時甚至為他們犧牲。他們對母親特別盡孝，即使她殘障了、衰老不堪。他們好好對待父母、聽他們的忠告，就會得到報償，那就是會有豐富的漁獲，而且會活得老。活得老，就能作為後代的典範。老年人會教育年輕人。每個村子裡都有一、兩個老年人負責教育年輕人；年輕人也敬重地聽他們的話，即使他說話顛三倒四。老年人負責注意曆法，移動用來標示日子的火柴。老婦人負責照顧病人，因為大家信任她們。整體而言，他們兼顧了經濟與親情，在這兩者之間保持穩當的平衡。大自然提供足夠的資源，可以讓父母養育他們的孩子，並讓他們有時間照顧孩子。反之亦然，孩子也不會讓他們的老父母缺東少西。

老年人在技術、巫術、宗教信仰的影響力

前面探討的幾個社會都只有簡陋的生產技術，宗教信仰、甚至巫術都不佔有重要地位。當經濟生活需要更為豐富的知識時，當和大自然的搏鬥較不激烈並且讓人可以退一步思考大自然時，宗教信仰和巫術才會發展起來。這時候，老年人扮演的角色更為複雜：他可以擁有很大的權力。最典型的就是阿蘭達人的例子：在傳教士抵達他們部落之前，他們已經擁有真正的老人政治。阿蘭達人住在澳洲森林裡，幾乎赤身露體，並以狩獵、採集為生。通常，他們的食物充足，但在某些時期也過得很艱困。每個家庭的成員包括一個男人和他的妻子（一個或好幾個）、孩子，還有狗；然後由多個家庭組成數個圖騰團體（groupe totémique）。當作媽媽的哺育一個孩子而沒有能力再哺育另一

個新生兒時，他們會殺嬰。他們會殺雙胞胎[42]，有時候也會殺幼童來餵養另一個年紀較大但體弱多病的孩子（做媽媽的有時也會一起享用大餐）。但是那些養育下來的孩子，父母都對他們很好。做媽媽的通常很包容孩子。只要嬰兒想吃奶，她們都不會拒絕，也到很晚才讓孩童斷奶。阿蘭達的孩子可以自由自在地長大，等到他們長成，大人就要他們尊重性的禁忌，但性啟蒙是一件非常痛苦的事。部落中最受敬重的是「白髮蒼蒼的男人」。那些「幾乎快死的人」，因為太年邁而無法活躍地過有意識的生活，他們會有得吃、有人照顧、有人陪伴[43]，只是再也沒有影響力。至於那些「頭髮花白的人」，會在第一線扮演重要角色。為了族人的昌盛，部族需要他們的實際經驗。事實上，狩獵、採集需要知道許多事，例如某種食物是不是可以吃、怎麼判斷附近會有山藥、怎麼找到隱藏的水源、怎麼摘除某些食物有毒的部位以便煮食。有些事情，雖然貌似只是看一眼、手一碰而已，卻需要長時間的練習。此外，要是老年人對於帶有神聖意味的傳統（像是歌曲、神話、儀式、部落習俗）有深入的認識，他就會更具有威望。對原始部落而言，知識和巫術是不可分的。認識東西的特性，既可以讓人根據理性的因果律來使用這東西，也可以讓人根據它具有的神奇魔力來使用。再者，生產技術和巫術儀式緊密聯繫在一起；沒有巫術儀式，生產技術是無效的。「白髮蒼蒼的人」擁有知識，也擁有法力，這兩者都會隨著年紀而增長。在成為肢體不靈便的「元空」（yenkon）之後，他們的威望達到了頂點。他們能夠讓一大群人生起病來，所以大家都怕他們。他們在食物上再也沒有禁忌[44]。事實上，他們可以說是不再受到人類存在的先天條件所限制拘束，也對危及他們存在的超自然危險力量免疫。對一般人而言是禁止的事（為了他自己的利益，也為了族群的利益），他們卻可以去做。他們特殊的存在景況，使他們在宗教信仰上扮演了一定的角色。年紀接近另外一個世界的老年人，是塵世與彼世之間最好的中介。老年人主導了宗教信仰生活，而整個社會都浸潤在宗教信仰中。他們擁有在儀典中使用的神聖物品。他們是唯一有權碰觸「蓄寒加」（churinga）的人。「蓄寒加」是神聖的石頭，象徵神話中的祖先與圖騰。「蓄寒加」越古舊就越有價值，因為它拉近了現時活著的族群和古代英雄的距離。老年人帶領著儀典的進行，在儀典中得到彰顯。大家對他們表示最高的敬意。儀典當中，只有在老年人對年輕人開口說話時，年輕人才敢啟口。老年人有責任教育下一代，傳授他們歌曲、神話、儀式，但老年人也會保留一些祕密[45]。成年禮是老年人對年輕人的考驗，年輕人因此很怕老年人。他們嚴格限制年輕人的食物，以餵養老年人。在某些部落裡，為了增強老年人的體魄，年輕人甚至會把自己的血給老年人：或是從臂膀上的一條靜脈汲取，或是從手背上，或是從指甲底下；他們或是將血澆淋在老年人身上，或是給他們喝下。因為對儀典的知識、對例行活動的認識、對歌曲的認識，老年人會收到食物當作禮物。他們的豐富知識和威望，使他們成為部落的首領。原則上，是由年紀最大的老年人來主導部落。但要是他過於年老體衰，不足以應事，這時他就只有有名無實的權力，漸漸會有一名年紀較輕的人來取代他。他會詢問和他同齡

42 殺死雙胞胎中的一個或是兩個都殺，是流傳很廣的習俗。不正常的現象讓人害怕。

43 再者，狩獵和採集需要不斷的移動，也需要機動性，當老年人老到成為負擔時，族人就會拋棄他們。

44 我們可以在許多社會中見到這個特點。

45 為了懲罰和白人往來的年輕人，老年人拒絕傳授他們所知，使得很多傳統就此喪失。

的人的意見。即使在首領的傳承是以世代相傳為主的部落裡（而且在這樣的部落裡，首領有可能是年輕人），真正握有權力的總是老年人。他們調解紛爭、決定部落的新營地、籌辦節慶。凡事都要經過他們的同意才可辦理。不久之前，他們才利用這個職權獨攬女人，要求所有年輕女性都歸屬於他們。這個動機不是出於性，而是出於經濟與社會的考量。女孩一到青春期就要結婚，男孩則要等到性啟蒙之後。老年人和他老邁的妻子為了自己的利益，最好是能夠找到一個年輕女人來餵養他們。這位老婦人說：「可憐的老年人應該有個年輕妻子去幫他取蜂蜜和水來。」這麼做導致年輕人找不到結婚對象。

在原始社會中，技術、巫術、宗教信仰是構成文化的要素。這三個領域之間，彼此的關係也很密切。巫術同時連結了技術與宗教信仰，而技術和宗教信仰對族群來說是有益的，因此巫術具有雙重意義。以阿蘭達人來說，「白髮蒼蒼的人」在這三個領域都佔有主導位置。只要他握有知識、有能力承擔信仰上的職司，他就是寶貴的。因為他具有法力，大家都對他既敬重又畏懼。

以蘇丹的贊德人來說，情況和上述頗為類似，只是巫術更佔有主導地位，而老年人之所以擁有掌控權，主要是因為大家畏懼他們。贊德人住在熱帶莽原上，以狩獵、捕魚、採集和耕作為生。他們種植玉米、木薯、蕃薯、香蕉，獵物也很豐富。贊德族的手工藝頗為發達。他們信仰一位叫做「莫伯希」（Mbori）的神，但最掛心的是巫術。他們認為每個人都擁有一種名為「蒙居」（Mangu）的魔力。這是一種和肝有關的物質，會隨時日而增長。和阿蘭達族一樣，贊德族老年人擁有有用的知識，而且也是最有法力的巫師；和別人比起來，他們在使用咒語時比較沒有顧忌，因為他們離死亡很近，比較不擔心會遭受報應，結果就是部落的主導權都落在他們手上。族人會請求他們為去遠征捕獵的行動祝禱；要是他們詛咒這次行動，捕獵就會失敗。成功捕獵歸來後，族人會分給他們獵物，以求他們眷顧。從前，做兒子的唯父親之命是從。老年人利用他們的地位獨攬女人，導致年輕男人很難找到對象結婚。但自從他們開始和白人接觸，這方面就有了些改變。

毫無疑問，在白人的影響下，年輕一代的信仰和老一輩的有了差別。老年人認為死亡源自於詛咒。當一個年紀很大的人死亡時，他們認為這是因為他耗盡了他在塵世分配到的時光，只要一點點「蒙居」就可以殺死他。有時他們會把死亡歸因於神，會說：「莫伯希帶走他了。」他們把生命比喻為「莫伯希一點一點地截斷的棍子」，截到了盡頭，人就會斷氣。不過，這當中不無巫師介入，死者家屬因而企圖報復巫師。然而，年輕的贊德族人會把死亡歸因於衰老。他們在談到死者時會說：「他吃完他的份了。」他們也相信巫術，只是對他們來說老年人的死亡是很自然的事，不值得為此小題大作。他們私下會粗率地這麼說，但還是會為死者盡到應盡的公共責任。

對於南美洲中部大廈谷那些半游牧的印第安人來說，包括修哈提族、瑪答寇族、托巴族，巫術扮演很重要的角色。他們靠著森林裡富饒的水果和飼養鴕鳥為生，過著知足常樂的生活。他們不儲藏食物，因為他們對第二天有信心，相信食物不會短缺。他們的首領是老年人，在前一任首領死後由各家族當中年紀最大的家長選出來的。與其說他真的擁有權力，倒不如說這權力有名無實。主要是因為年紀使他擁有神聖的性質，讓老年人具有影響力。因為求生容易，宗教在這些有餘暇的印第安人生活裡便佔有重要地位，由老年人主導宗教信仰生活。在食物方面，老年人再也沒有禁忌。大家畏懼他們是因為他們具有神奇法力，有能力對敵人下詛咒。族人認為他們在死後會成為凶惡的幽靈。當印第安人說看見惡靈時，這幽靈通常是以老頭子的形象出現。族人認為老年人的危害與日俱增；當他身體衰頹時，族人會一箭穿心斃了他的命，再焚燒他的屍體，彷彿徹底毀壞屍體就能防止他們變成幽靈似的，就像殭屍的故事一樣。

對納瓦霍人來說，知識和神奇法力有明顯的關聯，這一點便讓某些老年人深具威望。納瓦霍人的社會很複雜，文明非常發達，而且深受白人文化影響；他們和白人向來多有接觸[46]。納瓦霍人住在美國亞利桑那州西北部一片廣大的乾旱地區，但引水灌溉和豐富的雨量使這地區相當肥沃。他們有馬群、牲畜群，而且根據季節不同而有兩、三個集結點可以讓全族聚在一起。這是個富足的社會。他們有麵包有肉，還有向白人買來的罐頭食品。他們的衣飾華美，有銀片和綠松石的裝飾；他們會在銀片上做雕飾，還會編織、繪畫。他們的詩歌、歌謠、舞蹈等想像的藝術都非常發達。納瓦霍人的家庭採母系制，女人非常受到尊崇，牲畜往往比丈夫擁有的更多。祖父母和孫子的關係很親密，外祖父母尤其會參與孩子的教育。有些孩子在九到十歲以後，會和祖父母一起住，照應祖父母。孫子和祖父母之間是一種「笑笑鬧鬧的關係」，彼此間會跑步較勁，跑贏的人贏得一個馬鞍。通常是孩子邀請祖父來較勁，比如在雪中打滾、跳過水溝；孫子會調侃祖父[47]。祖父母對孩子慈愛有加，但孩子也常被逼著做許多事，這往往讓他們心生忿恨。

這個文明又富足的社會，會照顧所有弱小、殘障和不適應社會的人。他們很殷勤照顧老年人，即使他們已經衰老不堪、頭腦糊塗。有時候會有些老年人頭腦不清，離了家在外面浪遊，這時會有族人主動帶他回家。不過，或許因為他們不得不尊敬老年人，於是以其他方式來宣洩情緒以作為補償？他們的年輕人和成年人，會調侃那些衰殘的人、嘴邊咕咕噥噥的人，只不過都只敢私底下說，因為擔心老年人會報復。事實上，年紀讓他們從俗世的層面登上神聖的層面，被認為具有強大的超自然法力，尤其是男性。在一場有二百二十二個巫師被起訴的訴訟中，當中有三十八名女性，全都是老婦人，另外一百八十四名巫師中有一百二十二個是老頭子。所有人都畏懼他們。即使覺得討厭，也沒有人敢不款待老年人。不過，也有很多老年人在部落裡完全不具影響力，淪落為社會邊緣人。愚昧的老年人不受到敬重。族人特別尊敬的是那些能夠保存傳統並且將它傳給下一代的歌者，包括故事、神話、儀式、典禮、舞蹈、處方。族人將他們視為擁有無窮法力的神聖之人。靠著他們的記憶，族群的傳統可以代代相傳。「歌曲」具有咒語的力量，可以祈雨、祈求晴天、治病、預測未來，而歌曲的所有權屬於那些會唱的人。歌者要是教年輕人這些歌曲，年輕人必須送禮給歌者，送馬匹或是送一筆錢。當歌者在為某個人、某個團體，或是為整個部落貢獻他的歌曲時，他也會收到禮物。

歌者在老後最富名聲。年紀和擁有的知識，可以讓他們有錢又有勢。他們是部落裡最有錢的人，身分地位極高。

老年人死後，會成為危險的幽靈：所有原始部族都相信，人死後會成為幽靈繼續存在，而且或多或少是危險的。不過，雖然大廈谷的印第安人認為越年老的人死去，就要越擔心他死後變得凶惡，

46 他們把手工藝品賣給白人、向白人買他們的工廠製成品等等。

47 匈牙利裔的美國民族學家羅海姆認為，這個習俗讓兒子本來針對父親而生的挑釁轉向了祖父。

但只有納瓦霍族不這麼想——所有的研究人員都堅信這一點。納瓦霍族相信，要是一個人「耗盡了生命」而死去，也就是說沒有痛苦、因　衰老不堪而亡（再也不能走路，沒有別人幫忙就什麼都不能做），這對他和他的家人來說極其幸運。沒有比這更好的事了，因為他不會成為幽靈。他會再世為人，再一次活得老老的，然後再世為人，如此循環不已。他垂死時、埋葬時都不會舉行習俗慣有的儀式，那些通常是用以保護家人、部落不受逝者幽靈侵擾用的。他們的家人就像做平常的家事一樣，處理老年人的殯葬事宜，而且不按照傳統那樣服喪。這意味著，對納瓦霍人來說（當然也包括其他的原始部落），幽靈凶惡的根源在於怨恨，在於後悔死去，比他們所想的還更早死，讓逝者因此想尋求報復，尤其是侵擾他的家人。對納瓦霍人來說，他們只會看見和自己有親戚關係的亡者的幽靈。當一個人是活夠了以後才死，平靜地死去，他是不會尋求復仇的。幼嬰（低於一個月）的死亡也不會讓人覺得不安，因為他活得不夠久，不足以成為幽靈。

希瓦羅人也建立了一個相當富足的社會。他們住在熱帶森林裡，在安地斯山脈的山腳下，靠著園藝、打獵與捕魚為生。男人打獵，女人在田裡工作；田地很肥沃，獵物很多。希瓦羅族從來不缺食物。他們會編織，還製作精美的陶瓷器。部落裡沒有政治制度，各個家庭散落各處。他們很愛小孩，只會殺掉不正常的嬰兒。老年人受到尊重。動物和植物的知識、還有藥理學得以發展，都是倚靠老年人的經驗。老年人將神話、歌曲傳承給下一代。除了這些智慧以外，他們還擁有超自然的力量，年紀越大，這股力量就越強大，即使已經衰老不堪。家裡年紀最大的老年人會以自己的名字為孩子取名，讓新生兒藉此融入家庭。老年人會為年輕人解夢，並為年輕人啟蒙，教導年輕人麻藥和菸草的用法。上了年紀的男女（不必是祭司）負責主持儀典和宗教節慶。希瓦羅人最喜歡的消遣活動是戰爭，帶領遠征的首領通常是有相當年紀的人。有時年老的戰士會從敵方將女俘虜帶回家，和她們上床，但她們經常不忠，會去和更年輕的男人上床。這時候老戰士會毆打她們，甚至暴打至死。希瓦羅人也畏懼老年人死後會回來報仇。要是老年人生前遭受虐待，死後會化身為危險的動物，例如豹、蟒蛇……回來懲罰虐待他們的人。

樂樂族住在非洲剛果附近的一片森林和熱帶草原中。他們的老年人本來擁有特權，一直到一九三〇年左右才有所不同。樂樂人遠遠比不上住在他們附近、景況相仿的布希翁人富有；後者以耕種、打獵、捕魚、編織為生。樂樂人的土地沒那麼肥沃，乾季也有點過長，但這些差異不足以解釋這兩個部族之間生活水準的差異。這差異主要是源自社會背景的不同。根據民族學家在二十世紀初對他們的觀察，發現樂樂族較少工作，使用的技術也比較簡陋。他們不尋求個人的成功，一方面是因為他們擔心受人嫉妒，另一方面更是因為讓族人擁有威望的是年紀，而非財富。他們把工作量平均分配，每人只做一小部分工作。不過，樂樂族採行一夫多妻制；老年人獨攬女人，而女人為他們工作，連女婿也得為他們服務。樂樂族年輕人只能集體共享一個妻子。他們會送老年人編織的服裝，老年人便將他的一個女兒嫁給村子裡各個年輕人，讓他們全都成為他的女婿。在不同的年齡階級之間，不存在友好的合作關係。年輕人不該和老年人競爭，而老年人壟斷他從事的職業，像是打鼓、打鐵、在木頭上雕刻。到了某個時候，老年人會把這項職業傳授給一個年輕人，讓這個年輕人從此壟斷這項工作，老年人則就此退休。

較高的政治職位不會分配給老年人，但他們在宗教信仰上握有權力，使他們擁有特權。為了保有特權，他們小心翼翼地讓自己成為部落裡的必要人物。他們守持儀式、儀典、治病方法的秘訣。在自己的部落裡，他們是唯一知道彼此之間債務關係的人，而且是唯一知道婚禮交易的人；知道這些事，對於確保事務順利進行不可或缺。不過，他們也需要年輕人，因為只有年輕人才有足夠的體力打獵、捕魚、扛歐洲人的行李。如果年輕人認為自己受到刁難，就會威脅要離開老年人。老年人會以不給妻子、不准參加祭祀來懲罰不守紀律的年輕人。儘管有這類的衝突，部落在某種程度上仍維持著平衡。年輕人知道老年人終歸會死，如此一來，他們便能承接老年人的寡婦，承接年紀大的人才能享有的特權。這一切就好像樂樂族人犧牲了自己的生活，以便確立某種社會保障，並且藉此確保自己的老年。到了一九四九年左右，情況有了很大改變。年輕人改信基督教，開始受到傳道團和政府的保護。他們娶年輕的女基督教徒為妻，為歐洲人工作。年齡形成的階級幾乎不再存在。

對西非的蒂夫族來說，老年人之所以享有特權，是因為他們在文化方面有所貢獻。蒂夫族屬於班圖語系的一支，住在奈及利亞，以耕作、少量畜牧、打獵、採集有用的植物、編織和製陶為生。他們對孩子的教養採自由放任的方式，等孩子長大後，就跟著父母一起工作。他們也和祖父母非常親近，通常祖父母會把自己的宗教經驗、神奇法力傳授給他們。蒂夫族人一般認為成年人最為完善；「熱」是成年人身體的特性，而孩童和老年人的身體是冷的。他們一般會說老邁的老年人「活完了自己的身體」（不過，他們似乎不認為性無能、老年乾燥是和老化有關，而是把性無能歸為巫術，把老年乾燥視為疾病）。大家都尊敬老年人，但唯有老年人擁有知識和能力，才會有真正的影響力，否則族人不會讓他擔任任何職位。老年人不愁衣食，人人都對他們很有禮貌，雖然他們一點都不重要。蒂夫族的家庭採行父權制：家中年紀最老的男人是一家之主，但他必須有必要的優點。部落的首領也是年紀最大的，一樣要有必要的優點，否則只會徒有頭銜而沒有實權。那些裁判公正、口才便給、熟識家譜和儀式的人被視為智者，由他們來領導部落。他們「對事物有所瞭解」，並掌握神奇的法力。他們負責監控土地肥沃與否。部落裡所有的社會事務——合約、和平與戰爭、繼承權、訴訟——都隸屬於神奇法力的範圍，所以都操控在他們手中[48]。他們治癒病人，裁決爭端，維繫了社會的穩定結構。因為他們與祖先較為接近，所以在宗教信仰上扮演重要角色，並降示神諭。蒂夫族崇拜神聖的石頭；老婦人會烹煮食物，族人再將這食物拿去供奉神聖的石頭。主導崇拜儀式的是上了年紀的男女。當老年人再也沒有體力、能力以後，他們會從社會生活中退下來，只在名義上受崇敬，或甚至連任何受崇敬的名義都沒有。有些人仍保留了信仰上的職司。有時候可能會有某個老年人活膩了，這時他會將親族找來，將自己崇拜的物品分給大家，然後自殺。

對基庫尤人來說，老年人的智慧使他們受到尊敬，也因此具有威權。他們是班圖語系的一支，住在肯亞山的山腳下和山腰上。一九四八年，他們的人數達一百萬人以上。和現代文明有很多接觸，曾經是歐洲農民的奴隸。他們靠耕作和畜牧為生。整個部落系統奠基於家庭之上，這是他們文明的關鍵；眾人集體為「大家庭」而工作。他們非常看重「年齡組」，在這樣的年齡組裡包括了在同一

48 牟斯指出這裡的神奇魔力是用於群體，族人並不會懷疑有人會將這神奇魔力用於私人利益。

年一起進行割禮的所有男人。最老的那個「年齡組」比其他年齡組特別具有優勢。基庫尤族的祖父母和孫子關係非常親密。他們會象徵性地同屬一個年齡組，祖母稱呼她的孫子「我的丈夫」，祖父稱呼他的孫女「我的妻子」。孩子尊敬父母，而父親或母親的詛咒是最可怕的厄運，做任何淨化都不能消除。年老的父母有人供養、照顧。沒有孩子的老年人會有鄰居的孩子來照應，他們會將這些孩子視如己出。軍事組織由年輕人主導，公共事務則由老年人管轄。一個世代大約管轄二十到三十年，然後他們會辭去職務，交給下一世代來管轄，這時會舉辦一場名為「伊特威卡」（itwika）的儀式。所以，兩場「伊特威卡」就含括了所有的年齡組。當男人的所有孩子都受了割禮、妻子也過了生育年齡，他就不再介入公共事務；這時他的社會地位會達到最高峰，並成為最高委員會的一分子。最高委員會具有高度宗教功能，要進入這個委員會，必須經過一個入會儀式[49]。被接納入會的人，有權利獻上祭品給神明和祖先的神靈。他們會抹去慣常的污穢，詛咒凶惡之人；人人都畏懼他們的詛咒。他們負責決定舉行割禮和「伊特威卡」的日期，也負責進行審判，因為大家認為他們已經擺脫了激情，而且判決得不偏不倚。老婦人也組成委員會，負責維持風俗、懲罰為非作歹的年輕人，而且她們具有法力。上了年紀的男女在入會儀式中扮演重要的角色。人們把老年人視為「神聖的人」，因為他們泰然度日，超脫社會之外。老年人的影響力取決於他們的能力，和他們的財富。一般而言，大家認為他們是智者，也有諺語說：「老山羊不會無緣無故吐口水。」還說：「老年人不會說謊。」老婦人在沒有牙齒後，非常受到尊重；大家認為她「充滿了智慧」，而且會隆重地安葬她們，不讓她們的屍體任由土狼啃食。

老年人享有優越地位，往往是因為他們的記憶。住在中國、泰國高海拔森林荒僻地區的苗族就是如此。苗族曾經有高度的文明發展，後來大概是因為戰爭而停滯下來。苗族的家庭採取父權制，做兒子的在三十歲以前不會離開父親的家。原則上，一家之主掌管了全家人的生殺大權。事實上，父親和兒子之間的關係良好，彼此會互相磋商。他們生養很多小孩，祖父母會照顧孫子。女人、孩子和老年人都受到良好的對待。要是有老年人活得比他的後代久，不幸必須獨居，就會被納入一個大家族的族長的保護下。大家會接納他，即使他增加了眾人的負擔。苗族認為亡者的靈魂會駐留在家中，保護家人，還會投胎轉世到新生兒身上。他們尊敬老年人，主要是因為老年人扮演傳承傳統的角色；他們對古老神話的記憶讓他們具有威望。老年人是族人的導師和顧問。政治上的決策由年輕人執行，所以有必要得到年輕人的同意，但他們通常會遵照老年人的意願。

對孟德族而言，記憶的角色更形重要，他們的政治組織便是植根於遙遠的過去。孟德族信仰伊斯蘭教，在一九三一年時人口大約五十七萬二千人[50]，住在非洲的獅子山。孟德族家庭採父權制，多代的家人住在同一屋簷下。一家之主由家中最年長的男子擔任。餐桌上，他總是第一個分到食物，然後他會先分享給他這一代的其他人。社會分為兩個截然分明的階級：上層階級是由狩獵者、戰士的後代組成，可以優先佔有土地，成員裡有族長和他的家人，並稱呼最年長的為「大人」。這個社

49 這個入會儀式和青少年要經歷的「通過儀禮」（成年禮）不同。這是專為精英人士而舉行的一種「訓練」。要進入最高委員會，必須累積了一定的人生經驗，才能成為其中一員，不會光只是年紀增長就得到認可。

50 到今日人口想必有一百萬人。

在一些富足而平衡的社會裡，年紀並不會讓人失勢，但也不會讓人有威望。下面就要來看看三個這種非常不同的例子。

庫那族住在巴拿馬，位於大西洋岸邊和島嶼上，人數有兩萬五千人。此處氣候溫和，儘管有時候會有海嘯摧毀他們的村落。他們會駕著獨木舟出入原始森林，身強力壯，有許多百歲人瑞。他們群居在村落裡，工作時會通力合作。女人負責家務，也下田工作；男人則負責捕魚、打獵、砍樹。他們的農穫很豐富，有玉米、香蕉、椰子，會以此做買賣交易。女人負責管錢，讓男人有能力買有引擎的小船。他們的女人和小孩穿著美麗的服裝，男人的衣飾則一如歐洲人。他們很注意儀表，經常洗澡，住家和街道也都很乾淨。庫那族的文化相當發達，有歌謠、自己的一套計算系統，也有兩種保留給首領和巫師的祕傳語言，還有初步的文字。他們的宗教信仰還很粗略：只敬仰天神，以及和身體健康有關係的神靈。巫師和醫者會幫人治病。家庭以夫妻為核心，丈夫入贅女方家庭，住在女方家裡，並以大姊的丈夫作為一家之主。他們會生養很多小孩，而且因為他們身體健康，所以老年人，甚至是年紀很大的老年人，都還有活動力。老婦人負責照管家裡，她們會做生意，買賣椰子。宗教事務則由上了年紀的男性專門負責，但不具有特別的威望。年紀不會使人具有特別的價值，除非他特別聰明，或是特別有經驗。大家都聽從一家之主，他通常是擁有才幹的老年人。至於主持集會的首領，他必須是一個有才識的人；對此，年紀的影響也有限。整體而言，老年人和年紀最輕的人，他們的處境是一樣的，這一點在族裡並不造成問題。

印加人是有歷史的。他們建立了一個帝國，只是在一個世紀之間，這個帝國就淪喪了。不過，他們的文明一再被後人重現，而且是建立在口述傳統上。在古老的文明中，印加文明是我們比較瞭解的文明之一。看看老年人在他們社會中佔有什麼樣的位置，會是一件很有意思的事。

印加人有很殘酷的習俗，但是他們技術發達，社會組織發展得相當好。男人大部分時間都在作戰，對他們的俘虜很野蠻。他們是很出色的農人，知道怎麼把山嶺整成梯田，還會以鳥糞來施肥。他們種植馬鈴薯、玉米、各種穀類等各式各樣的植物。他們也馴養駱馬、羊駝，牲畜眾多。他們會把穀物儲藏在大穀倉裡，也開採金礦、銀礦、鉛礦和汞礦。他們完成了多項重大的水利工程，像是運河、水庫、水閘，也在國境內闢建了六條大道，還在多條河流上方建了繩索吊橋。他們有許多大型工程，建造了多座城市、宮殿、神廟。印加族的手工業非常發達，尤其是金匠、銀匠。他們的經濟生活非常活躍，有市集，農民可以在市集裡做買賣。土地被分為三部分：第一部分獻給太陽，第二部分獻給印加王，最後一部分則屬於社會高階層所有，讓農人來為他們耕作。

印加文明最為出色之處，在於人人都有工作。從五歲開始，每個人就必須是有用的。男人被分為十個階級，女人也分為十個階級，其中有九個階級是根據年齡來劃分，另一個階級則收納了所有殘疾人士。每個階級都有自己該做的事，都得為全體族群的利益盡心盡力。最受到尊重的是戰士階級，介於二十五到五十歲之間。戰士要為國王和領主效命，其中有些人會被派到礦場工作。男人大多在三十五歲左右結婚，女人則是三十三歲。他們在二十五歲以前都必須聽從父母、協助父母、為族長效力。女孩從九歲起就得為家人工作，從事編織，或是照顧牲畜。

年紀大並不能讓人免於工作的義務。五十歲以後的男人不再用上戰場，也不用再做艱困的工作，但他們必須到首領家裡工作，還有從事農務。他們在家中仍保有權威。五十歲以上的婦女要為全族的人編織衣裳，或為富貴人家的婦女服務，當她的廚娘、管家。到了八十歲以上，男性成了聾子，只知道吃飯和睡覺，但大家還是讓他們做個有用的人，要他們製作繩索和地毯、看管家裡、養兔子和鴨子、撿拾樹葉和麥稈；女性則是編織、紡紗，看管家裡，幫忙養小孩，繼續服務富貴人家的婦女、監督年輕的女僕。要是她們有田地，就什麼都不缺；要是沒有，大家會救濟她們。上了年紀的男性也一樣，大家會給他們食物、衣服，幫他們看管羊群；要是他們生病了，會請醫生來醫治。一般而言，人人都畏懼、尊崇老年人，聽命於老年人。老年人能夠建議並教導年輕人，以身作則，勸人為善，為天神效力。他們也會守護年輕女人。要是小男孩、小女孩不聽話，他們有權施以鞭打。

我們不能把峇里島上的住民看作原始民族，他們在幾個世紀之間曾經有高度的文明。因為是隔離在一座島上，所以他們的文明不受外來影響。荷蘭人曾經透過島上的貴族來統治峇里島，剝削了鄉下人，但沒有改變他們的社會結構、生活方式。峇里人不懂讀寫，是靠著口述一代一代地傳遞文化，使古老的文化終能保存到今日，因此我們可以將他們歸為沒有文字記載歷史的社會。

峇里人種稻為生，而且耕種技術之高超，是其他民族比不上的。他們也養殖品質優良的豬、雞、鴨，水果、蔬菜、穀物也多樣而豐富，並且把果菜拿到頻繁開市的大市集去買賣交易。它們的村莊建得井然有序，整齊清潔，手工藝很發達，音樂、詩歌、舞蹈、戲劇也都有很高的水準。峇里族人很尊重貴族，但貴族和一般人是分屬兩個不相混雜的階層。事實上，每個村莊都是一個小型的共和國。村莊的事務由一個議會來作主，組成議會的人士是所有擁有房舍或田地的已婚男子。他們的首領通常是選出來的，不過有時候也採行世襲。首領在塵世裡代表了神明的權威：他們主宰土地、房屋，以及所有的社會生活。每個族人和整個族群的關係非常密切，族裡最大的刑罰就是把人趕出族群。他們很好客，而且人和人之間相當有禮貌。他們很聰明，也非常清楚自己體型優美，舉手投足都很審慎、優雅。他們全都極力扮演好自己的角色，不論是孩子、青少年、女人、成人或老年人。

峇里族的孩子都深受父母、祖父母的寵愛。雖然年紀沒有讓人擁有法力，但一般人還是很敬重老年人。在議會裡，每個人所佔據的職位會逐年提高。村裡的老年人會每個月集合一次，辦酒席，和神明一起歡慶。神明和族人很親近，也很樂意拜訪族人。峇里人的信仰混合了各支宗教。他們從印度、中國、爪哇引進各種信仰，是萬物有靈論者。他們崇敬太陽、月亮、水，以及各種能使土地肥沃的本原。他們為稻米舉行祭典，相信幽靈會為活著的人帶來厄運。

曾經有個傳說是，古時候的峇里島，在遙遠山區的小村莊裡，族人會以老年人獻祭，吃他們的肉。到了某個時期，村莊裡只剩一個老年人，傳統因此中斷。當時的族人想要為議會建一座大堂，看了看他們為建大堂所砍下來的樹，卻沒有人知道樹的上、下在哪一頭，但要是弄顛倒了上下，會給族人帶來災殃。有個年輕人說，如果大家答應不吃老年人，他就有辦法解決問題。大家答應了他。於是他帶來了被他藏在某處的祖父，而這個祖父教導了族人怎麼分辨樹的上下。

不過，村民否認他們曾經有過吃老年人的傳統。但無論如何，峇里島上的老人非常受到尊重，有很大部分是因為他們生活富庶，使老年人不會失勢。他們長期維持良好的健康狀態，既不駝背，行動也不遲緩，對自己的身體控制自如，維繫著年輕以來的活力。六十歲、甚至年紀更大的女人，體型都還很優美，也有力氣可以在頭上頂著二十到二十五公斤的水甕或水果簍。他們都會投入工作中，除非有很嚴重的殘疾。他們認為沒事做對身體和心理都是危險的，有可能遭到超自然力量的襲擊。甚至，女人年紀越大，她們的活動也越多：超過六十歲的女人往往要管理整個家庭，親自做大部分的事。上了年紀的男性工作則比較少，所以他們閒聊、嚼檳榔。不過，他們也有很多責任在身：要負責村裡的組織工作，也是醫生和故事講述者，要教導年輕人詩歌、藝術。他們也常常要把鴨子趕到田裡去。他們在宗教儀典上扮演了重要角色。有很多年紀很大的男人、女人是非常出色的舞者。他們會進入神靈附身的狀態，口出神諭。他們的角色非常重要，不論男、女性都一樣，因為年紀越大，性別的區分就會被抹除。大家會就所有的問題徵詢他們的意見。等到他們年紀很大、沒有行為能力後，大家會稱他們為祖父、祖母。那些沒了牙齒的老年人，人們覺得就像他們的孫子一樣，將會很快化身為新生兒，再回到人世。這些老年人在社會上不再具有重要性，但仍然吃得好，受到良好的對待。即使體衰、殘廢，老年人仍可以是廟宇的祭司，只是他會有較年輕的助手幫忙，他的身分則仍受到尊重。

大家似乎都不畏懼老年人。不過，在峇里的舞劇中有個名叫「寒加」（Ranga）的女巫，專們吃小孩子。她的形象是一個可怕的老婦，有下垂的乳房、長到腳邊的白頭髮。這個角色是由年紀很大的男演員來扮演，因為年紀大，所以能避開這個女巫惡靈的侵擾。

我所擁有的資訊，不能讓我就民族學家非常看重的一個面向——也就是社會組織——對老年人的情況做更詳細的剖析。有些族群是游牧部族、是群聚，是很少社會組織的人群集結。不過，當氏族、部落在一塊土地上定居以後（這會讓這個族群跨入農耕社會），往往必須明確指出不同的血緣關係，以便界定繼承權、婚姻財產交換，以及界定人與人之間的關係。血緣能讓人回溯祖先是誰，由祖先來確定他在塵世的身分，也延長了祖先的存在。祖先不會被拋棄在過去的歷史裡。在一個擁有土地的群體裡——家族、氏族、部落——是把死人和活人都涵蓋在其中；群體的權利是奠基在死人的權利之上，群體視自己為繼承者。他們有時認為老年人會化身為自己後代的新生兒，再次回到人世；同理，年輕一代也會使老一代重生。不是所有的宗族社會都崇拜祖先，但崇拜祖先的情況非常常見。居留於後裔家中的祖先是保佑後代的神靈，至少只要後代祭祀他們，他們就會庇護。祭祀祖先的工作由老年人負責。老年人比年輕人更接近祖先，也很快就會輪到他們當祖先，所以老年人具有神聖的性質。他是他這一代後裔的體現，同時也是透過他，得以確定這一代和各代先人之間的關係，因此他是秩序的象徵與建立者。在這樣的社會裡，老年人的面貌便十分清晰，而且有個正式的身分認定。而在游牧部族或群聚中——一如同在現代的工業社會裡——老年人的身分是隨境況而定，依據群體、群體內部情況的不同而變化。

❖

老年人的角色，以及與族人的關係

我們已經看到，看待老年人在原始社會中的景況時，不該過於簡單化。不是每個社會都會「拋棄衰殘的老年人」；但若是以田園牧歌般美好的印象來想像老年人的命運，也不恰當。前面已經闡明了老年景況的幾個面向，現在必須來談談老人所扮演的角色，以及他們和族人的關係。

富裕社會的老年人和貧窮社會的老年人比起來，或是定居民族和游牧民族比起來，前者顯然幸運多了。對定居民族來說，老人的問題只在於照護；對游牧民族來說，除了照護問題之外，更困難的是怎麼移動。即使有些游牧民族的日子過得寬裕，但他們的生活靠的是不斷遷徙，所以老年人要是跟不上腳步，他們就會拋棄老年人。相較之下，在農耕社會裡，同樣程度的寬裕生活便足以養護老年人。不過，經濟狀況並非那麼絕對的決定因素，通常是看社會做怎樣的抉擇，而有諸多因素會影響這個抉擇。所以，住在內陸的楚科奇人儘管生活艱難，仍會想辦法在遷徙時帶著老年人一起走；相反地，不算窮困的農耕社會卻會任由他們的老年人餓死。

我們總以為在窮困的社會裡，會有巫術和宗教信仰來庇護老年人，事實上並非如此。正因為他們極其窮困，所以幾乎沒有發展出宗教文化。巫術不是一種「對事物的知識」，而是巫師擁有的一套粗略祕訣。老年人受到敬重，但不是邁入老年就能擁有神奇魔力。也有些情況是，宗教是存在的，但它只是將那些因為需要而生的習俗化為神聖，群體依此建立生存所需的社會慣例，並使它們在意識型態上有了正當性。我們在納爾特族就看到這樣的例子。日本的《楢山節考》裡，阿玲婆也認為自己是依循了神明的旨意。

還有另一種更有效的庇護，就是子女對老年父母的愛。羅海姆特別強調，童年的幸福和老年的幸福是一致的。我們知道，一個人日後人格的養成，跟他童年是如何被對待有很大的關係。食物不足、保護不足、不被溫柔對待，會導致孩子在憤慨、恐懼，甚至仇恨的環境下成長。長大成人以後，他和其他人的關係會帶有攻擊性。於是當他年老的父母再也沒有能力養活自己的時候，他會忽視他們。相反地，做父母的要是好好養育子女、疼愛子女，子女成人以後會成為快樂、開放、慈善的人，就會發展出利他精神；特別是他會依戀父母，會承擔照應父母的責任。在我看過的所有例子中——數量遠多於在本書中所提到的——我只看到一個族群是幸福的孩子，後來卻成了惡待他們老父母的人，那就是歐及布威族。至於雅庫特人、愛努人，他們惡待孩子，孩子在長大後也粗蠻地對待老父母。雅加人、阿留申人的生存條件類似雅庫特人和愛努人，但是雅加族、阿留申族的社會裡，孩子如同是王，而他們也崇敬老父母。不過，他們往往是惡性循環的受害者：資源極度匱乏使得成年人無法好好養育孩子，經常忽視他們。我們也注意到，子女對父母的愛經常受到習俗與宗教約制，以致影響了它的表達方式。做兒子的帶著對父母的敬意和情感，一絲不苟地舉行將父母置之死地的儀式。

老年人如果保有工作的能力，還可以保命。但他們要是吃得不好、乏人照護，要是工作過於耗損體力，就會在未到衰老之期就先衰殘：這往往也會形成惡性循環，對老年人非常不利。

在窮困的族群裡，極少有老年人擁有足夠養活自己的資財。對以狩獵、採集為生的族群來說，不存在所謂的私人財產：他們甚至不儲存食物。對放牧、農耕的族群來說，財產往往屬於眾人共有，個人只擁有他工作所得的成果，或只擁有他的妻子們工作所得的成果。要是他比妻子們長命，要是妻子們先衰殘，要是他自己不能再工作，或是習俗禁止他從事保留給女性的工作，他就會變成一個赤貧之人。有時候，一家之主能保有他的牛羊群、土地，但在他體力衰微以後，他的繼承人就會剝奪他的財產，甚至會拋棄他，以便更快取代他，成為一家之主。老年人仍然保有財產的例子，我們只見到兩個，那就是住在內陸的楚科奇人，以及會和白人做買賣、那些頗少見的住在海邊的楚科奇人。

我們可以下結論說，無論是農耕社會或游牧社會，在資源不足時，最常採取的策略就是犧牲老年人。

對於承受這樣命運的老年人，我們無從得知他們心裡到底是怎麼想的。社會學家、提供訊息的人，都只表示那些老年人快活地邁向死亡。但從我提到的一些文學性見證來看，我們大可懷疑這樣的說法。

當一個社會擁有足夠的資源和安全保障，我們可以設想它是會照應老年人的，因為那些成年人考慮到自己的未來，所以做這樣的處置。這時，情況的發展不會再是惡性循環，而是會朝有利的方向前進：他們會善待孩子，而孩子未來也會善待他們的老父母。充裕的食物、良好的衛生條件，使老年人不至於過早變得衰弱。這種社會裡，文化也得以發展，而有了文化以後，老年人可以取得影響力。巫術是一個思想系統，接近某種學問。

原始人類把「巫術的神召」交付給具有某些特殊之處的人，像是殘疾、罪犯等等。老年人也屬於非一般族類。不過，老年人靠著記憶，使得他們成為不可或缺的人。前面我提到的峇里島傳說就闡明了這一點：如果傳統沒有傳承下來，群體就無法進行他們的活動。這些活動不只需要成年人可重新創造出來的技術，還必須遵守一些儀式規定，而這些規定沒有展現在當前的事物中，而是受到過去約制，只有老年人才知曉。有樹幹，族人總是可以蓋房子，但要是他們不照一定的方式擺放樹幹，就會帶來災殃。如果不知道讓飛箭導向目標物的咒語，那飛箭就無法有效地射出。掌握這些祕密的是老年人，他們不會輕易把這些傳授他人。前面已經看到，樂樂族的老年人是怎麼讓族人需要他們，到很後來才讓其他人知道自己所擁有的知識。

老年人有可能造成危害，因為他可以為了自己的利益而改變巫術的用途。他這種既可裨益社會、又可危害社會的雙重性還有另一個成因：越接近死亡，他就越接近超自然的世界。原始人類對這一點的想法很游移不定。除了年紀很小的兒童，死亡對他們來說總不是件自然的事。即使是年紀很大的老年人的死亡，都是巫術造成的結果[51]，雖然他們很清楚老年人本來就離死亡不遠，甚至有人稱呼老年人為「瀕死之人」。老年人已經不屬於這個社會，像個被判了緩刑的幽靈，而且他對幽靈有免疫力。族人和死去祖先之間的關係具有雙重性。在許多社會裡，死去的祖先會庇護後代子孫；而在所有社會裡，死者是幽靈，而且是讓人畏懼的幽靈。幾乎在所有族群中，大家都認為，如果有族人或整個氏族遭遇不幸，都是幽靈造成的。幽靈的生命難料，但通常在一段頗長的時間以後，他們會消逝，不留下一點蹤跡。而只要幽靈仍存在，族人就必須以儀式、獻祭來和他們和平共處，至少

51 除了納瓦霍人，他們認為年紀很大的老年人的死亡是「耗盡了生命」。

要保護族人不受幽靈的侵擾。在幽靈變得具有威脅性的情況下——像是從一個團體過渡到另一個團體，從一個年紀過渡到另一個年紀，因 違反儀式而變污穢——只有老年人能夠驅除幽靈。老年人能從世俗世界跨入神聖世界：這表示他本身具有近似幽靈的神奇魔力，而且他自己不久也要成為幽靈。

也因為這樣，對老年人的崇敬中經常同時帶著畏懼心理。在神奇魔力近似於巫術而非一種知識的社會中，幽靈是非常讓人害怕的，因此恐懼心理佔了上風。這一點讓上了年紀的人可以取得較高的地位，甚至可以暴虐地對待年輕人。不過，人們對待「頭髮開始發白的人」和高齡老年人的態度並不相同。族人有時會敬佩長壽的人。享有高壽證明他懂得以智慧過日子，是族人的典範；為了抵擋所有自然與超自然的試煉，你得有特殊的神奇魔力才行。不過，開始衰老後，很多人認為這樣的神奇魔力會跟著其他的能力一起減弱，對老年人的畏懼就再也保護不了這個老年人。相反地，有些人認為，神奇魔力只會隨著年齡而增強。就這一點而言，兩種態度都是可能的。身為未來的幽靈，老年人在過世前所激發的恐懼，使他們得以受到敬重，就算是極度衰殘的老年人也一樣。又或者，為了阻止他在今日和未來變得越來越危險，族人會殺害他，毀損他的屍體。在玻里尼西亞的特羅布里恩群島，以及在日本某些地方，成年人會吃掉達到某個年紀的老年人，藉此吸收老年人的智慧，並防止老年人成為魔力越來越高強的巫師。

身為祭司或主祭者的老年人，不具有那種既可裨益社會、又可危害社會的雙重性。他的角色純然是正面的，佔有非常重要的地位。他之所以具有這樣的地位，靠的就是他的記憶。祭典、儀式、舞蹈、歌曲等，這些在崇拜中不可或缺的知識，都是靠他傳承下去。他會把這些知識教導給其他人，但執行這些崇拜儀式的主要是他。之所以由他來執行，還有另一項我們之前已經談過的理由：他是超自然界與這個世界之間的調停者。

老年人身為掌握傳統的人、不受超自然力量侵擾的調停者、保護者，他代表了族群超越時間和當下的凝聚力。往往，是老年人負責為新生兒選擇一個名字，以便讓新生兒融入族群裡。要是族群有個複雜的政治組織，也是老年人使這組織能夠運作；只有他對各家系譜有記憶，這讓他可以分派每個人或是每個家庭擔任各自應該擔當的職務。

老年人靠著他們對傳統的知識所從事的服務，通常不僅讓他們贏得敬重，也讓他們在物質上過得豐足。族人會以禮物酬謝他。那些受到他的教導、傳承祕密的人更是會送貴重的禮物給他。這是個人財產最有保障的來源。但這種情況只會出現在頗為富裕的社會中，這種社會裡才有發展相當的文化，老年人才會擁有威望。

不過，在更為發達的社會中，老年人的影響力會縮減。這些人比較不畏懼幽靈，甚至不怕巫術。他們不怕「瀕死之人」。老年人的威望是建立在他們正面的文化貢獻上，而在那些不再相信巫術的技術社會裡，老年人失去威望，尤其是在有文字的社會裡，老年人的威望更是低落。

在和諧平衡的社會中，族人會讓老年人保有合宜的地位，讓他們做力所能及的工作。只是在這樣的社會裡，老年人失去了特權。

老年對男性和對女性而言，意義和後果都不相同。對女性來說，老年具有特別的好處：停經以後，女人不再帶有性別，她和還沒到青春期的小女孩一樣，避開了飲食上的某些禁忌。過去因為月經不潔而加諸她們身上的禁令這時都解除了。她可以跳舞、吃喝、抽菸，和男人平起平坐。對老年男性有利的某些情況，也讓她們連帶享有某些好處。尤其是在母系社會中，老婦人在文化、信仰、社會和政治上都具有相當重要性。在其他社會裡，老婦人的經驗也有相當的價值。族人認為她們擁有超自然力量，這份力量能讓她們獲得威望，但也能反過頭來傷害她們。通常，她們的地位低於男人。族人比較容易忽視她們，也比較容易拋棄她們。

許多社會裡的老年男性和女性，跟兒童的關係都很密切。嬰幼兒的肢體不靈便，和衰老的人肢體不靈便有類似之處。在納爾特史詩裡，老年人被綁在搖籃裡，就闡明了這種相似性。嬰兒剛從未成形的混沌狀態冒出來，老年人則是即將沒入混沌中。對納瓦霍人來說，嬰兒的生命才開始，高壽的老人則幾乎不再活著，他們會不帶怨恨地死去，死後也不會成為幽靈。事實上，嬰兒和老年人都是社會的負擔。在非常貧窮的部落裡，尤其是游牧部落，他們在殺嬰之餘，同時也會殺害老年人。有時候，一個社會會殺害老年人，卻不會殺嬰。相反地，不會有殺嬰卻不殺老年人的社會，因為孩子代表未來，他的生存權優先於純粹是社會渣滓的老年人。孩子和老年人都是社會的寄生蟲，以至於在食物匱乏的時候，他們有時會彼此敵對，互相較勁，比如孩子會偷取老年人的份額。但如果老年人擁有威信，因為其他成員在食物上有嚴苛的禁忌，老年人反而能享有一大份食物。通常，孫子和祖父母是緊密連結在一起的，他們象徵性地屬於同一個年齡階級。孩子的教育由老年人負責，孩子則為老年人服務。未來的希望是寄託在孩子身上，扎根於過去的老年人則擁有知識。老年人必須教育他的繼承者，並靠著記憶確保老年人自己的生存，而藉由崇拜祖先的儀式，或藉由繼承者讓女人懷孕，老年人得以重新取得生命。就是靠著這樣的連結關係，超越時間地維繫了群體的凝聚力。事實上，被免除成年人勞務的老年人有時間照顧年幼的孩子，而祖父母也會要求幼童服務他們。不過，這種互助、交流往往帶有嬉戲的性質；因為他們同屬沒有行為能力的人，也因為他們同屬社會邊緣人，被免除成年人的種種社會約束，所以他們經常在一起玩樂，一起較量、競逐。

原始人類中的老年人的確就是「他者」（l'Autre），而且具有既可裨益社會、又可危害社會的雙重性。女人身為「他者」，在男性迷思中，既是受人崇拜的偶像，又是擦鞋墊。同樣地——基於不同的理由，以不同的方式——老年人在原始社會中既低於人，也高於人。殘弱、無用的他，同時也是調停者、巫師、祭師。他既屬於塵世，也屬於超自然，這兩種身分往往一起存在。

在所有的社會裡，老年人的這種姿態既獨特又偶然。老年人的命運，絕大部分取決於他的能力、威望和財富；享有特權的老年人，和一般老年人所受到的待遇不同。根據族群、家庭的不同，對待老年人的方式也有所不同。而且，人們的言行不必然一致；有時候，族人會在私底下取笑老年人，卻又會公開為他盡義務。相反的情況則更常見：族人在口頭上很尊崇老年人，實際上卻任由他們日趨衰敗。

特別要強調的一點是，老年人的地位從來不是他爭取來的，而是別人賦予他的。我曾經在《第二性》裡指出，女人因為神奇魔力而得到的威望，事實上得歸功於男人。同樣地，老年人之所以得到威望，也要歸功於成年人。老年人的權威，是建立在他們所引發的畏懼之心、敬重之情上。一旦成年人擺脫這樣的心理，老年人就再也沒有王牌。那些部族在和白人的文明接觸時，就經常發生這種情況。贊德人、阿蘭達人今天已不再獨攬女人；非洲的勞族，年輕人本來在村莊裡照護老父母，後來離開了家鄉，到城市裡找工作；樂樂族的年輕人也不再受到老年人箝制，紛紛改宗基督教，到歐洲人那裡工作。

在某些地方，老年人的權威繼續受到肯定，那是因為整個族群希望透過老年人來維繫自己的傳統。族群根據自己的可能性，以及自己的利益，來決定老年人的命運。老年人只能承受自己的命運，即使他們認為自己很有本領[52]。

我這份研究雖然很粗略，但已足以顯示：老年人的景況，必須視社會整體的環境而定。人在生理上受制於自然法則，這種命運必然會引發經濟上的後果，也就是老年人會變得沒有生產力。不過，老年人的衰退是快是慢，就要看這個族群擁有的資源。有些族群的人，四十歲起就開始衰頹，有些族群則是到八十歲才開始。另一方面，當一個社會相對富足時，可以有不同的選擇：它可以把老年人看作沉重的負擔，又或者，族人會選擇犧牲自己的財富，以擔保老年人的生活，讓他們融入社會中。這要看的不只是物質條件，也要看老年人代表的價值。他們可能在物質上得到良好的對待，卻受到鄙夷；或者，他們在物質上受到良好的對待，也受人尊崇或令人畏懼。老年人的地位有賴於族群追求什麼目標。我說過，「衰頹」這個詞，只有當它是接近或遠離某個目標時才有意義。要是一個族群追求的只是一天拖過一天、殘喘過日子，成為光吃不做的人，那就是衰頹。但如果和祖先有神祕連結的老年人，希望成為祖先精神在現世的代表，他因此同時屬於過去，以及冥間；這樣的他即使身體非常衰殘，仍能被視為處於生命的頂峰。往往，這個生命頂峰出現在「頭髮發白」的年紀；往往，身體的衰殘被視為衰頹——但不必然如此。

人類賦予自己的「生存的意義」，必須從界定老年意義與價值的整體價值體系來看。反之，看一個社會怎麼對待老年人，也明白揭露了這個社會的原則與目的——而這往往是仔細隱藏起來的。

原始人類對老年人問題所採取的實際解決方案非常不同：或是殺害他，或是任由他死亡，或是給他最基本的生活所需，或是讓他們晚年舒適地生活、有所保障，或甚至是崇敬他、大大滿足他。我們稍後會看到，所謂的文明社會中對老年人也有同樣的對待方式，只除了謀害老年人是被明文禁止的，但它可能偽裝成另一種形式來表現。

52 席蒙斯所說的似乎與此相反，但事實上並非如此。他指出，有些老年人在取得地位時會比其他老年人來得更成功：他們會更積極地從事勞務、找到辦法讓自己做個有用的人，等等的。但是老年人的地位向來都是由群體所定的。

第三章　各歷史時期社會中的老年

從各個不同時代來研究老年人的景況不是件輕省的事。我們擁有的資料很少提到這方面的事，因為老年人總是被併入成年人當中處理。神話、文學、肖像畫集中均表現出老年的某種面貌，而且這面貌隨時間、地點有所不同。但這面貌和真實有什麼關係呢？很難界定。這個面貌模糊、不明確，而且充滿矛盾。必須指出的是，從不同的見證看來，「老年」這個詞有兩個非常不同的意義。老年是屬於社會的某個範疇，根據不同的情況，它或多或少是被看重的。再者，對每個個人來說，老年是屬於他自己的特殊命運。第一個觀點是立法者的觀點、道德家的觀點；第二個觀點是詩人的觀點。這兩種觀點往往徹徹底底形成對比。道德家和詩人向來屬於享有特權的階級，基於這個理由，使他們的言說喪失一大部分的價值。他們說的從來都只是不完全的真理，而且他們往往會撒謊。不過，發自內心衝動創作的詩人通常比較誠摯，抱有意識型態的學者則只根據自己階級的利益來形塑老年的概念。

我們馬上注意到一件事：我們是不可能寫老年的歷史。歷史涉及循環，也就是說，產生一定結果的起因會反過頭來被結果改變。透過這一連串「起因—結果」發展起來的歷時性單位（unité diachronique）具有某種意義。在必要時，我們可以談女人的歷史，因為女人曾經是男人爭鬥的象徵與爭鬥之所在，譬如，在她自己的家庭與她丈夫的家庭之間所起的爭鬥。人類的歷史上，女人的歷史從來不曾被當成一個主題，但它至少是個托詞和推動力；女人的景況，依循著一條變幻莫測卻帶有意義的主線在進展。然而，作為社會一個範疇的老年人，卻從來沒有介入世界的運行[53]。只要他仍保有活動力，他就能融入群體，而且和群體沒有區別，也就是說，他是個男性成年人，只是年紀比一般人大。但是，一旦他失去活動力，他就屬於「他者」，比女人還更徹底地成了純粹的物。女人對社會是必要的，老年人則毫無用處：他再也沒有交換價值，既不能再生殖，也不能再生產，純粹只是社會的負擔。我們之前已經提到，老年人的地位是他人賦予的，因此它永遠不會有任何進化。一般常說，黑人問題的根由是白人，女人問題的根由是男人。女人起而抗爭是為了爭平等，黑人起而抗爭是為了反抗壓迫。老年人沒有任何武器可以起而反抗，他們的問題完全出在有勞動能力的成年人。有勞動能力的成年人根據自己的利益，在實際上和意識型態上，決定他們要讓老年人擔任的角色。

即使在我們前面看過的最複雜社會裡，老年人扮演的角色有可能很重要，成年人便靠著老年人來對抗年輕人的好動愛鬧。老年人一旦擁有權力，就會拒絕受到剝奪；要是有人想剝奪他的權力，他會行使權力以保有它。透過神話、傳言、文學，我們找到了這些衝突的寫照。不可避免地，老年人最後總會被制服，因為他們是起不了作用的少數群體，他們的權力只能從佔多數的成年人那裡取得。

53 當然，以個人的名義來說，女人和老年人都曾經扮演積極的角色。

如果說老年的問題就是權力的問題，那麼，這個問題只發生在統治階級的內部。一直到十九世紀，都沒有人提到「窮困的老人」。這種人的數量極少，因為當時只有特權階級才能長壽，窮困老人一點都不具代表性。歷史、文學徹底將他們忽視。就某種程度來說，只有在特權階級裡才能見到老年的景況。

另一個顯然的事實是：這是男性相關的問題。就個人經驗來說，老年更是女人的問題，因為女人活得比男人久。但是當我們仔細思辯這個問題，會發現它觸及的主要是男性的處境。這首先是因為男性會在法規、故事、書籍中表達自己的處境，再者尤其是因為向來只有男性對權力的爭鬥感興趣。在猴群裡，年輕的猴子從年老的公猴手中奪得權力，只有老公猴會被殺，老母猴的性命則得以保全。

有歷史的社會向來是由男人把持。年輕和年老女人在私生活裡可以和男人爭奪權力，但是在公眾生活中，她們的身分地位永遠是相同的，也就是永遠的未成年人，受成年男性保護。相反地，男性的景況會隨著時間而有所調整：年輕男子會成為成年人、公民，而成年人會成為老年人。男性形成了不同的年齡階層，到何種年齡才稱為老年，這界線原本是模糊的，但社會可以規定一個明確的界線，譬如今日社會中便明訂了退休年齡。從一個年齡階段跨入另一個年齡階段，可以是一種地位的提升，或一種地位的衰落。

民族學，一如生物學，表明了老年人對群體的積極貢獻在於他們的記憶和經驗；在經常重複的事物裡，這些記憶和經驗使得他們的執行和判斷能力倍增。他們所缺乏的，是力量和健康，以及適應新事物的能力，尤其是創造的能力。在一個組織良好、具重複性的社會中，我們可以假定成年人是依賴老年人的。但是在分裂的社會中、在混亂的時期，或是在革命期間，年輕人則凌駕於老年人。老年人私底下在家中扮演的角色，具體體現了國家授與他的角色。從各個時代來檢視老年人的景況，我們可以確認上述這種模式。

享有特權的中國老年人

接下來的篇章裡，我只研究西方社會的情況。不過，有一個例外。我不得不談到中國，因為在中國，老年人尤其享有特權。

沒有任何文明像中國那樣穩定地持續好幾世紀之久，也沒有像中國一樣如此階級分明。中國是階級非常清楚的文明，中央集權，威權體制。因為地理及經濟條件的關係，人民的問題不在求進化發展，而在求生存；行政部門的職務只為維持既存的一切。它是由文人所組成，他們的能力與責任與日俱增，自然而然地，高層官員就是由年紀最大的人來擔任。老年人這種卓越的地位也反映在家庭中。孔子把上下的關係做了嚴格規範，形塑了社會最小的單位，也就是家庭。中國社會以家庭為群體的基礎，並以家庭來反映群體的面貌。在整個家庭裡，人人都得聽命於年紀最大的男人。大家不會抗議老年人擁有的特權，因為在中國的文化裡要求的是經驗，而非力氣。根據當時的道德風俗，一家之主在家中不會有人起而對抗他，因為女人得聽命於她們的丈夫，完全無法反抗；做父親的有權力決定孩子的生死，他往往會翦除剛出生的女兒的性命，或是等女兒稍微大一點後賣她們為奴；兒子必須聽命於父親，弟弟聽命於哥哥。年輕人的婚姻通常是聽從家長安排，他們從沒見過婚配的對象就拜堂成婚，而新婚夫妻得聽命於新郎的長輩。族長的權力不會隨著年紀而衰退。即使是經常受到壓迫的女人，她們也會因著年齡而提高地位。老婦人的社會地位比年輕男女來得高；她主掌了對孫子的教育，對他們通常很嚴厲。她過去在當媳婦時所受到的壓迫，等她當上婆婆以後，會報復在媳婦身上。

即使在家庭之外，中國人對所有的老年人都非常尊重。很多人往往會謊稱自己比真實的年齡還要大，以獲得大家的敬重。五十歲是人生的重要階段。不過，到了七十歲以後，老年人會放下他們的職務，為死亡做準備。他們讓長子擔任一家之主，但仍保有威望。大家一如敬重祖先一樣地敬重老年人，而且對祖先會有祭拜儀式。大家對老年人的威權只能屈從，或是在絕望中忍受——就如文學中所表現的，特別是在傳統戲曲中——年輕人，尤其是年輕女子，除了自殺之外，逃不開老年人的威權。孔子把老年人比為擁有智慧之人，正當化了他的地位：「吾十有五而志於學，三十而立，四十而不惑，五十而知天命，六十而耳順，七十而從心所欲，不踰矩。」

事實上，真正高齡的老年人為數極少，生活上的種種條件並不利於長壽。在道家傳統中，長壽被視為德行。老子的教導是，人到六十歲就能透過出神的狀態解脫自己的肉身，成為聖人。在中國道教的傳統中，人類最崇高的目標在於尋求「長壽」之道。所有的道教祖師都暗示了這一點。追求長壽，幾乎是全民參與的活動。我們可以藉著禁欲和出神達到聖潔之境，這聖潔甚至可以保護人免受死亡之侵擾。聖潔，是不墮入死亡的藝術，是絕對地擁有生命。老年因此是生命的最高形式。我們可以想像，要是生命長久持續下去，它終會到達頂峰。莊子即以「千歲厭世，去而上僊」表達了這個古老的思想。

在中國文學中，有年輕人悲嘆他們遭遇的壓迫，但從來沒有人譴責老年人是禍害。相反地，在西方國家，第一部談及老年的作品卻呈現一幅陰暗的畫面。事情發生在埃及，這段文字是在公元前二五〇〇年，由埃及哲學家兼詩人普塔霍特普所寫的：

「老年人的終局真是難受！他日漸衰頹，視力減弱、耳朵重聽、力量減退。他的心再也得不到休憩。他變得沉默，再也不啟口。他的智力衰退，今天再也想不起來昨天做的事。他每根骨頭都疼痛。從前歡喜做的事，現在做起來都很痛苦，不管做什麼都無滋無味。老年是一個人所能遭遇最糟糕的事。鼻子堵塞，什麼都再也聞不到。」

這一項一項細數老年人殘弱之處的文章，在各個不同時期都能看到，而指出這個主題恆常存在是很重要的。如果說賦予老年人的意義與價值會隨著社會不同而有差異，老年的問題仍然超越了歷史的框架，引發某些相同的反應。就生理上來說，老年無疑是邁入了衰頹，大多數的人都畏懼這個衰頹。對埃及人來說，他們懷著擊敗老年衰頹的希望。埃及有一份莎草紙的上頭寫著：「書的開頭是如何把一個老年人變成年輕人。」他們建議食用從身強力壯的動物身上取出的新鮮腺體。這個回春的夢想就算到了今天仍然看得到。

《聖經》中的老年人景況

猶太人以尊重老年人聞名。但是自公元九世紀以來，《聖經》裡所收錄的文字，有哪一部分是屬於神話，哪一部分是屬於真實的呢？這很難區分清楚。這些文字在受到古代口述傳統的啟發之餘，同時也從現況得到靈感。那個時期，希伯來人定居在巴勒斯坦；游牧之人成了農耕的人；傳統的部落、家庭、父系制度起了變化。社會上存在著不同的社會階層：有錢人同時擔任法官、行政長官、做買賣的商家、放款人。神聖典籍的作者抱著對過去的懷念之情，將他希望他的同代人也能接受的價值投射在過去之上。儘管猶太人有非常古老的母系社會遺緒，但它仍舊是個父系社會。他們認為那些享有極高壽的祖先是上帝的選民兼代言人，把長壽看作是德行的最高獎賞。上帝在〈申命記〉裡表示：「你們若留意謹守遵行我所吩咐的這一切誡命，我會使你們和你們子孫的日子在耶和華向你們列祖起誓、應許給他們的地上得以增多，如天覆地的日子那樣多。」《聖經・箴言》也說：「敬畏耶和華使人日子增多，但惡人的年歲必被減少。」還說：「白髮是榮耀的冠冕，在公義的道上必能得著。」受到上帝祝福的老年人，會受到大家的尊敬，也聽命於他。〈利未記〉裡寫道：「在白髮的人面前你要站起來，也要尊敬老人。」上帝的誡命要孩子尊敬他們的父母。要是孩子拒絕聽從父親的話，而且屢勸不聽，根據〈申命記〉裡所說，做父親的可以將孩子帶到村中長老面前：「本城的眾人就要用石頭將他打死。」我們很想知道這樣的刑罰是否曾經真的施行過。確定的是，做這樣懲處的規定，是因為希伯來兒童一定沒有中國人的兒童來得順從：希伯來社會的組織較不嚴密，允許較多個人主義。老年人在政治上扮演了一定的角色。根據〈民數記〉，耶和華對摩西說：「你從以色列的長老中招聚七十個人〔……〕他們就和你同擔這管百姓的重任，免得你獨自擔當。」我們不知道這樣的治理方式是否真的存在過。《聖經》裡也提到羅波安因為沒聽長老的建議善待以色列人而受到懲處；受到壓迫的支派便從大衛家脫離了出來。《聖經》裡會提到這些傳統，想必是為了維持這些風俗習慣。在巴勒斯坦等這些農耕發達的社會中，老年人在公眾生活中扮演了重要的角色，只要他精神、體力還健旺，年紀最大的老年人仍然是一家之主。在安提阿哥三世大帝（公元前二二三—前一八一年）治下，約瑟夫提到了由貴族階層的大祭司主持的「元老院」，也就是「猶太公會」。猶太公會似乎一直到公元前最後幾個世紀才出現。它由七十名成員組成：祭司的首領（卸任的大祭司）、二十四個祭司階級的代表、猶太律法家、律法學者，以及民間的眾長老。這是最高法庭。它頒布法令，調停和羅馬住民之間的關係。所有觸及宗教的事務，它都會加以監督，也就是說它幾乎是監督所有事務。老年人因此扮演了重要的角色。不過，他們認為一個好的法官應該是不太年輕，也不太老。

《聖經》裡只有一個章節提到了老年人不是代表德行，而是代表惡。這個章節在〈但以理書〉中[54]。〈但以理書〉是很晚期撰寫的，約成書於公元前一六七到前一六四年間。這一章講的是著名的美貌女子蘇撒拿和兩個老人的故事。這兩個老人都是法官，為一位富人所敬重，而他們見這名富人的妻子生得美貌，結果迷戀上她。一天下午，他們躲在花園裡，偷窺她洗浴，還要求與她交歡。

54 基督教的《聖經》中刪除了這一個章節，想必是因為清教徒對老年人非常尊重。

她拒絕了。兩人為了報復，便謊稱看見她和一名年輕男子通姦。大家相信了他們的話，蘇撒拿被判處死刑，但是還很年輕的但以理分開審問這兩位法官，發現他們的證言互相矛盾，因此救了蘇撒拿的命，兩名法官被判死刑[55]。這個年代的人，說不定對某些濫用自己的財富、高階職位與大家敬重之心的老年人感到怨恨。

〈傳道書〉是一部謎一樣的作品，成書年代不確定，但肯定是一部匯集而成的著作，和其他的猶太思想呈鮮明的對比。〈傳道書〉裡有個讓人印象深刻的相反例子，就介於我在前面提過的社會對老年人的一般態度，以及老年人啟發詩人的直截反應之間。如果我們讀讀猶太註解者莫里斯・賈斯陶的詮釋，〈傳道書〉提到人類的不幸時，是把老年和老年的衰頹包括在內：

「你趁著年幼、衰敗的日子尚未來到，就是你所說，『我毫無喜樂』的那些年日未曾臨近之先，當記念造你的主。不要等到日頭、光明、月光、星宿變回黑暗，雨後雲彩回返（視力衰退、智力減弱），看守房屋的（手臂）發顫，有力的（雙腿）屈身，推磨的稀少（牙齒）就止息，從窗戶往外看的（眼睛）都昏暗；街門緊閉（消化不良、排尿困難），推磨的聲響微小（耳聾），雀鳥一叫，人就起來（睡眠品質不佳、及早就起床），唱歌的女子也都衰微（語言障礙）。人怕高處（登高就氣喘咻咻），路上有驚慌，杏樹開花（白髮），蚱蜢成為重擔（生殖能力減退），人所願的也都廢掉；因為人歸於他永遠的家，弔喪的在街上往來。銀鍊折斷（脊椎歪斜），金罐破裂，瓶子在泉旁損壞，水輪在井口破爛（肝和腎分泌不足）……」

神話中的老年人景況

就其他古代民族來說，我們對老年人佔據什麼位置所知不多。雖然風俗和傳說之間的關係並不明確，在缺乏這樣的資訊時，我們還是只能從神話來探問老年人的景況，而大部分神話是以世代衝突的角度來談老年的問題。我們所知的最早文明，是蘇美和阿卡德文明。根據這個文明的說法，在創世之初，有水神阿勃祖和大海女神提阿瑪特。這兩名神祇結合，生下了兒子穆木（動蕩不安的波濤）、拉赫穆和女兒拉哈穆。拉赫穆和妹妹拉哈穆結合，生下了安沙爾（天）和基沙爾（地）。安沙爾和基沙爾又生下了安努、馬爾杜克、埃亞，以及其他的大地神祇、地獄神祇。老阿勃祖厭煩這些年輕的神祇擾亂了他的安寧，向提阿瑪特抱怨。他們密謀殺害自己的子女，但埃亞抓住了阿勃祖和穆木。這時候，提阿瑪特生下許多大蛇和怪物。她和另一位神祇金固結合，重新奪回掌控權。其他神祇則立馬爾杜克為王。他和提阿瑪特起了爭戰，並殺了她[56]。接下來，他重新組織世界，創造了人類。根據在拉斯－沙馬斯發現的泥版，我們也在腓尼基文明裡看到類似的情節。公元一世紀末的菲隆．德．畢布洛斯向我們做了傳述，說到克洛諾斯砍下了他的父親埃比傑伊奧斯的生殖器，後來他的父親自稱烏拉諾斯。

很多宗教中都有同樣的模式：創世之初有天神，是住在遙遠天邊的唯一本原，抽象，和人類沒有任何關係，人類也不會為祂舉行崇拜儀式。後來這位天神降生了許多神祇，這些神祇和世界有直

---

55 〈但以理書〉十三章。

56 殺害提阿瑪特，無疑是象徵了從母系社會走向父系社會。

接的連結，人們會藉由獻祭、祈禱和儀式來崇拜祂們。但是從天神到下一代神祇之間，在這裡是以父子傳承的面貌出現，這層關係自有其意義，老年人被放逐到他後代統治的世界之外。

希臘文明中也是，烏拉諾斯並非一個簡單的抽象實體：他是有授胎能力的神祇，也是個父不成父的父親和毀滅者。世代之間的衝突，最後是以年輕世代的勝利作收。這個神話受到腓尼基神話的影響。我們想知道與它對應的現實是怎樣。在希臘歷史、文學中常可見到老年人與年輕人的衝突、兒子與父親的衝突。這樣的衝突是否存在於神話形成的年代？是否該假設老年人原來是具有威望的，只是後來遭受剝奪？還是後來擁有權力的年輕人，他們為表明自己的優勢是正當的，而調整了神話的內容？在這些假設當中，我們沒有辦法做選擇。我們只能檢視在神話的領域和事實的領域中擁有的資訊。

根據赫西俄德[57]，在一切之先有混沌，然後有蓋亞和厄洛斯。蓋亞「生了一個和她一樣的孩子，他能遮住她全身，也就是烏拉諾斯」。蓋亞和烏拉諾斯結合，生下了第二代，也就是烏拉尼德的世代。這個世代有十二位男泰坦和女泰坦、三位獨眼巨人、三位有一百隻手臂、五十個頭的巨人。蓋亞痛恨烏拉諾斯，因為他總是讓她不斷生育，烏拉諾斯則憎恨他自己的小孩。孩子一出生，烏拉諾斯就將他們藏在蓋亞的懷中，也就是將他們埋藏在大地裡。蓋亞十分憤怒，用堅硬而銳利的金屬做成鐮刀，命令她的孩子閹割父親。孩子當中只有克洛諾斯服從母親的命令，拿鐮刀閹了烏拉諾斯。烏拉諾斯這個祖先在希臘人的眼中便成了一個毫無節制的生殖者、一個可憎的暴君。奪去父親權力的克洛諾斯娶了他自己的妹妹瑞亞，生了許多孩子。也許是因為克洛諾斯閹了自己的父親，因此他對自己的孩子非常提防——他憎恨自己的孩子，孩子一出生就吞吃了他們。瑞亞把最後出生的孩子宙斯藏了起來，以襁褓裹著一個大石頭給克洛諾斯吞吃。宙斯成年以後，攻擊他的父親。他用計救出被父親吞吃的哥哥姊姊，向克洛諾斯和克洛諾斯的兄弟們（泰坦族）宣戰。百臂巨人幫助宙斯打了勝仗。在激烈的交戰之後（泰坦之戰），泰坦族終於被擊敗。

然而，蓋亞又因為烏拉諾斯被閹割時流的鮮血而受孕，生下了巨靈，他們是克洛諾斯的異父兄弟，同屬一個世代。巨靈族起而和宙斯爭戰。品達[58]是第一個敘述這場巨靈之戰的人。宙斯後來戰勝了巨靈，也打敗了有一百個蛇頭的巨人堤豐。

這些神話事件有各種不同的說法。有意思的是這些傳說當中的普遍想法：神祇年老以後變得越來越凶惡、越來越墮落，或至少他們的暴虐變得越來越不可忍受，最後引發叛變，奪去了他們的地位。從此以後，統治這個世界的神祇幾乎都是年輕人，除了負責將死者渡過冥河的船夫卡戎以外。在希臘人眼中，卡戎是一個醜惡的老年人，或至少是個沒生氣的老年人。其他還有幾位海神，包括「海中老者」涅柔斯，他是蓬托斯和蓋亞的兒子，為人和善、沉默。他的兄弟福耳庫斯，是荷馬所稱的「指揮海浪的老人」。另外還有「海中老者」普羅透斯，他是烏拉諾斯和忒提斯的兒子。我們還可以提一提格賴埃，她們是三個可怕的婦人，三人輪流共用一只眼睛和一顆牙齒。

關於古希臘人對於老年的態度，還有其他極罕見的神話傳說提供了不同的信息。傳說中，鮑西

57 譯注：赫西俄德（Hésiode），公元前八世紀的希臘詩人，著有長詩《神譜》（*Theogony*），描寫宇宙與神的誕生。

58 譯注：品達（Pindare，約前五一八—前四三八），古希臘抒情詩人。

絲和費萊蒙是一對老夫婦。他們慷慨好客，堅貞的夫妻之愛使他們的老年生活過得很安樂，死後還化身為兩株交纏的樹，讓他們的愛情得以永恆長存。他們是因為德行而獲得報償。兩人的長壽還象徵了戰勝死亡——雖然這場勝利其實並不牢靠，因為是宙斯施行的奇蹟解救了他們的性命。特伊西亞斯的神話，在年紀、失明與內心清明通透這三者之間建立了關聯——我們經常見到這樣的關聯。特伊西亞斯因 觸怒了女神赫拉，被她弄瞎了雙眼，但宙斯為了補償他，賜給他預知未來的能力。在回應別人提出的問題時，他的回答總是不會錯。希臘人也就是這樣子想像盲眼的老荷馬：外在世界對他的影響越小，作為先知的詩人就越有靈感。最意味深長的是提索奧努斯的傳說，以及埃宋的傳說。提索奧努斯的傳說，表現出衰老對希臘人來說似乎是比死亡更痛苦的遭遇。他的妻子厄俄斯請求宙斯讓提索奧努斯永遠不死，卻忘了請求讓他永遠不老；即使她常讓他吃有長生不老之效的食物，他還是逐漸衰老了；他變得孤獨、可憐，乾萎、蜷縮，眾神憐憫他，將他變成了一隻蟬。而在埃宋的傳說中，他藉著媳婦美狄亞的魔法在邁入死亡前重獲青春。這個傳說表達了眾人皆夢想擁有永恆的青春。埃宋和提索奧努斯的傳說所要傳達的意涵是一致的：沒有青春，不死並沒有用處；相反地，青春永駐才是人們最高的夢想。在希臘，有許多青春不老之泉，其中最有名的是在納夫普利翁附近的卡拉朵斯青春不老之泉。

古希臘時代的老年人景況

在古希臘，老年人的景況到底是怎樣的？古希臘（不只在斯巴達）到了很晚近的時期，會拋棄畸形或是發育不良的孩子，但沒有任何跡象表明老年人曾經被翦除。從語意學的研究來看，老年在古代史上即意味著榮譽。「Géra」和「gérôn」這兩個意指老年的字，也意味著年紀具有的優勢、資歷具有的權利，以及使節的身分。在亨利．尚梅[59]的研究《青年雕像和年輕神祇》檢視了希臘古樸時期文明的遺跡，他的結論也一樣：在古老的體制中，老年即是榮譽。在希臘英雄時期，老年人組成的議會輔佐了城邦的首領；不過，根據荷馬的說法，老年人只扮演諮詢的角色。城邦的首領有時也會委以他們法官的職責，但他們的表現不總是良好，而且他們犯的錯會招致天災。

然而，照荷馬的說法，老年常與智慧並論，具體的代表人物就是最高顧問涅斯托爾。時間賦予了他經驗、口才，以及威望，但他是個身體殘弱的人，而且讓希臘人贏得勝利的不是他。只有處於盛年的人，能夠創造比傳統的戰術更為有效的計謀。奧德修斯遠遠勝過了涅斯托爾；他也遠遠勝過他的父親拉厄耳忒斯，取得了父親的王位。同樣地，普里阿摩斯也被兒子赫克托爾蓋過了光彩。在希臘是個封建國家時，我們可以推論說，老年人是受到尊敬的，但他們不一定有效能，需要奧德修斯旺盛的體力才能驅走其他那些覬覦拉厄耳忒斯王位的人，而拉厄耳忒斯因為力量薄弱，不得不承受多人覬覦之心。我們在中世紀的研究中也會看到這一點：當所有權不受到穩定建制的保護、必須以武力來護衛時，老年人就會被棄置一旁。整個體制端賴於年輕人，實際擁有權力的也是年輕人。另一方面，荷馬嘲諷特洛伊城的長老，提到「老年這個受到詛咒的門檻」。在一首一般認為是荷馬

59 譯注：亨利．尚梅（Henri Jeanmaire，一八八四—一九六〇），法國語文學家、歷史學家。

所寫的讚歌中，愛情與性慾的女神阿芙蘿黛蒂表示：「神祇也憎惡老年。」

公元前七世紀時，一個新世界的殖民為希臘帶來一場經濟革命。房地產不再是財富的唯一來源，希臘人有了工業、商業、貨幣作為財富之源。貴族階級的性質改變了。本來低於貴族階級的手工藝匠、自由職業者富有了起來。城邦由財閥政治把持，王權被廢除，或是只保留了頭銜，並無實權。希臘的城邦通常很小，人口不多，約五千到一萬——另外再加上奴隸，和沒有政治權利的外邦人。城邦的組織有許多種不同形式——隨著富者越來越富，窮者越來越窮，階級的衝突加劇，漸漸改變了城邦的組織。不管是寡頭政體、專制政體，或是民主政體，總是有個議會作為首腦。在寡頭政治裡（它必然是專斷、保守的，因為少數的富人想要保有權力），議會總是由老年人主持，這一點頗具意義。通常是年紀很大才能進入議會裡，並一直參與到死去為止。在以弗所、克羅托內、克里特、克尼多斯，以及其他許多地方的情況都是如此。在伊利亞，有九十個議會長老；在科林斯，有八十個議會長老。寡頭政體不准年輕人擔任重要的行政官員。它要維持既定的社會秩序，便很畏懼年輕人的野心和自發精神。

在大部分的古老城邦，老年人因此代表擁有資格。但是作為個體，老年人並不受到愛戴，這一點從詩歌中可得到證明。

瑞士歷史學家布克哈特指出，對於希臘人，「在大家抱怨的塵世生活中，老年便是主要的抱怨對象。」在喜好感官享樂的愛奧尼亞，科洛封的祭司彌涅墨斯曾在公元前六三〇年表達了他同胞的感受；他頌讚歡愉、青春與愛情，痛惡老年。他表示：「沒有了金色的阿芙蘿黛蒂會是什麼樣的生命？會有什麼樣的樂趣？」他還抱怨提索奧努斯：「這個可憐人！他受到神明的襲擊，必須永遠處在老年！」他再三說，他寧願死去，也不願老去：「就像在陽光下於花開季節長出的葉子，我們在短暫的一刻享受青春的花朵。很快地，黑色的帕耳開三女神就會圍繞著我們，其中一位帶來痛苦的老年，另一位則帶來死亡。青春的果實很快就會腐爛，持續的時間大約只有白日那麼長。一旦期限到來，生命便比死亡還糟糕。那些從前俊美的人，當年輕的時光已過，即便他的孩子、他的朋友都要憐憫他。」彌涅墨斯還說：「不再年輕以後，死亡勝過活著。人類的靈魂被不幸所攫：家庭破敗、窮困、孩子死亡、身體衰殘；宙斯總是降下大量的不幸給人。」他還說：「一旦邁入痛苦的老年，人會變得又醜又無用，憂愁再也不離他的心，陽光再也不能帶給他安慰。他引起孩子的反感，女人也都鄙視他。宙斯賜予老年人的就是這樣，充滿了痛苦。」他希望自己別活得太老：「我是否可以無病無憂到六十歲，遇見帕耳開女神和死亡。」薩索斯的祭司阿爾基羅庫斯寫到了一個在隨後幾個世紀仍為人唱詠的主題：失望憤懣的情人[60]，他預言自己未來衰弱時的殘酷景況：「你的皮膚枯黃，老年讓你皮膚起皺。」詩人泰奧格尼斯懊惱地表示：「我真不幸！不幸！喔，青春！喔，老年讓一切都變了質！老年臨近，青春就遠離。」詩人阿那克里翁和彌涅墨斯一樣出身愛奧尼亞，他在公元前六世紀時唱詠愛情、歡愉、美酒和女人。老年到來，就會喪失生活中的一切甜美；他痛苦地描寫到鏡中反映的影像：一頭枯髮、兩鬢發白、牙根暴露，他哀嘆死期臨近。品達的樂觀表現就顯得傳

60 他盛讚一位顯要人士的女兒奈歐布黛的美貌，希望娶她為妻，但她父親反對這樁婚事。

統刻板多了；他一生都是機會主義者。提班在薩拉米斯戰役時鼓吹合作，後來他唱詠他的國家得到解放。富有又知名的提班自視甚高，引來的不是憐憫，而是羨慕。他表示享有高壽讓他得以滿足，過得平靜；他感謝神明賜給他榮譽與財富。

我們已經看到，詩人面對老年的態度是和意識型態相反的。意識型態是把老年人視為一個社會範疇。這也是為什麼古代雅典政治家梭倫不接受彌涅墨斯對於老年悲慘看法的原因。他回應彌涅墨斯，說活到八十歲是他所希望的：「我在老年中不住地學習。」這是因為他的價值體系和彌涅墨斯不同。他不看重感官的歡愉，政治才是他用心之處。他宣稱自己在雇工和菁英階層之間做了仲裁；但事實上，他的政策還是偏向對貴族有利。梭倫就像所有的保守主義者一樣，他想要倚靠老年人，所以希望他們在城邦的組織中佔有一席之地。

在特權階級，老年人的景況端賴於所有權制度。當所有權制度不再依靠武力來護衛，而是有法律和制度化來保障，那麼不論所有權人是怎樣的人都無關緊要了。他就等同於他的所有權。大家透過敬重所有權人來敬重他的所有權。重要的不是他個人的能力，而是他的權利。所以他是年老、力衰，甚至是殘廢都不要緊。正因為財產通常隨著年日而累積，所以在社會上居高位的不再是年輕人，而是老年人。在希臘城邦的建制很穩定的時候，情況便是如此。在雅典的菁英階級，所有權人的利益和老年人的利益是同一回事。

我們知道在斯巴達，老年即是榮譽。軍士階級（雖然軍士之間彼此的財富相差甚鉅，但還是稱呼他們「平等的人」）是受到一群非公民的供養，那就是黑勞士[61]、邊民[62]。在軍士階級中，成年人在軍中服役直到六十歲，不論男人或女人都得接受嚴酷的訓練。不必服兵役以後，六十歲和六十歲以上的老年人，要負責維持他們從前被迫遵守的秩序；剝削者的階級都有意維持現狀，特別是那些大地主。這個實行寡頭政治的社會是個暴虐、僵化的社會。在這樣的社會中，把絕大部分權力交給年紀最大、最有錢的公民是很正常的事；二十八名「元老」也是從他們之中挑選出來的。他們在五督政官（五名比較年輕的督政官）的邀請下舉行集會，五督政官對他們具有某種管制力，但權力還是在這二十八位元老的手上。老年人要負責教育年輕人，灌輸年輕人要敬重老年人。

在雅典，梭倫的律法把權力都交給了老年人；管理公眾事物的戰神山議事會是由年老的執政官主持。只要體制仍由貴族、保守勢力所把持，年老的世代就擁有特權。在雅典政治家克里斯提尼建立民主制度時，年老的世代失去了這個特權，但是他們起而護衛自己的權力。在修昔底德[63]、伊索克拉底[64]的文字中，都可見到這種世代衝突的餘音。老年人還是保有某些權力。當孩子被控對自己的父母不敬時，例如拒絕必要的照顧、毆打父母、打傷父母，審理此案的法官也必須是六十歲以上的老年人。要擔任詮釋法律的評注者，也需要有這樣的年齡。另一方面，他們認為某些老年人擁有

61　譯注：黑勞士（les hilotes），指被斯巴達人就地奴役的拉哥尼亞和美塞尼亞地區原有的居民。

62　譯注：邊民（les périèques），斯巴達的一種社會階級，他們是自由自治的人民，但並非斯巴達的公民，無參政權，不像黑勞士般受到奴役。

63　譯注：修昔底德（Thucydide，約前四六〇—約前四〇〇），古希臘歷史學家、思想家，著有《伯羅奔尼撒戰爭史》。

64　譯注：伊索克拉底（Isocrate，前四三六—前三三八），古希臘雅典的著名演說家。

超自然的能力，男、女兩性皆然。有時候，老年人會出現在夢中，揭示真相，或是提出有用的建議。有時候，是別人告訴他們夢境或神諭，由他們來詮釋。不過，他們的威望減弱了許多，在私生活上，大家也不再那麼敬重他們。色諾芬[65]曾經抱怨：「雅典人什麼時候才會以斯巴達人為典範，尊敬他們的老年人？雅典人在鄙視老年人之前，就先鄙視他們自己的父親。」根據西塞羅[66]在他的作品《論老年》中的敘述，一個雅典老年人在觀賞公共競賽時遲到了，他的同胞拒絕讓位給他；斯巴達的一位使節起身，讓了位，請老年人坐下。這時，全場鼓掌以對。一名斯巴達人說：「雅典人似乎知道怎麼做才對，卻不會這麼做。」事實上，雅典人的這種態度令人很困惑。就這個主題，我們從文學中又能得到什麼訊息呢？

古希臘悲劇中的老年人

悲劇並不能如實地反映道德風俗。基於美感的考量，所有的主角人物都具有超乎常人的能力，老年人因而都帶著崇高、高貴的面向。不過，在悲劇中，老年人的憂慮，跟傳統頌詞中的老年人心聲比起來，顯得較為真誠。

「我們因為身體衰弱，不能服兵役，
被那遠征軍扔在家裡，
我們這點孩子力氣要靠枴杖才能支持，

因為孩子胸中流動的幼嫩精力和老人的一樣，
裡面沒有戰鬥精神，
而一個非常老的人，他的葉子已經凋謝了，
靠三條腿來走路，
並不比一個孩子強，
他像白天出現的夢中影像一樣，飄來飄去。」

埃斯庫羅斯[67]的作品《阿加門農》中，歌隊領唱這麼說。在他的作品《波斯人》裡，幾個老年人焦慮地談到了他們的白鬍鬚。

索福克勒斯[68]寫道：「人老了以後，理智會失喪，行動變為無用，我們的擔憂也是不必要的。」不過，他也出色地把處在困境中的老年表現得非常崇高。索福克勒斯以八十九歲高齡，在《伊底帕斯在柯隆納斯》這齣戲中描繪到了生命終期的伊底帕斯。他到處流浪、身無分文，還瞎了雙眼。

---

65 譯注：色諾芬（Xénophon，前四三〇—前三五四），古希臘雅典史學家、哲學家，以記錄當時的希臘歷史和蘇格拉底語錄而著稱。

66 譯注：西塞羅（Cicéron，前一〇六—前四三），羅馬共和國晚期的哲學家、政治家、雄辯家。

67 譯注：埃斯庫羅斯（Eschyle，前五二五—前四五六），希臘悲劇作家，有「悲劇之父」美譽。與索福克勒斯、歐里庇得斯合稱「希臘三大悲劇作家」。

68 譯注：索福克勒斯（Sophocle，前四九六—前四〇五），希臘三大悲劇作家之一。

「請可憐如幽靈般的伊底帕斯，
因為這衰老的身體不再是他。」

「我的身體再也沒力氣獨行，
沒有人引導是不行的了。」

伊底帕斯對他的兒子心懷激情、憤怒、恨意，對女兒則懷著無限柔情。

「即使瀕臨死亡，如果妳們在我身邊，我就不會太過不幸。」

然而，就世俗的層面來說，他其實只是他自己的影子。他不知道的是，他成了一個神聖的人物——他一在舞台上出現，觀眾便是這麼看他的。這齣悲劇之美，也就在於以下這個對比之間：伊底帕斯外表的敗壞，以及神祇在他不知情的狀態下賦予他的超自然性質。接待伊底帕斯的國度得到了神明降福。伊底帕斯是個拯救者，死時備受崇敬。就這樣，高齡的雙重面向有了非常清楚的呈現：它一方面是不幸的根由，讓人覺得可憐；但另一方面，在某些老年人身上，就希臘人而言，它又具有神聖的面貌。

歐里庇得斯[69]對人生的看法很悲觀，看待老年總帶著陰暗的色彩。在他的《艾薩蒂絲》這齣劇中，埃得曼斯嚴苛地指責他的父親不願取代他而死。他憤怒地表示：

「照老年人的說法，他們呼喚死亡，年紀讓他們受苦，他們活得太久了。但這不過是說說而已！死亡一旦臨近，沒有人願意死去，年紀再也不是沉重的負擔。」

在歐里庇得斯的《赫庫芭》這齣戲中，老王后得由其他俘虜攙扶著。

「來啊，女孩們，把我這老婦帶回家中。
……來接走我、來支撐我、來幫助我、來攙扶我這衰老的身體。
而我手持一根彎曲的枴杖，
我會走得稍快一些。」

在他的《特洛伊婦女》這齣戲中，赫庫芭詛咒自己的體弱無力，稱自己是「無用的胡蜂！」但她就像伊底帕斯一樣，具有一種神聖的質性。她衰殘的肉體、她的不幸，只更襯托出她非凡的崇高。

在《伊翁》這齣戲裡，年老的奴隸抱怨行走困難；在《腓尼基的婦女》劇中，王后伊娥卡斯忒

69 譯注：歐里庇得斯（Euripide，前四八〇—前四〇六），希臘三大悲劇作家之一。

走起路來步步危顫。不過，歐里庇得斯藉由伊娥卡斯忒之口來為老年護衛：

「老年並不是都讓人瞧不起的，
厄忒俄克勒斯，我的孩子，經驗是可貴的，
老年人比年輕人更有智慧。」

老年人的確會給人好的建議，只是對方不見得會聽取。

不過，在歐里庇得斯的作品中，提到老年時往往是悲觀的色彩佔上風。歌隊會悲嘆道：「我們其他這些老年人，只像是一群羊，徒有外形，我們就像夢中的影像一樣遊蕩，我們再也不通情達理，即使我們以為自己是聰明的。」

古希臘喜劇中的老年人

在悲劇中，老年人是主體，人們將他表現為他是為自己而存在。歐里庇得斯之後五十年，希臘喜劇在亞里斯多芬[70]筆下得到充分發展，而在喜劇裡，老年人則被視為客體。雅典的觀眾繼續為伊底帕斯、赫庫芭而深受感動，但他們也為喜劇中可笑的老年人由衷地開懷大笑。

亞里斯多芬在他的喜劇中加入了政治與道德訓誡的元素。雅典當時的主政者是克里昂。這個懂得煽動人心的政治人物起而反對上層階級的影響力，而且經常在外挑起戰端。敬重貴族階級和古老傳統的亞里斯多芬討厭克里昂，也痛恨他引進城邦的所有革新事物，包括結黨、檢舉、審判、戰爭，以及哲學。老年只在他的戲劇裡扮演次要的角色，目的是在揭發當時的弊病。亞里斯多芬對老年人的態度因此是變化不定的。

作為保守人士，亞里斯多芬要求大家要尊重老年人。他的戲劇《阿卡奈人》並不掩飾老年人的衰退，但他仍站在老年人這一邊反對年輕人，因為基於老年人對共和國所做的貢獻，對他們應該有正確的評價。他讓老年人說出以下這段話：「我們這些高齡的老人受到同胞的欺凌。須知，我們在海戰中受過苦，沒想到不但得不到你們的報答和禮遇，反而落得如此田地。你們要對我們這些老頭兒提起訴訟，讓那些演說的娃兒在法庭上嘲笑我們。我們還有什麼？只剩下遲鈍與衰弱……我們站在台前顫抖著沒有牙齒的嘴唇，除了這法庭的烏煙瘴氣便什麼也看不見。」年輕律師那樣窮追猛打、讓老年人掉進陷阱裡，實在令他們憤慨不已。

但在另一齣戲裡，亞里斯多芬還是嘲諷了老年人。年紀對他來說是喜劇題材的來源。在《雲》這齣戲裡，有個老頭子想向蘇格拉底學詭辯，來逃避還錢給債主。觀眾會因為詭辯者而大笑，也會笑這個因為過於年老糊塗而什麼也學不來的老頭子。結果老人派兒子去學詭辯。他卻在學會之後，暴打了父親一番，還用話術證明自己打得有理。亞里斯多芬後來還好幾次寫到類似的情節，開創了老年人受嘲笑、被毆打的主題。

在《馬蜂》這齣戲裡，亞里斯多芬對上了一個他視為災難的制度：審判制度。當時的政府將有

70 譯注：亞里斯多芬（Aristophane，約前四四五—前三八五），古希臘代表性喜劇作家。

錢或有勢的的公民看作可疑分子，常常對他們興訟。審判官是從公民中遴選出來的。每一次審判，克里昂會付給審判官三枚歐布銀幣（oboles）。有錢的雅典人對賺這一點錢不感興趣，拒絕擔任審判官。所以擔任審判官的都是些小市民，於是審判也反映了低下階層的心理。亞里斯多芬的立場和上層階級人士一致，厭惡這樣的審判制度。他希望能不再供養那幾千名無用的審判官。這些審判官往往是老年人，因為年輕人都有工作要忙。

這齣戲的一開始，克里昂煽動沒錢的老年人來定拉凱斯的罪，他被控盜用公款和受賄。克里昂和審判官站在同一陣線。老菲洛克里昂[71]沒出席法庭當審判官，因為他的兒子布德克里昂把他關在家裡，不讓他上法庭。但是老菲洛克里昂逃了出來，還大加讚揚了法庭一番（這番讚美詞其實是作者的反諷）。他的兒子起而反擊，而且說服了其他老審判官。但是他父親還是堅持一定要上法庭，於是兒子又把父親關起來，讓他來審判一隻狗，然後試著讓父親有所消遣。比父親更富有的兒子帶著父親參加宴會，結果父親喝醉了，洋相百出，胡言亂語，毆打奴隸，對一個全身赤裸的舞女毛手毛腳，甚至把她帶了回家，還跳了一整晚的舞。在這齣戲中，通情達理的是年輕人，作為克里昂傀儡的老審判官則不受敬重。

《利西翠妲》這齣戲也是一樣。這是一部反戰的作品。克里昂和斯巴達戰火相向，亞里斯多芬則希望雅典能和斯巴達締結和平。亞里斯多芬描寫了城邦裡所有女人都把自己關在城中，以遏止戰爭。和克里昂觀點一致的老年人試著奪回城市。好戰的老年人顯得可憎，也顯得可笑。性無能的他們調戲女人，招來了女人的訕笑。亞里斯多芬在《普魯特斯》這齣戲中也這樣嘲諷了老年人。

為什麼觀眾會對這樣的內容鼓掌？當時的觀眾絕大部分是住在雅典附近的小地主，他們喜歡看嘲笑城裡人的戲。他們也對克里昂的煽動作為懷有敵意。傳統上，雅典的老年人是受到敬重的，而且具有某種威望。但是在這些小地主眼中，他們卻是和克里昂站在同一邊，為克里昂贏得訴訟，支持他好戰的政策。我們也注意到，老年人分別在兩齣戲中扮演了可笑的父親角色：做兒子的受夠了聽從一家之長的管教，他們全都很高興有機會看到父親受到嘲弄。

亞里斯多芬也嚴厲抨擊了老年人的荒淫。這樣的主題在接下來的好幾世紀裡持續出現，尤其是在喜劇的劇作中。為什麼這一點特別令成年人嫌惡呢？是因為老年人還有能力做愛，還是因為他們已經沒有這個能力？就前者來說，他令人生畏的財富和威望使他成為成年人的敵手；再者，他傷害了成年人的自戀心理，而自戀心理幾乎總是愛情的一個重要元素，即使是和妓女的關係也一樣。性行為一旦排除了年輕、活力和誘惑，它就只落到純粹動物性的行為；投入老年人懷中的女人貶抑了她年輕的伴侶。但尤其讓年輕氣盛的男人感到憤慨的，是那些貪淫好色卻又無能的老年人：他體現了讓最具男子氣概的男人煩憂不已的老年無能。精神分析學家認為閹割情結從來沒有完全被擺脫，仍然殘存在男人的心中；看一個殘弱的老年人重新燃起慾火，讓男人覺得受到威脅，就像他仍是小男孩時感受到威脅一樣。換句話說，成年男子對自己的性能力始終很焦慮。他不願意去想有一天自己仍保有性慾，卻再也沒有能力滿足它。他痛恨未來老後的景況，所以以嘻笑來打發它。他可以很

71 Philocléon 這個名字的意思是：喜愛克里昂的人。

輕易地讓自己相信：自己永遠不會像舞台上的滑稽人物一樣。

在亞里斯多芬的戲劇作品中，老婦人並不多見，她們的樣貌並不具體，值得一提的只有幾個媒人的角色，以及在《公民大會婦女》這齣戲裡為一名俊美年輕男子爭寵的三個老婦人。

亞里斯多芬之後一百年，同樣受到觀眾歡迎的米南德[72]對老年也一樣不和善。根據他的說法，人最好別活得太老：

「活得太老的人，死時對自己的生命起反感；他的老年非常艱苦，他處於貧困中。他四處打轉，卻只遇到敵人；大家密謀反對他。他若沒有及時死去，便沒得好死[73]。」

米南德也認為一個老年人宣稱自己有性生活是件令人悲傷的事：「沒有比戀愛中的老人更不幸的了，只除了另一個熱愛肉體的老年人可以比他更不幸。他再也不能得到他想要的歡愉——原因出在時間流逝——他怎麼可能不會不幸？」

對米南德來說（他常常提及這樣的主題），老年是一種不祥的力量，它會從外貌襲擊個人：「老年，你是人類的敵人，破壞了人類外貌之美的是你，將肢體的俊美化為沉滯、將人迅疾的行動化為緩慢的也是你。」

「長壽是件令人難受的事。喔，沉重的老年！對人來說你沒有半點好，你只帶來痛苦和疾病。然而，我們大家都希望能長壽，我們努力活得久。」

在現今仍留存的米南德喜劇中（透過原始的殘篇，或是透過泰倫提烏斯[74]的翻譯保存下來），有許多角色是老年人。在《薩摩斯女子》這齣戲中，他處理了世代之間的問題。「正面人物」是德墨阿斯，這個老人為人慷慨、有感情，他愛他的兒子，而當他對兒子的幻想散去，他不禁覺得悲傷。但處在這一切不快之中的他，依然保持著平和的心境。相反地，另一個老頭子尼克拉托斯，則是凶惡、吝嗇、狡猾的代表。泰倫提烏斯在《自我折磨的人》一劇中，重新演繹了類似的兩個呈對比的老年人。在米南德《短髮女子》一劇中，老帕泰伊寇斯有點像是德墨阿斯。他是個智者，人很善良、溫和、敏感。但是在《神靈附身的年輕女子》一劇中，有個陰鬱的老頭克拉東。而在《公斷》這齣戲裡，也有個吝嗇、粗暴、令人討厭的老頭子斯米克里奈斯。和亞里斯多芬比起來，米南德更強烈表現了可笑而令人受不了的老年人，這使得他贏得觀眾的喜愛。不過，他也表現了不同的觀點：他認為老年有時也代表了智慧與善良。

古希臘哲學家談老年

柏拉圖和亞里斯多德也思考了老年的問題，但他們結論是相反的。柏拉圖的觀念和他的政治觀點緊密相關。在他寫《理想國》的時候，他的經驗讓他對寡頭政治、專制體制倒盡了胃口，嚴厲地批評了人、政治風俗和雅典民主的公眾輿論。他認為雅典的民主是無政府狀態，並指責它是平等主義，不夠尊重能力。柏拉圖讚揚斯巴達的「勛閥政治」，但悲嘆斯巴達人在選擇執政官時選的不是

72 譯注：米南德（Ménandre，公元前三四二—前二九一），古希臘代表性喜劇作家。
73 作品殘篇。
74 譯注：泰倫提烏斯（Térence，約公元前一九〇—前一五九），古羅馬喜劇作家，曾改編米南德的劇作。

最有智慧的人，而是受過戰爭鍾鍊的人。根據柏拉圖，最理想的城邦是那些保障大家過得幸福的城邦；但幸福是一種德行，而且德行是源自對真理的認識。唯有那些從洞穴中出來、那些沉思過理念的人能被指派來統轄眾人。他們只有從青少年時期就開始受教育，一直到五十歲完全成熟，才會有能力執政。五十歲以後，哲學家擁有真理，成為城邦的守護者。依照柏拉圖的希望，以「能力」執政因而也就成了老人政權。他的哲學讓他可以無視於人身體的衰退。事實上，根據他的說法，人的真理是存在於他不朽的靈魂裡，這樣的靈魂是和理念相關聯：身體只是個幌子。在這個和靈魂的結合中，柏拉圖首先只看到身體是桎梏；後來，他認為靈魂可以為它自己的利益利用身體，但靈魂並不需要身體。因年紀而起的衰頹不會影響靈魂；甚至，身體的慾望、活力減弱了，靈魂反而能更自由。柏拉圖在寫作《理想國》時還很年輕，藉著克法洛斯之口頌讚了老年：「相對於其他的歡愉（肉體的歡愉）變得衰微，對精神的需求和精神的歡愉則增強。」蘇格拉底還說我們要向老年人學習。克法洛斯也表示，的確，當老年人在一起的時候，他們絕大部分都很遺憾年輕時的歡愉不再，也很痛心親人對他們的凌辱。他記起索福克勒斯在談到情愛時曾這麼說：「我就像逃離野蠻的主子一樣，很滿足地逃離了情事。」克法洛斯同意這個說法：「老年……讓我們身上產生一種和平與解脫的感覺。」說到老年人的性慾問題時，這裡傳達的這種靈性派觀念，截然不同於諷刺作家的觀念：原慾（libido）隨著性活力減弱以後，靠著這樣的均衡協調，老年人達到了一種安詳泰然的境界，而這是還受本能控制的年輕人所沒有的。雖然有許多人出面反駁老年人原慾減少的說法，但這個想法到今日都還是很流行，因為這樣的說法較讓人放心：它能夠排除好色的老年人令人不快、讓人不安的面貌。

老年的價值就此確立，柏拉圖下結論說：「老年人應該發號司令，年輕人則應該服從。」然而，他又為這價值加上年齡的標準。在他的理想國中，監督所有執政官的監察官為五十到七十五歲，扮演十分重要角色的「法律守護者」則為五十到七十歲。超過六十歲的人不再參加歌唱和飲酒作樂的聚會，但是他們會出席宴會，以避免年輕人過度狂歡。他們還以歌詞來表達對道德的觀點，供人傳唱。

柏拉圖八十歲時，在《法律篇》中詳細地談到老年的問題。他好幾次強調，孩子對老父母負有責任。他們必須以敬重的態度和父母說話，讓自己和自己的財富都為父母所用。他們對死去的祖先要舉行祭拜儀式，而他們未來會成為祖先的父母也是神聖的：「我們所能擁有、最該崇敬的崇拜之物，便是還能擁有正在承受老年之苦的父親、祖父、母親、祖母。」

亞里斯多德的哲學則導出很不一樣的結論。他認為靈魂不是純粹的智性。即使是動物，也都具有靈魂。靈魂和身體之間有必然的關係；只有靈魂與身體結合，人才能存在。靈魂是身體的表現形式，影響身體的惡會使整個人都受到波及。老年要過得快樂，就得身體保持完好。他在《修辭學》裡寫到：「美好的老年是可以緩慢行動，但身體不衰殘。美好的老年取決於先天的體質是否佔優勢，但這一點也是出於偶然。」在《倫理學》中，他認為智者能夠恢弘地承受一切不測風雲，但身體健康和物質生活富足對精神是有好處的。他認為人會進步發展到五十歲。要到某個年紀，人才能擁有「智慧」（phrénosis），擁有這樣的智慧才能行事得宜，以累積足夠的經驗。這樣的智慧是不可與人交流的，因為是他真正經歷過的，而不是停留在抽象層面。然而，五十歲以後，身體的衰頹將使得整個人墮入衰頹。在《修辭學》中，亞里斯多德以最正面的語調描繪年輕人：溫暖、熱情、寬宏大度。在他看來，老年人和年輕人完全相反：「由於他們活過許多歲月，受過太多欺騙、犯過許多錯誤，也由於人間事務經常是惡劣的，所以他們對什麼都不放心，對一切都持保留態度，做什麼都不會做滿。」他們緘默、遲疑、膽小怕事。再者，「他們沒有好性格，而基本上性格不好的人，思考事情總是做最壞的打算。他們總是往壞處想，是因為他們對事物總是抱持著懷疑；他們會懷疑，是肇因於他們生活的經驗。」他們既不會熱烈地愛，也不會強烈地恨。他們心胸狹隘，因為人生曾羞辱了他們。他們不是慷慨的人。他們自私、膽小、冷血。他們不謹慎，因為他們總鄙視輿論。「他們活在回憶裡，而不是活在期望裡。」他們喋喋不休，愛回憶過去。他們的怒氣來得突然，但不強烈。他們顯得很穩重，是因為激情消退，行事也多出於利害考量。他們是為利益而活，而不是為美而活。他們的憐憫之心不是出於崇高，而是出於懦弱。他們時時哀嘆，不再懂得笑。

上述這番描述，不是受到某種既定論題的啟發，而是廣泛而中肯的觀察。特別有意思的，它指出了經驗並非進步的動力，而是衰退的根由。老年人是一輩子都在犯錯的人，而這種景況使他無法高出年輕人一等，因為年輕人不像他那樣累積了那麼多的錯誤。

亞里斯多德在《政治學》裡批評了斯巴達的「元老院」：「對重要決定享有終身統治權，是可受到質疑的建制，因為智力和身體一樣都會衰老。元老所受的教育並不嚴謹，立法者便質疑元老所受的教育，不信任他們的德行。」他指責老年人常常受賄，有損公眾利益。他建議讓老年人擔任聖職。

大家只會聽取他們明智的建議和公正的判決。

亞里斯多德對老年的看法，致使他讓老年人遠離權力中心，因為他認為老年人是衰退的人。再者，他對政治的看法和柏拉圖有所不同。他沒讓知識分子居於城邦之首，反而選擇了警務機構，理想上是每個居民都具有高超的德行，每個人輪流擔任統治者或被統治者。然而，這只是一個不可能實現的夢想。亞里斯多德認為，要是我們考慮到現實情況，最好的建制是在民主政治中結合寡頭政治。有能力行使權力的，是在中產階級中具有軍人美德的：維持秩序，就屬於這樣的中產階級職守。不過，出任軍務的都是些年輕人或正值盛年的成年人。城邦中的警察不會招募老年人。亞里斯多德不讓老年人主政，一方面是出於心理因素，一方面是出於這和他對社會的構想一致。

希臘人對老年的陰鬱態度，也可以在公元一世紀的普魯塔克[75]身上見到。他活到了八十歲，因此對老年有切身體會。身為哲學家、道德學家的他，在生命晚期變得非常虔誠——曾經在德爾斐的阿波羅神廟中擔任祭司——他是我們名之為「中期柏拉圖主義」的代表人物之一，但是說到老年時，他更接近亞里斯多德的嚴苛，而非柏拉圖的樂觀。他將老年比喻為淒涼的秋天[76]。他寫道：「然而，秋天是一年將盡之期，就像是老年；因為潮濕還沒到來，酷熱卻已遠離，或者說它不會再那麼熱；而秋天也是冷與乾的徵兆，它使得身體衰弱，容易生病。然而，靈魂是否有必要受到身體狀態的影

75 譯注：普魯塔克（Plutarque，約四六—一二五），生於羅馬時代的希臘作家，著有《希臘羅馬名人傳》。

76 這個比喻頗不尋常，因為對古人來說，秋天是豐收的季節：pomifer automnus（果實豐碩的秋天）。

響，受身體影響而僵固、膨脹的精神失去了預知的能力，於是多少變得跟模糊的鏡子一樣？」

這種悲觀的看法，一直延續到公元二世紀的琉善[77]。在一首諷刺短詩中，琉善質問了一個老婦人：「妳可以染頭髮，但妳永遠染不了妳的蒼老，妳永遠無法讓臉上的皺紋不見……硃砂和鉛白永遠不能讓赫庫芭成為海倫。」在《死者的對話》中，他和歐里庇得斯一樣，很訝異老年人執拗地巴著生命不放。他在兩、三個地方殘酷地描繪了老年人：「衰老的老年人，他僅剩三顆牙，幾乎不是活著，他靠著四個奴隸扶持行走，鼻子不斷流著鼻涕，眼裡滿是眼屎，對感官歡愉都沒有感覺。他是個活的墳墓，他是年輕人的笑柄。」

半死不活的殘疾老年人的不幸遭逢再一次讓人譏笑，而不是激起憐憫之心或恐懼之情。

表現在器物上的希臘圖像，跟在文學裡的表現一致。在公元前五世紀和之後幾世紀的幾只甕子上，可以看見大力士海克力斯在和老年搏鬥。老年是以瘦弱的侏儒或一個瘦得皮包骨、滿身皺紋、幾乎禿頭的人物來表現，但有時也會以一個身材高大、有長頭髮和鬍子的人物跪在地上懇求海克力斯來表現。在公元前四世紀，德米特里雕塑了一尊敵軍將領利希瑪科斯的塑像，把他塑成一名醜陋的老婦人。

❖

古羅馬時代的老年人景況

老年人的景況和社會的穩定之間關係密切，這一點從羅馬的歷史可以得見。古羅馬人很可能會以淹死老年人來棄置他們，因為他們會說把老年人「送到橋上」（ad pontem），還把元老院的元老稱為「丟到橋下」（depontani）。幾乎跟所有的社會一樣，羅馬菁英階層的老年人和一般的老年人，兩者的命運有強烈對比。不管怎樣，後來，在家父[78]仍隨自己高興遺棄新生兒時，他們已經不再謀害老年人的性命。我說過，在私有財產受到法律保障時，身為財產擁有人的老年人是受到尊重的。羅馬在建制穩固時，便是如此。財產分為很多種。羅馬貴族的財產，首先是他的土地。不過，他也擁有出租的房產，有時還有大型金融公司的股份，這些金融公司是以徵收稅金、從事公共工程為業。騎士靠著他們的財富成了有權力的階層，以高利貸放款。總之，從事商業才容易累積財富。在所有這些領域，一個公民一生致力於管理自己的財富、積累自己的財富，到了晚年通常擁有不少錢財。這些富人當中有不少是老年人，財富使他們具有威望。

首先握有權力的就是這些有錢的老年人。元老院就是由這些有錢的地主組成的，他們是任期到期的執政官。一直到公元前二世紀，羅馬共和國非常強盛、嚴密而保守；到處秩序井然；富人擁有的特權在共和國裡相當可觀。當時的政體是寡頭制，而寡頭政治有利於老年人，因為老年人的保守

77 羅馬帝國時代以希臘語創作的作家琉善（Lucien，約一二五－一八〇）是屬於古代世界的。他是個懷疑論者、諷刺作家、不信教的人，他在提到基督教時都是為了諷刺它。

78 譯注：家父（pater familias），古羅馬的一家之長，對妻子、兒女、奴隸操有生殺大權。

傾向和保守的寡頭政體一致。元老院握有許多職權。它權掌羅馬所有的外交工作，也握有軍事大權。軍隊的首領是靠著由元老院裡招募來的副手和元老院本身來輔佐。元老院也掌理財政。裁決嚴重不法行為的也是元老院，像是叛國、瀆職等。另外，要坐上執政官的位置，得等到你的年紀夠長。羅馬時期的「晉升體系」規章非常嚴明，以至於再怎麼有才華的人也不可能快速地在體系中晉升官階。再者，投票時，老年人的票比其他公民的票來得有分量。在羅馬，投票是以百人團為單位進行：老軍人百人團的人數雖然比年輕軍人百人團的人數少很多，選票的價值卻是同等的；因此，在數字上佔大多數不等於在法定上佔多數，而老年人於此具有優勢。

這樣的政治形勢，是建基於一種根植於農村經濟的意識型態上。農民對新事物往往持有戒心，而且羅馬人的主要德行是「持久穩定」。「祖先習俗」具有法律效力，因為它認定了祖先是智者。祖先駐居在家庭中；他們的亡魂會在某幾天從地獄回到家中，必須舉行祭儀讓他們得到安息。子孫敬重他們的方式，就是遵循傳統。羅馬社會之所以能夠持久穩定，是因為講求「責任感」（pietas）。羅馬人要求所有公民要對國家、執政官盡責任，尤其是要對自己的父親盡責任。

歷史學家在回答這個問題時立場很猶豫。羅馬共和晚期，向外拓征在物質和精神上造就了紊亂無秩序的狀態，這種狀況更促使它向外拓征。只是，這種因果連鎖的反應是怎麼開始發生作用的？有人說它是基於農民的貪婪，基於社會安全的理由，基於羅馬人的高傲，基於想要富起來的慾望，基於個人的野心。確定的是，軍事的擴張是在為經濟的擴張而效力。羅馬靠著搶奪來的戰利品、戰爭的賠款、外國的進貢，變得非常富有。讓人印象強烈的是，羅馬向外征伐的特殊之處在於它的速度很慢，非常地慢，尤其是拿它來跟亞歷山大大帝的征伐做比較的話。除了共和國晚期以外，羅馬的向外征伐並非靠著某些在社會、政治上扮演重要角色的個人所完成的。即使是戰功顯赫的將領，他們也都只是單純效忠於羅馬的僕人。在元老院的領導下，也就是在老年人的領導下，集體為國效力的行動有條不紊地持續進行著，而且它和既定秩序的持久穩定性不相扞格。長達幾個世紀期間，這種持久穩定性沒有受到動搖。

在家庭中，老年人享有特權。「家父」的權力可以說沒有止盡。他不僅對物有權力，對家裡的人也擁有無上權力：他可以隨意將之殺害、致殘、販賣。這種權力只有到他死後才消失，或是在他的「法律權利受到削減」（capitis deminutio）時，而這種讓一個人喪失公民權的例子極為罕見。毆打父親的兒子被當作怪物，不再屬於人類社會。他被看作是「sacer」，也就是被驅逐出社會，人人得以誅之。一個年輕人如果要結婚，必須得到父親同意，而且，如果他的祖父還活著，也必須得到祖父的同意。這顯示了族長直到他死前都握有權力。

儘管做父親的在理論上握有權力，但他把兒子當奴隸賣掉的例子越來越少見。當時的風俗似乎規限了他的權力行使。羅馬婦女在家中擁有影響力[79]，這種權力的劃分對孩子來說是有利的。文學與道德風俗之間的關係模稜兩可。要是老年人在羅馬像在中國一樣勢力強大，而且受到尊重，那麼

79 羅馬婦女因為既是屬於她父親家的一員，也屬於她丈夫家的一員，所以她能求助於這兩方。得到她父親所給的嫁妝那一天，她在經濟上即能獨立。她在家中指揮奴隸，在孩子的教育上也扮演了重要角色。

普勞圖斯[80]在舞台上嘲弄老年人就不會獲致成功。羅馬的滑稽短劇，重拾了希臘戲劇中滑稽老人的角色，以卡斯納、帕布斯[81]這兩個名字出現在羅馬滑稽短劇裡。普勞圖斯讓老年人扮演重要角色。在他筆下，總是把身為父親的老年人描繪為出於吝嗇而妨礙兒子的好事，而且他（就像亞里斯多芬筆下的老年人一樣淫蕩好色）往往和兒子陷入競爭，靠著自己的財富和狡猾卑鄙的手段搶走兒子所愛的女人，譬如花錢買來兒子心愛的女人，把她嫁給奴隸，又想在新婚之夜取代奴隸上床。不過，故事總會寫到有另一名聰明的奴隸來幫兒子解圍。老人的詭計失敗了；老人露出真面目；他的妻子（總是又醜、脾氣又壞）嚴厲地指責他；他成了家人、鄰人的笑柄。這就是普勞圖斯《驢的喜劇》的主題。在這齣戲中，元老院的元老戴蒙奈特是個生活放蕩的下流人；他的妻子羞辱他，奴隸鄙夷他，兒子輕視他，妓女嘲弄他。在《卡西娜》這齣戲裡，史塔林諾在身上噴灑了香水，為的是勾引愛他兒子的年輕女人。史塔林諾以為自己上了女子的床，就要跟她成就好事，卻有人以一個男人偷換了那名女子。《商人》這齣戲也是這樣的題材，而他的《巴克基斯》一劇則描寫了兩個老年人努力要把他們的兒子從妓女那裡救出來，結果是兩人反而落入了荒淫之中。

即使有些老年人是正人君子、和藹可親，但光是年紀就足以使他們成為譏諷的對象。在《埃皮埃庫斯》一劇中，兩個老年人既不淫蕩好色，也不是惡人；這齣戲的喜劇成分來自他們的錢被一名狡猾的奴隸騙走了。在《凶宅》這齣戲裡，這名奴隸想盡辦法要讓德侯比得的兒子過荒淫無度的生活，觀眾見善良的德侯比得被一名奴隸愚弄而被逗得樂不可支。

普勞圖斯創造了無數和善的老年人。在《一罈黃金》裡，厄克里翁雖然貪財可鄙，但到了戲的最後，仍不失為一個深愛孩子的父親，而且表現得很開明、寬容。他有個年紀和他一樣大的朋友，也是正直和氣的人，而這位朋友還娶了厄克里翁沒帶嫁妝的女兒。在《撒謊者》、《纜繩》、《三塊錢一天》、《布匿人》這幾部戲裡，舞臺上的老年人總是笑咪咪、聰明而善良的。最完美的老年人，出現在《吹牛軍人》一劇中。在這部戲裡，卑鄙的人物是個處於盛年的軍人；相反的，佩希布雷克托勉是個有智慧、有才智、開朗、內在很年輕、懂得生活藝術、對年輕人很和善的老年人。他幫助女主角的情人，保護女主角不受吹牛軍人的騷擾。他在笑著描述自己時，指出了老年人應該自己照管的行為：「在餐桌上，我不對時政發牢騷，糾擾同桌吃飯的人；吃飯時，我也不把手伸進不是屬於我的女人的裙底下；我不會搶先左右的人去分菜，或是搶先他們倒酒；喝了酒不會讓我在宴席上和人爭吵起來。」在普勞圖斯的戲劇中，他是唯一沒結婚的角色；他很高興自己沒妻子，也沒孩子。唯一一個抱怨自己年紀的老年人，出現在《孿生兄弟》這齣戲裡：「壞年頭就像劣質商品一樣讓人駝了背，只會帶來煩惱與痛苦！」

老婦人的角色非常有限，大多是以脾氣暴躁的妻子、多少會拉客的妓女的身分出現。她們的角色不特別重要。特別受到普勞圖斯質疑的是「家父」。年輕人總是很痛苦地感受到家父的威勢：家父緊緊管制著他的經濟來源，也掌控了他的命運。年輕人總是樂於醜化家父的形象，來發洩自己受

---

80 譯注：普勞圖斯（Plaute，約前二五四—前一八四），古羅馬劇作家。他的喜劇現仍保存完好，是拉丁文學最早的作品。

81 譯注：卡斯納（Casnar）和帕布斯（Pappus）這兩個名字在拉丁文中的意思均為「老人」。

到的壓抑。年輕人和壯年人說不定也受不了被老年人支配：在《驢的喜劇》中，戴蒙奈特不只是個父親，還是元老院的元老。不過，普勞圖斯除了描繪荒淫好色、滑稽可笑的老年人，也塑造了一些可親的老年人，他們享有高壽本身就是一件值得尊敬的事，但如果為了滿足自己的邪念而濫用權力，他們就不值得受到敬重。當普勞圖斯站在做兒子的這一邊時，態度經常有所保留；這些做兒子的往往放蕩無度、唯利是圖、自私自利。

更有文化修養、品味更高的泰倫提烏斯，在處理世代之間衝突的問題時，手法顯得更嚴肅、更細膩。從米南德劇作中獲得靈感的《安德羅斯女子》，劇中的老年人固然可親，卻顯得平淡乏味。在《自我折磨的人》中，老年人顯得立體、生動多了。劇中，兩個年紀超過六十歲的主角都很富有、很有威權。性格粗暴、偏激的梅內戴姆阻礙了他兒子的婚事，兒子憤而遠走亞洲，從軍去。絕望的梅內戴姆對自己的作為很後悔，便懲罰起自己，去做一些辛苦而費力的工作。也跟兒子不合的克雷梅斯是個假哲學家，嘴裡總掛著一些偉大的句子[82]，他迫害比他出色的妻子，還受到家裡奴隸的愚弄。克雷梅斯的兒子是個壞傢伙，抱怨說：「對年輕人來說，父親是極不公平的判官！他們希望我們從小就變成個老頭。」一直到這齣戲的最後，梅內戴姆的寬宏、慷慨，以及他對他兒子的愛，都沒有減損，即使他擔心兒子的行為舉止、擔心自己被兒子弄到破產（但這擔心是多餘的）。

在《兩兄弟》一劇中，也有像這樣呈對比的兩個老年人。狄米亞有兩個兒子；他把其中一個兒子過繼給他沒結婚的弟弟米丘。米丘非常寬厚、仁慈，他喜愛年輕人、瞭解年輕人。他的繼子也很愛他；所有的人都愛他。而狄米亞不管對自己或對他人都很嚴苛，他欺壓自己的兒子，兒子起而反叛他。到最後，他醒悟了，而且改變了作風，他說：「我也要我的孩子喜歡我。」在《福爾彌昂》一劇中，主角的父親戴米豐是個獨斷、易怒的人。當他知道兒子趁他不在家時結了婚，為此大發雷霆，要強迫兒子斷了婚姻關係。

泰倫提烏斯比普勞圖斯來得更愛說教。他在劇中教導做父親的該怎麼表現，才能讓孩子和自己過得快樂。他比較不醜化老年人，只是警惕他們。在他的戲中，我們可以下結論說，年輕人不耐地忍受老年人的權勢，但老人的權勢多少也因輿論而受限制。

古羅馬特權階級護衛老年

值得注意的是，隨著寡頭政體的傾頹，老年人的特權也縮減了，甚至整個瓦解。從格拉古兄弟[83]以後，羅馬再沒有穩定的多數政府，只有採取聯盟的多數。土地改革[84]的失敗和義大利人改革[85]的失敗，使得共和國體制邁向死亡。羅馬的向外征伐，最終還是造成政治、社會分崩離析。在

82 「我是人，人類的一切對我都不陌生。」這句話即是克雷梅斯說的。但是，他其實只是喜歡打聽別人的事，以滿足自己的好奇心。

83 譯注：格拉古兄弟（Les Gracques），是指提比略·格拉古（Tiberius Gracques，前一六八—前一三三）和蓋約·格拉古（Caius Gracques，前一五四—前一二一）兩兄弟。他們是公元前二世紀羅馬共和國的政治人物，分別在擔任保民官時主導了一場政治改革。

84 這項改革是把土地分配給羅馬公民。

85 這項改革是把土地分配給義大利人，並賦予他們羅馬城市民的權利。

這動盪的時代，元老院漸漸喪失了權力，權力轉而落到軍人手上，也就是年輕男人的手上。執政官再也不擔任諮詢的角色。一旦權力集中在一個人身上，元老院的影響力就只有日漸衰微。年輕的皇帝在主政時，幾乎完全排除了元老院。元老院的政治職權、行政職權都被剝奪。大約公元二七一年，在加里恩努斯[86]之後，元老院也失去它在經濟、貨幣上的特權。同一時間，「家父」的權力也受到約制。行使於人的權利，不再像行使於物的權利。原來對人操有生殺大權的，這時都被視為謀殺。如果主人讓他年老或殘疾的奴隸得不到任何援助，他就得還奴隸的自由。

要讀西塞羅的《論老年》，就得先理解這樣的背景。六十三歲的西塞羅身為元老院的一員，寫了一篇護衛老年的文章，為的是證明早已失勢的元老院應該重建聲威。在他寫作的那個年代，貴族和富人只沉溺在歡愉和個人的野心中；但在公開場合，他們都戴上面具，假意敬重大家接納的價值。西塞羅倚賴的便是這些價值。尤其是，自從元老院失勢以後，變了貌的斯多葛主義[87]被引進羅馬：元老院的元老根據斯多葛主義提出了保守的意識型態：世界是和諧的；所有自然的東西都是好的；每個因子都應滿足於它在整體中佔有的那個位置；必須尊重「現狀」（statu quo），並且讓特權屬於享有特權的人。西塞羅的《論老年》就帶有這類的思想。

他表示：「處在極端窮困中的老年是不可忍受的，即使是對一個智者來說。」但是元老院的元老並非窮苦的人；這裡說的是元老院的元老。西塞羅想證明，人上了年紀以後能力會增加。為了這一點，他借老加圖[88]之口來發聲；老加圖雖然八十歲了，但他頭腦依然清明。老加圖承認，老年的名聲並不好，這是因為人們對老年有成見。老加圖就試圖要打破這樣的成見。

有人說，老年人不事生產。這種說法是錯的。偉大的事情之所以能完成，「靠的是老年人的建議、權力、成熟的智慧，所以老年不僅不是『無』，相反地，他是豐富的『有』。」「年輕人總是會毀了國家，老年人則拯救國家、復興國家。」老加圖否認老年人的能力會下降：「只要老年人不放棄鍛鍊才智，不放棄積累才智，他總能保有他全部的才智。」西塞羅提到了索福克勒斯、荷馬、赫西俄德、西莫尼德斯[89]、伊索克拉底、高爾吉亞[90]、畢達哥拉斯、德謨克利特[91]、柏拉圖等人，以他們來支持自己的論證。他不接受凱基利烏斯[92]的看法，凱基利烏斯曾說：「我覺得老年最可悲的是，感覺到對年輕人來說老年人是可憎的。」

其次，有人說，老年人沒體力。但是，體力根本算不上什麼。古希臘運動員米隆在老了以後，對著自己原本很強健的手臂哀泣地說：「啊，我的手臂已死！」這只會讓人鄙夷他。「無論這些傳

86 譯注：加里恩努斯（Gallien，約二一八—二六八），羅馬帝國的皇帝。
87 譯注：斯多葛主義（stoïcisme），古希臘和羅馬帝國時代的思想流派。斯多葛派有一格言：「依照自然而生活」，「自然」即是宇宙運行的規則，受理性支配。
88 譯注：老加圖（Caton l'Ancien，前二三四—前一四九），羅馬共和國時期保守派政治家。
89 譯注：西莫尼德斯（Simonide，前五五六—前四六八），古希臘抒情詩人。
90 譯注：高爾吉亞（Gorgias，前四八三—前三七六），古希臘詭辯學派學者。
91 譯注：德謨克利特（Démocrite，約前四六〇—前三七〇），古希臘哲學家，是「原子論」的創始者，並由原子論切入，建立了認識論。
92 凱基利烏斯（Caecilius）為羅馬喜劇作家，於公元前一六六年去世。他還寫道：「當然囉，老年，即使你不帶來任何害處，但只要你一來就是壞事。」

授智慧與德行的人，他們的身體有多麼衰微、多麼虛弱，我都認為他是有福的。」老加圖在八十歲過後仍宣稱自己體力充沛、精神飽滿。有些老年人健康不佳，但健康不佳的年輕人也不在少數。「我們通常稱之為『第二童年』的癡愚老年，其實不是在所有的老年人身上都會看到，而是在那些精神貧乏的人身上看到的。」

西塞羅接下來重拾《理想國》裡老生常談的話題：有人說，老年人享受不到太多的歡愉，表示他可以不再陷入激情與淫亂，而這正是他最令人羨慕的特權。為了彌補他享受不到性歡愉，老加圖提出了飲食的歡愉，還有談話、學習、文學、農事的歡愉。他似是而非地表示：「在被剝奪了那些我們不再渴望的東西時，這種剝奪不會太痛苦。」然而，慾望的缺乏卻是比慾望不能滿足的感受更痛苦。失去一個感覺，比一直不能滿足這個感覺來得更讓人難受。

西塞羅還肯定地表示（他忘了亞里斯多德公正的意見），通常被我們歸為老年的缺陷的事物，其實不是來自年紀，而是來自性格。就像在《兩兄弟》一劇中，有個有魅力的老年人，還有一個惹人厭的老年人。他得到一個有益教化的結論是：當一個人一生品德高尚，他的老年就會是快樂而可親的。

最後他甚至做出一個荒謬的推論：死亡不只發生在老年人身上，也會臨到年輕人，證據就是老年人是很少見的。但死亡一點都不可怕：「所有自然發生的事，都應該被認為是好事。」老年和死亡一樣的自然，這個結論是受到斯多葛學派的影響——其實他跟本不必寫這篇論述。

一百年後，塞內卡[93]在他的《致路奇利烏斯書信》中，基於類似的理由，也和西塞羅持同樣的看法，但他的論述簡短得多。在他那個時代，塞內卡是最富有的人之一。他曾經被克勞狄烏斯[94]放逐，麥瑟琳娜[95]又將他召回，最後在尼祿[96]登基時，他成了尼祿的導師。塞內卡想利用他的影響力，重建元老院的聲威，來對抗阿格里皮娜[97]。他參與瓜分布利塔尼庫斯[98]的財富，成了執政官，而且想盡一切辦法要讓自己的政治主張得到重用。在暗殺阿格里皮娜的事件中，他是同謀。公元六十二年，他想要退休，但尼祿回絕了。對尼祿來說，塞內卡保證了元老院的意見會傾向他。塞內卡繼續扮演人質[99]的角色，但是他減少了活動，絕大部分時間都把自己關在家中。六十一歲那年，塞內卡寫了《書信集》（Lettres）。他公開主張斯多葛學派的思想，但和斯多葛學派略有偏差，就如我之前所描寫的一樣。基於這種有利於自己的樂觀主義，也基於他支持元老院的政治立場，讓塞內卡對老年有以下的看法。他認為老年是好的，就像所有自然的東西都是好的一樣，也認為老年不會引發衰頹：「熱烈歡迎老年的到來吧，好好珍惜它；假使我們善於利用它，老年可以成為愉悅的源泉。熟透的果實會變得更甘美。這是一段美好的時期，我們慢慢地滑向老年，行動慢慢的，絲毫不劇

93 譯注：塞內卡（Sénèque，約前四—六五），古羅馬時代著名的哲學家、政治家、劇作家。
94 譯注：克勞狄烏斯（Claude，前一〇—五四），古羅馬皇帝，於公元四一至五四年在位。
95 譯注：麥瑟琳娜（Messaline，一七或二〇—四八），古羅馬皇帝克勞狄一世的妻子。
96 譯注：尼祿（Néron，三七—六八），古羅馬皇帝，公元五四至六八年在位。
97 譯注：阿格里皮娜（Agrippine，一五—五九），古羅馬皇后，尼祿皇帝的生母。
98 譯注：布利塔尼庫斯（Britannicus，四一—五五），克勞狄烏斯的兒子，後為尼祿皇帝毒殺。
99 一直到後來他涉入古羅馬貴族皮索（Pison）的謀反行動，而被判了死刑。

烈……要是我們願意，它甚至會取代歡愉，不再感覺需要。」（《書信集》第十二篇）他還在第二十篇寫道：「靈魂還很青嫩，它在和身體再也沒有太多關聯時獲得了充分的發展。」

我們已經看到索倫、柏拉圖、西塞羅和塞內卡是基於什麼樣的理由讚美老年人，而享有特權的老年人在接下來數個世紀都一再複述這些說法，並且斷言從中看到了事實。學者的客觀觀點和上述這些人很不同。老普林尼[100]在寫作時認為自己道出了已確立的事實：「生命的短暫一定是自然最大的善行。五官知覺衰退，四肢麻木，眼力、聽力、雙腿、牙齒，以及消化器官都先我們而死。」

古羅馬詩人筆下的老年

和道德家比起來，詩人顯得更為真誠，因為詩人並不期望他們的詩為自己帶來什麼利益。當賀拉斯[101]和奧維德[102]開始創作時，西塞羅已經死了，而塞內卡還沒出生。當時還不算老的他們，沒把老年看作人類普遍要面對的景況，而是視為個人的一場冒險。他們道出老年讓他們感受到的苦澀滋味。賀拉斯處理了愛奧尼亞詩人珍愛的一個主題；和那些愛奧尼亞詩人一樣，他歌頌美酒、女人、快感，而老年讓生命中的這些甜美享受都消失了。他談到「愁苦的老年」，寫道：「愁慘的老年到來，趕走了輕佻嬉鬧的愛情，也趕走了輕易入睡的睡眠。」他描寫四季嬗遞，從愉悅的春天到冷酷的冬天[103]，下了一個結論：「至少四季快速更迭，使萬物常新；但對我們來說，一旦來到埃涅阿斯、圖路斯、安古斯[104]的休憩之所，我們就只是灰燼與塵埃。」

奧維德則是在時間裡、在老年中看到了它們帶有毀滅性的力量：「喔，時間，毀壞者，還有你，老年，你們聯手摧毀了一切事物，以你們的牙齒慢慢嚙食。你們耗盡了一切事物，讓它們慢慢邁向死亡。」

老年的醜態，沒有人比尤維納利斯[105]描寫得更赤裸了。他在《第十首諷刺詩》中，警告人們不要輕率地許願，尤其是許下活得久的願望：

「接連會有什麼樣的損害——而且真的是很糟糕的損害！——活得老不是受到奴役嗎！先是面貌變形，變得醜陋、難以辨識；不是皮膚，而是難看的老皮，兩頰垂陷，皺紋像是在塔巴卡黝暗森林的母猴抓搔的嘴邊皺紋……老年人個個都是一個樣；他們的聲音發顫，四肢也是；光禿的頭上沒剩多少頭髮；他們的鼻子就像小孩子的一樣總流著鼻水。為了吃麵包，可憐的老人得用沒有牙的牙齦來磨碎它。他非常依賴他的妻子、子女，甚至他對自己的景況也很痛苦，他會讓處理財產繼承的人覺得嫌惡。他失去知覺的口腔使他再也不能像從前一樣品嘗美酒、美食。至於愛情，他早就忘了這回事……老年人當中，有人肩膀酸痛、有人腰痛、有人腿疼。兩眼都失去視力的人，羨慕那只失

100　譯注：老普林尼（Pline l'Ancien，二三—七九），知名古羅馬作家、博物學者、軍人、政治家，以《博物志》一書留名於世。

101　譯注：賀拉斯（Horace，前六五—前八），羅馬帝國奧古斯都統治時期著名的詩人、批評家、諷刺作家。

102　譯注：奧維德（Ovide，前四三—一七或一八），古羅馬詩人，和賀拉斯、維吉爾等人齊名，《變形記》為其代表作。

103　他重拾希波克拉底的一個主題，這個主題直到今日都反覆出現。

104　編注：埃涅阿斯（Enée）為神話中羅馬人的祖先，圖路斯（Tullus）、安古斯（Ancus）皆為羅馬王政時代的國王。

105　譯注：尤維納利斯（Juvénal，約五五—一二七），古羅馬著名諷刺詩人。

去一眼視力的人……老年人頭腦昏花。長壽的代價就是，不斷看著親愛的人死去，時常服喪，穿著黑衣服，總是處在悲傷中。」

生理上陷入衰頹、身有殘疾、肢體殘缺，什麼都彌補不了老年人遭受的苦難。尤維納利斯以一個在他之前還沒有人這麼表達過的想法作結論：「衰老，是看著他親愛的人死去，是被判處在哀悼和悲傷中[106]。」

拉丁詩人對老婦人的醜陋特別不留情。賀拉斯在《長短句集》中嫌惡地寫到一位瘋狂陷在愛戀中的老婦人，對巫婆甘妮第也沒有比較溫情。老婦人的外貌奇醜無比：「妳的牙齒是黑的，老年在妳前額留下皺紋……妳雙乳鬆軟無力就像母馬的乳房。」她很難聞：「汗臭、難聞的味道從鬆軟無力的四肢散發出來。」奧維德在《哀怨集》中不無殘酷、不無悲傷地提到心愛女子未來的面孔[107]；他對佩希拉說：「隨著年歲，迷人的面容會變形，時光會讓它變憔悴，額頭會爬滿皺紋；美貌會變成無聲步步逼近的無情老年的獵物。大家會說：她以前很美。感到痛心的妳，會譴責妳那不忠實的鏡子。」他更嚴苛地描繪了一個老巫婆狄匹撒斯，因　這個拉皮條的老巫婆用巫術「玷污了羞怯的愛情」。讓普羅佩提烏斯[108]痛罵一頓的阿康蒂斯也是個令人反感的老鴇：「透過她的皮膚，可以數算她有幾根骨頭，帶血的痰從她齒縫中露出來。」馬提亞爾[109]在他的《諧謔詩》中惡待所有的老年人，對老婦人的態度更是特別惡劣：「維杜絲提亞，妳見過三百名執政官，而妳現在只剩三根頭髮、四顆牙……」「泰伊絲聞起來比一罐陳舊的漂白土更臭……比一甕因發爛的鹽水而變質的水更臭。」因為在男人眼中，女人應該是性愛的對象，她變老、變醜以後就失去了她在社會中原來應有的地位；

她成了怪物，讓人厭惡，甚至讓人害怕。就像在某些原始部族，老婦人一旦脫離了社會，便擁有超自然的力量，成了具有危險魔力的魔法師、巫婆。

儘管對老婦人有這些惡言惡語，但往往是在批評老男人時才引發諷刺：批評那些握有權勢、財富的老男人。閱讀希臘、拉丁作家的作品，證實了我在這一章一開始所說的：他們的作品不談在社會上地位一點也不重要的老年人[110]。造成問題的在於，老一輩所握有的權力。成年人對於老一輩的態度是模稜兩可的：他們倚靠老年人來維繫有利於他們階級的秩序；他們敬重富有的老年人握有神聖的財產權。然而，根據制度所賦予老年人的身分地位，讓他們非常嫉羨，而且在日常生活中，他們痛恨老年人享有這樣的身分地位。

就希臘人而言，悲劇讓老年人罩上一層幾乎是超自然的光暈，但在羅馬人並非如此。不過，不論在希臘人或是羅馬人身上，喜劇作者、諷刺詩人都揭露了以下呈對比的現象：老年人在經濟上、政治上享有特權，他們的身體卻在衰殘。他們對這些人類渣滓於公眾事務握有審議權、裁判權、統

---

106 維克多．雨果（Vicotr Hugo）從這詩句受到啟發。這個主題很快就被許多作家採用。
107 這個主題我們已經在希臘詩人的詩歌裡見到。
108 編注：普羅佩提烏斯（Properce，約前四七—約前一五），古羅馬詩人，此處對阿康蒂斯的描繪出自其作品《哀歌集》。
109 編注：馬提亞爾（Martial，約四一—約一〇四），古羅馬詩人。
110 在歐里庇得斯的《伊翁》一劇中有一名老奴隸，將女主角克蕾瑜絲（Creüse）養大成人，克蕾瑜絲也視他為父親。他的身上體現了家的延續性。他是克蕾瑜絲的密友、顧問，執行她的計畫。他不算是一個完整的角色，他的重要性全來自於他為之獻身的公主。他沒有個體的存在意識。

治權，還在家中掌有大權而感到憤慨——觀眾也跟著感到憤慨。在《普魯特斯》這齣戲裡，亞里斯多芬寫到那些要去議會裁決共和國命運的老年人幾乎連走也走不動。

尤其是，年輕人認為衰殘的老年人沒在社會上遭到貶抑是很不公平的事。在普勞圖斯的劇中，觀眾會在善良的老年人被兒子愚弄時鼓掌。凱基利烏斯表示年輕人痛惡老年人。琉善說，老年人是「年輕人嘲笑的對象」。年輕人肯定是在嫉羨中、在憤懣中、在怨恨中忍受著老年人的威權。尤維納利斯對老年人猛烈的批評，只能以他是輿論的代言人來做解釋。西塞羅認為我們對老年的看法都是出於「成見」，但他也承認大家通常都痛恨老年人。對喜劇作家和他們的觀眾來說，老年是荒謬可笑的，而對詩人來說，老年是一股破壞力極強的力量，他們害怕老年帶來的損害。道德家護衛老年是出於政治的理由。亞里斯多德則因為不涉及利益問題，所以對老年的看法是灰暗的。

❖

中世紀老年人的不利處境

兩件事為古代世界劃下了句點，一是蠻族入侵（歐洲民族大遷徙），二是基督教得勝。在各蠻族中，老年人是處於什麼樣的景況？我們擁有的資料非常不足。在他們的神話中，我們見到世代之間的衝突最後轉向對年輕人有利。這是在斯堪地那維亞的狀況。根據冰島的詩人和故事講述者的說法，創世之初只有一個大冰塊，從當中生出一個巨人尤彌爾。尤彌爾在睡覺時，從他左邊的腋下冒出一男一女兩個巨人。冰塊裡也生出一頭母牛。在母牛舔著冰塊上的霜時，生出了一個人，叫做布利。布利有個兒子叫做包爾，娶貝絲提亞為妻。她是尤彌爾所生的那對巨人的女兒。包爾和貝絲提亞生下了三名神祇：奧丁、威立，以及維。這三名神祇殺死了尤彌爾，所有巨人都被淹死在尤彌爾的血裡，只有貝格爾米爾和妻子逃過一劫。諸神創造了世界，並統轄世界。

日耳曼的神話也在提到「諸神的黃昏」[111]時，肯定了年輕所佔的優勢。在諸神長久統轄世界之後，奧丁與所有其他年老的神祇，跟年輕的神祇起了爭戰。年輕的神祇戰勝了，其他的神祇全都喪了命，世界也跟著毀滅。大地陷入水底。然後，世界復生；出現了年輕的太陽，也就是老太陽的兒子。大地又從水中浮起。幾個劫後餘生的神祇生下了新一代的人。即使是神祇，他們也抵不過時間的損耗，迫使老年神祇讓出位置。在斯拉夫神話中，第一個神祇斯瓦洛格和平地將權力轉移給他的兩個兒子：太陽神和火神。

關於被羅馬征服的那些民族、那些入侵的蠻族，沒有很多史料可以參考。凱撒表示，高盧人殺害了那些求死的病患和老年人。東羅馬帝國史學家普羅科匹厄斯所說的，跟屬於日耳曼民族的赫魯利人所說的一樣。大部分蠻族都是一群戰士、一群征服者，他們為爭戰而活，我們大概可以用阿米

111　譯注：諸神的黃昏（le crépuscule des dieux），指的是北歐神話預言中的一連串巨大劫難，包括了造成許多神祇死亡的大戰，和無數的自然浩劫。

阿努斯·馬爾切利努斯[112]描述奄蔡人[113]的一句話來說：「年老而亡，或是死於意外，都是恥辱、懦弱，教人不可忍受。」在這樣的社會中，老年人的人數應該很少，而且受到鄙夷。我們可以猜想，這樣的戰士部族一旦定居在一處，老年人的生活會很艱困。就日耳曼人來說，他們的家庭成員很團結，所以他們會照料「吃閒飯的人」。不過，有件事顯示了人越老越不值錢。這一點，從殺害一個自由人時應付的賠償金額可以看出。公元六世紀時，西哥德人有這麼一條法律：

殺害一歲以下的小孩，賠償六十蘇（sou）；
殺害十五歲到二十歲的少年，賠償一百五十蘇；
殺害二十歲到五十歲的男人，賠償三百蘇；
殺害五十歲到六十五歲的男人，賠償二百蘇；
殺害超過六十五歲以上的男人，賠償一百蘇；
殺害十五歲到四十歲的女人，賠償二百五十蘇；
殺害四十歲到六十歲的女人，賠償二百蘇。

勃艮第法律則規定：殺害二十到五十歲的人，賠償三百蘇；殺害五十到六十五歲的人，賠償二百蘇；殺害六十五歲以上的人，賠償一百五十蘇。薩利克法則是不管殺害幾歲的人，都賠償一樣的款項。

另一件為古代世界劃下句點的事件是基督教得勝。羅馬帝國時期，基督教便佔有重要地位，後來遠為傳播到各蠻族中，之後更成了西方世界的意識型態。基督教是否讓道德風俗變得較不嚴苛，尤其是它是否改善了老年人的命運？我們可以對此抱持懷疑態度。基督教只有在放棄它博愛和互助的最初理想，才成功地傳播開來。公元三世紀時，基督徒都沾染了世俗世界的想法。這個新宗教幾乎對當時的道德風俗沒有任何影響。公元三七四年，它使羅馬禁止了殺嬰的習俗，但沒有使羅馬不准拋棄兒童，也沒有禁止雇用奴隸。為了讓各民族接納它，它力求適應各民族的習俗，日耳曼民族的習俗對它的影響尤其重大。教會的領導者批准靈性的倒退，因為對聖人的崇拜讓異教的迷信復活了。

基督教讓各民族改宗，事實上它自己卻因為各個民族的道德風俗而受到貶損，在意識型態上繼承了古代的思想。後來，基督教開始對抗古代思想。剛開始，它和希臘—拉丁的古典主義沒有任何關係，因為它直接面對地位最卑微、最沒有文化修養的階級。但是從公元三世紀起，基督教擷取並改變了古代思想的面貌，吸收了古典文化。除了幾個罕見的例外，我們已經看到了古典文化將老年看作是非常灰暗的。我們在聖依西多祿[114]這位偉大的編纂者身上也見到同樣的看法。根據《物之屬性》（這是一套於一五五六年出版的百科全書，彙編了晚期羅馬帝國作家的文章），聖依西多祿將

112 譯注：阿米阿努斯．馬爾切利努斯（Ammien Marcellin，約三二五—約三九一），古羅馬末期最知名的歷史學家。

113 譯注：奄蔡人（Alains），亦稱阿蘭人，古代中亞印歐語系的游牧民族。

114 聖依西多祿（Saint Isidore de Séville）於公元五六〇年出生在卡塔赫納，公元六三六年去世。

人的一生分為七個年齡層（以對應於一週七天），三十五歲到四十五歲或到五十歲算是年輕人，接下來就是「senecte」（老年）。「在這年紀之後即是老年，有些人會活到七十歲，有些人則活到死期到來。」根據聖依西多祿，「稱之為老年，是因為一旦年老就會變愚蠢，因為老年人不像從前一樣有理性，而且會因為衰老，說話顛三倒四。」

就某方面來說，教會很有貢獻。公元四世紀起，它建了不少收容所和醫院。在羅馬、亞歷山大，它出力照料孤兒和病人。它把施捨看作是義務，再三要求信徒要施捨。無疑地，老年人從這些慈善的行為中受益，但文獻裡從來不談老年人。

中世紀前期的尾聲，也就是英國人所稱的「黑暗時代」，時局紛亂，到處可見破壞。漢斯省的主教在公元九〇九年表示：「城裡居民減少，修道院被毀或被燒，田野變得更荒蕪……到處都是強者欺凌弱者，人就像大海中的魚一樣，失序地互相殘殺。」公元九世紀、十世紀的時候，也有類似的哀歎。相對於古代世界來說，這時的物質生活顯得困乏許多。生產技術倒退，社會階級廢弛，城市人口漸少，社會鄉村化，中產階級消失。農務活動非常耗費體力，老年人再也無法下田。在這個時期，大家不覺得宗教可以改善他們的命運。基督教重拾十誡要人尊敬父母的傳統；但事實上，在這個生活清貧、反世俗的時代中，家庭不佔有重要地位。耶穌說：「拋下你的父母，跟隨我來。」有少數的基督徒逃避了那個時代；他們獨身自守，躲到荒漠中，或將自己封閉在修道院裡。其他人則謹守習俗。對這些人來說，他們的宗教信仰只注重外在的形式：神職人員和在俗信徒藉著做彌撒等虔信的活動來彌補他們不夠聖潔的生活。這時，人人都相信魔鬼的力量，相信巫術；人人都遵守性事和飲食上的禁忌。這些禁忌其實都建立在迷信上。世俗的法庭，甚至宗教法庭，都採行神意審判[115]。

在羅馬帝國晚期、中世紀前期之間，老年人幾乎被排除在公眾生活之外，主宰世界的是年輕人。這個分裂、混亂、遭受威脅、戰火連綿的社會，並非以穩定的建制來治天下，而是誰武力強大就誰來統轄。有經驗的人不佔有重要地位。公元七世紀，西哥德人選出了七十九歲的坎達斯文茲為王，使王權重得威望。查理曼[116]直到七十二歲都仍在位。這兩位老君王，是我所知道的例外。這個時期，即使是教宗，大部分都還是由年輕人擔當。教宗格雷戈里一世，第一位真正的教會領袖，是在公元五九〇年，也就是在他五十歲那年當選教宗，後來於六十四歲時去世。相對而言，他已經算是年紀大的教宗。但是直到八世紀，教宗都是出身良好的年輕羅馬人。他們往往因貧窮和身為孤兒之故，注定要奉獻給教會。接著，因為教宗擁有可觀的財富和無上的權力，貴族便覬覦教宗之位。在九世紀和十世紀，這些貴族強行指派教宗（通常是年輕人），但他們常在選舉之後不久就被罷黜。這時期的教宗，任期平均不到三年。長達六十年期間——在那段我們稱之為「娼婦政治」的時間裡——教廷屈服於女人的影響力。雖然有年老的紅衣主教被任命為教宗，但教宗若望十二世被選出來時是十六歲，本篤九世是十二歲，格雷戈里五世是二十三歲。而不管是年輕或年老，這些教宗都只是有

115 譯注：神意審判（ordalie），中世紀的審判法，判決是依神的旨意而定，例如：命被告將手插入火中，如不受傷，即為無罪。

116 譯注：查理曼（Charlemagne，七四二—八一四），或稱「查理曼大帝」，是歐洲中世紀前期的法蘭克王國的國王。

權勢的貴族手中的玩偶罷了。

封建社會中的年輕優勢

隨著經濟擴張的時期到來，公元一千年左右，西方文明擺脫了黑暗時期。封建社會漸漸上了軌道——它的起源可以追溯到公元八世紀，封臣興起的時代。老年人在這時候越發顯得不重要。要護衛采邑，必須靠武力。封臣必須以武力為領主效力，必須「擁有武器和馬匹。除了那些年老的人之外，他必須從軍、騎馬征伐、參與審判、參與會議[117]。」封臣對領主的義務延續到死後，即使騎士因年紀而變衰殘，也還是要效忠領主，但年老體衰的騎士往往會被拋諸腦後。在法國，采邑的繼承是從十世紀開始；到了一定時候，被授予盔甲和兵器的兒子，便要起而護衛采邑，效忠領主。必要時，也是他要以武力洗雪自己門第的榮譽。這時的社會分為三個等級：祈禱的人、打仗的人、工作的人。在這個社會，武力高於工作，甚至高於祈禱；佔有最重要地位的，是這些處於盛年的戰士。

當時的文學作品也表現了這樣的社會景況。武功歌[118]中的英雄都是些成年人，甚至是很年輕的人。在騎士文學中，沒有所謂老化的觀念。小說中的主角通常壽命極長，年歲並不造成他們的負擔。在《亞瑟之死》中，亞瑟王超過了一百歲；蘭斯洛、桂妮薇兒、高文，全都在六十歲到八十歲之間，但他們的行為舉止不管從哪一方面來說都好像他們仍處於盛年。今日，在偵探小說和漫畫裡都有這種年齡抽象化的情況。這些英雄人物的冒險事蹟繁多，而且歷時頗久，甚至長達一世紀，但他們總是凍結在永恆的青春裡。

中世紀前期的文學對老年人並不感興趣，只有一個頗為重要的例外，那就是國王查理曼。在他生前，他周遭的人（尤其是阿爾琴[119]、安其柏[120]）便積極為他創造傳奇。阿爾琴將他比擬為獅子，受到大地、海洋、飛鳥、獸群，甚至星辰的喝采。他還將這位「創世以來前所未見的」國王比為耶穌的先驅：施洗者約翰。安其柏對他的描寫則是，上戰場時「額前戴著金頭盔，身上穿著金光閃閃的甲冑，騎著一匹高大駿馬，身量比袍澤高出一個頭」。他甚至自名為「大衛」，將自己等同於他。枯燥的《法蘭克王國編年史》中，還敘述了發生在查理曼身上的無數奇事。他死後沒多久，基督教徒便賦予他超自然的神奇面貌。德國人稱他為聖人；在法國，隨著加洛林王朝的傾頹，他的面貌就越加理想化——這多少是出於政治宣傳。他死後七十年，聖加侖的僧侶撰寫了查理曼的傳記，內容頗具教化作用，而且很幼稚。公元八九七年，斯波萊托寫的一段文字，說他是「令人生畏又了不起的查理曼」。他的眼睛射出寒光，以至於他面前的人都昏倒了。他的聰明才智讓他洞察了一切的奧祕。不過，在同一篇文字中，還說他是個愛開玩笑的人，常常和他左右的人打趣。他不僅言語、行為詼諧，誇張的面部表情也讓他顯得很滑稽，比如不可自抑地大笑，或是揉揉耳朵、放大鼻孔。

117 加泰隆尼亞的習俗。

118 譯注：武功歌（Chanson de geste），十一到十四世紀流行於法國的一種長篇故事詩，以頌揚封建統治階級的武功勳業為主要題材。

119 譯注：阿爾琴（Alcuin，約七三五—八〇四），中世紀的英格蘭學者。約公元七八二年時應查理曼之邀，擔任加洛林王朝的宮廷教師。

120 譯注：安其柏（Angilbert，約七四〇—八一四），查理曼宮廷裡的詩人兼學者。

公元十世紀，修道院編撰了不少他的事蹟，寫他不斷地驅逐那些不信基督教的人。公元十一世紀，在武功歌《帝王功勛》裡（在許多其他組詩中也是），他以一個留著漂亮鬍子的莊嚴老年人形象出現，身邊圍繞著一群崇敬他幾乎像在崇敬神那樣的人。在《查理曼傳》裡，他高大、健壯，留著白鬍子、白頭髮，眼睛炯炯有神，而且活到了兩百歲。不過，有另一種圖像和上述所描寫的相反，傳達了貴族反對君主政體的立場。在公元十二世紀的《到耶路撒冷朝聖》中，國王是個「貪婪」、「愚蠢」的老年人。在其他的武功歌中，主角人物是封臣，而查理曼（好幾位加洛林王朝的君王都在他身上混同起來）是一個偏頗、虛弱、任性的人，是「奉承者」手下的玩具，最後受到了懲罰。

年老體弱的父親將他的權力傳給兒子，這種題材在公元十一世紀時啟迪了不少口述傳奇，後來在西班牙以文字記錄下來，成了《熙德之歌》。《熙德之歌》最早的文字版本約出現在十五世紀末，但這個口述傳統可追溯到作者熙德在世的年代。熙德是效忠於桑喬二世的一名小貴族，後來又投效阿方索六世。一〇八一年，阿方索六世不再寵信他，並將他放逐。他到處浪遊、征伐，攻下了瓦倫西亞，並且阻止摩爾人第二次入侵，拯救了西班牙。《熙德之歌》一開始描寫了狄耶哥．蘭內茲為自己失去榮譽會影響到子孫而感到難過，因為狄耶哥．蘭內茲和羅扎諾伯爵（他是國王的首席顧問，而且是國王最出色的軍隊隊長）的獵兔狗爭奪一隻野兔，而伯爵羞侮了他。不甘受辱的狄耶哥．蘭內茲基於榮譽心，想要報復伯爵。「要報復，他並沒有那個力氣；要使劍，他也已經太老，他再也睡不安枕、食不知味。」他只有一個補救辦法，就是靠他四個兒子中的一個來洗刷恥辱。他把兒子一個一個召來，握著孩子的右手。「榮譽受辱，讓我力氣大增，雖然我年事已高、髮已霜白，雖然血冷了、神經生鏽了。」他握手握得非常用力，以至於三個年紀較大的兒子都唧唧哼哼地說：「夠了。」只有小兒子魯伊・狄亞茲・德・畢瓦[121]憤怒地跳起來，以威嚇的聲音說：「如果你不是我的父親，我就要你好看！」老狄耶哥・蘭內茲高興得哭了出來，便把復仇的大任交托給小兒子。熙德挑戰伯爵，砍下了伯爵的頭。憑著這記大功，老父親將自己的權力交給了他，並對他說：「你坐在這裡，坐在桌子的這一頭，因為取下伯爵頭顱的，就該是一家之主。」

這個風靡一時的故事，說明了在封建社會中貴族之間（不管是年老或年輕）的關係。一名好騎士是個「骨骼粗大」、「四肢強健」的人，他身材「魁梧」，食慾旺盛，喜愛戰爭、狩獵和競技。武功歌中讚美的品德是勇敢無畏、慷慨大度。大家欽佩的英雄總是不計得失付出：他為他的領主拋頭顱、灑熱血；他保護孤兒與寡婦；他救助弱者；他對敵人下戰書。他也大筆揮霍他的財富。一位編年史作者記載了一件比賽誰最不吝惜財物的怪事：一名騎士在翻耕的土裡灑上銀幣，另一名騎士「狂妄地」活活燒死自己的三十四馬。頌揚這些價值——英雄主義、崇高輝煌——就是在頌揚青年，因為這些價值不能體現在血冷了、神經生鏽了的老年人身上。

即使在平民之間，嚴酷的文明景況也將老年人排除在社會中的勞動力之外。在當時，商人都是「滿腳灰塵」、「佩劍騎在馬上」的商隊，往往暴露在危險中。許多中世紀的自由民可以說是「非常擅長用武」，因此體力衰頹會迫使老年人從社會中退下來。

121 譯注：魯伊・狄亞茲・德・畢瓦（Ruy Diaz de Bivar）即熙德的名字。

在鄉下，如果做父親的表示他要掌有權力，年輕一輩的就會起而反抗他。類似的權力爭奪經常發生，做兒子的往往會離開父親家。不過，在大部分的歐洲國家，尤其是在英國，做父親的一家之主之位總會被兒子取代。到了某個年紀以後，他們因為體衰無法下田工作，便會把土地讓渡給長子。一旦繼承了父親的產業，做兒子的就會結婚，媳婦會取代婆婆的位置，而老夫妻被帶到傳統上專為他們而設的房間去。在愛爾蘭，這個房間稱為「西邊的房間」。權力、財物被剝奪了的父親，他的繼承人往往不會善待他。在中世紀的英國，李爾王的傳說廣泛流傳，因為類似的情況很常見。在德國，格林兄弟編撰的民間故事中也有類似情節。至於那些沒有家庭的老年人，或是家人無法照料他們的老年人，領主或修道院會收留他們。僧侶們設有醫護室，接待病人和貧苦的人。「行會」也會救助它再也無法工作的成員。「行會」主要負責排除爭搶，往往會和宗教慈善團體合作，濟助窮苦的人，在他們生病或去世時施以援手。不過，總體來說，這些救助非常不足。老年人只能淪落為乞丐，而且因為沒有其他解決辦法，這個時期對乞丐比任何時期都來得寬容。

不管他是屬於上層或是下層社會，老年人的處境都非常不利。貴族和對農民都一樣，體力佔首位：體力衰微的人不再據有一席之地。青年是非常重要的年齡階層。年輕人開始學習，接受啟蒙。對年輕的貴族來說，這是受封騎士稱號、正式成為騎士的階段；對年輕農民來說，他們必須在鄉間慶典中經歷許多考驗，譬如在聖約翰節時得從火上跳過。老年階層在這個時期幾乎等於不存在。

在這樣艱難的社會景況下，兒童的命運一樣無暇顧及；社會只在意那些逃過兒童疾病而存活下來、代表了未來的年輕人，不把那些大部分在年紀極小時就逃不過死神之手的兒童放在心上。此外，童年時期可以說是不存在的。一旦他們　離母親的懷抱，立刻就被當作小大人，不是開始學習軍事技藝，就是投入田裡的工作。中世紀的武功歌裡經常歌詠「童年」，但我們不應該搞錯，以為它頌讚的是無憂的童年——它歌詠的其實是年紀極幼就投入征伐的兒童，這些孩子往往已經是個小大人。一直到公元十三或十四世紀、自由民階級出現以前，只有成年人是受重視的。

在這個時期，年輕人繼續統領世界。神聖羅馬帝國除了十二世紀時國王紅鬍子腓特烈統治到六十八歲以外，帝國的最高統帥總是由處於盛年的男人擔當。一〇七三年，當格雷戈里七世使教廷重新贏得自治，教宗通常也都是由年輕人出任，因為當時得和羅馬帝國對抗，必須將此重任委以有活力、有勇氣、有決心之人。不過，這時的教宗也有老年人，像是雷定三世即在八十五歲就教宗之位，但英諾森三世是在三十七歲時當選教宗。

只有威尼斯例外。威尼斯總督是老年人，一開始聽命於拜占庭，後來成為它的封臣，它旗下「非常卑微的伯爵」，但之後他的權力擴增了。威尼斯總督最早是由人民選出來的，後來是以世襲方式傳承，直到十一世紀前期以前都施行暴虐統治，與貴族對立，而且彼此間時有非常血腥的衝突。後來，貴族階級的勢力越來越強大；他們靠著世代繼承而來的財產和經商累積了巨大的財富。他們試圖限制公爵的權力，以建立貴族共和制。一〇三二年的法律廢除了世襲制，威尼斯總督從此由選舉產生，但不是由人民選出，而是貴族。總督必須宣誓對貴族效忠。到了十二世紀中期，總督如果沒有取得四十人議會的同意，就不能決定與他國談和、發動戰爭，或是簽訂條約。他再也不掌管財政，也不再決定法官成員或是公務人員。有需要的時候，他可以主導軍事行動，指揮艦隊。十二世紀末，盲眼的恩里科．丹多洛在八十四歲時被選為威尼斯總督，也成功地攻下了君士坦丁堡[122]。但他不過是為貴族效命。後來，總督這個職位變成只具裝飾性價值；他擁有好幾個大頭銜，有華麗的衣裳；他堂堂皇皇地負責代表共和國，尤其是在外國使節面前，但是他不握有權力。他只是「共和國受到最多監視、最臣服的僕人」。再也沒有比老年人更適合這個職位的了；因為年紀而體衰，又多因循古老的傳統，讓他比年輕人更能夠放棄採取主動性，只滿足於堂皇的外表。另一方面，在一個法律保障財富的社會裡，老年可以賦予握有財富的人額外的威望。這正是威尼斯的情況：它敬重老年，因為讓一個老年人位居高位是有利的。年紀不妨礙馬利諾．法列羅在一三五四年謀反，對抗貴族[123]。不過，整體而言，這個制度是成功的：威尼斯總督是最聽命於貴族的僕人。除了十四世紀時，安德烈．丹多洛在三十六歲當選總督之外，其他的都是老年人。他們沒有統轄權。

年輕人佔的優勢，尤其是在父傳子的權力讓渡中（就像熙德傳說中所表明的），深深影響了主宰中世紀的意識型態：基督教。從教會早期幾個世紀以來，在庶民階層和在神學家眼中，這個新興宗教的主要代表人物是耶穌基督。三位一體對當時的人來說太難想像了；他們緊緊抓住父親、兒子的形象，以及他們之間的關係，然後兒子罷黜了父親。在使徒時期，基督教主要信仰的是基督；我們不該忘了天父，但這時候人們祈求的對象是聖子。教會是「基督的身體」。在聖餐中，我們領聖體時吃喝的是基督的肉和血。彌撒和各種聖事都是以基督為本而定義的，道德守則也是基於他的訓誨而來。地下墓穴裡的畫像就象徵了基督：他是個好牧者，是下到地獄的奧菲斯，是羔羊、鳳凰、魚（魚的希臘文構成了耶穌基督名字的藏頭詩）。當時，基督也會以一種貌似稚嫩的金髮男子形象出現。教會裡提到他時，也會以石磨或是壓榨機、葡萄樹、葡萄串、獅子、老鷹、獨角獸來形容他。

從十一世紀開始，聖子勝於天父的優勢越來越顯著。在教堂的三角楣飾，雕刻的是基督。十二世紀時，基督以呈顯在榮耀中的形象出現，他是萬王之王。到了十三世紀，他開始人性化。大家開始描繪聖嬰，尤其喜愛描繪十字架上戴荊冠的基督，而且在畫作裡表現了人生各個階段中的基督，雖然他去世時才正當盛年。這時，本來沒有年紀之分的不朽存在（上帝），開始以老年人的形象出現。大家將上帝想像成類似族長一樣；上帝認可了族長擁有他的形象，因為他將權力託付給這些族長。他越來越退向過去，退到世界的起源和遙遠的天上去。他成了「主」，成了「天上堡壘的主子」，與封建時代坐鎮在城堡裡的領主一樣和人有距離。手抄本彩繪畫師往往在《聖經》裡描繪上帝，民間的宗教圖像中也可以見到上帝——總是蓄著白鬍子。要到很後來，一些頭腦沒那麼簡單的畫家才試著大膽地描繪他，而且這樣的畫家並不多[124]。普通畫家都將他畫成一個從雲端出現、留著白鬍子

122 他在九十六歲時拒絕擔任東羅馬帝國的皇帝，並在九十七歲卒於總督任上。

123 他當時七十六歲，後來被砍了頭。

124 就我所知，佛羅倫斯的馬薩喬就這麼做了。米開朗基羅在西斯汀教堂的穹頂上將他畫成既有白鬍子又有運動家肌肉的模樣，因為他是無上、萬能的創造者。提香、丁托列托、費拉拉的一位畫家，還有羅馬的菲利皮諾．利皮，和德國的克拉納赫在《伊甸園》中也畫過他。在克拉納赫的《伊甸園》中，上帝是個留著鬍子的老年人，身形挺直，精力充沛。拉斐爾將他畫為在燃燒的灌木叢中顯現於摩西面前。科西莫．羅塞利和其他兩、三位畫家則讓他出現在雲端，將十誡的石板交到摩西手中。

的男人，伸出一隻一邊祝福、一邊威脅的手。有些雕像表現出了三位一體：上帝也以留著鬍子的老人形象出現，旁邊站著聖子。所有這些形象（不管是繪畫或是雕塑）只說明了：民間的想像越來越貶低父親，以抬舉兒子[125]。

中世紀中期文學裡的老年面貌

從十二、十三世紀的文學，對於老年我們能知道些什麼？不多。和前幾個世紀一樣，這時期的文學不太關注老年。只要提到老年，文人學者對它的態度就是負面的。一一五〇年左右，奧爾良的于格（他是流浪學生詩人[126]的先驅。這些流浪學生詩人專寫歌詠美酒與愛情的詩）在頌讚人生歡樂之後，悲嘆人生終是邁向傾頹。他這時是六十歲。

我曾富有且為人所愛
是在我同輩人中最備受呵護的
現在老年讓我佝僂了
被年紀摧折

《物之屬性》一書在十五世紀時重拾中世紀很常見的想法，書中表示：「在拉丁文裡，老年的最後階段名為「senies」，在法文中，就只能使用「vieillesse」這個字來解釋。老年人永遠在咳嗽、吐痰，製造髒污，直到他化為塵、化為土為止。」

一二六五年，騎士兼法律專家菲利普．德．諾瓦拉談到了「人生的四個時期」，每個時期由各十年的兩個階段組成。他說：「老年人的人生就只是工作和痛苦。」他還下結論說，人到了八十歲以後，就只剩渴望死亡了。中世紀喜歡將世界各個不同地區拿來做比附，也把「四個時期」拿來跟四大元素、一年四季做比較，把月曆上的月分和人生的各個時期連結在一起。一首十三世紀的詩曾經在十四、十五世紀印行了許多次，當中針對月曆時程做了以下評述：

「九月之後來到的月分
我們稱之為十月
他有六十歲，甚至更老
當他又老、又白髮蒼蒼時
他會想到
時光帶他邁向死亡」

125 有意思的是，在東方，人類的拯救者佛陀，經歷了人生的各個階段，只有到最後的年老階段時，才臻於完美。他於八十歲時去世。在西方，拯救者在三十到三十三歲之間完成任務，然後於此時去世。我們在前面也已見到，在古代神話中，老神祇總會被處於盛年的年輕神祇所取代。

126 譯注：流浪學生詩人（les goliards），於十二、十三世紀時興起，是由一些教士或大學生組成的團體，寫作眾多的飲酒歌、情歌，以及歌詠歡樂和青春的詩謠。同樣，他們也具有強烈批判社會的精神，往往使當權者對他們又愛又怕。

我說過，基督教並未滲入根柢仍不信神的庶民思想中。我們可以在民間故事裡看到這些庶民思想。在德國民俗傳說中——格林兄弟採集了重要的民間故事——老年人有時是以一個經驗豐富、知曉許多祕密的人來表現。但是在大多數時間裡，老年人是個可憐的人。

格林兄弟改寫的一個故事裡，對人生各階段提出了奇妙的詮釋。上帝分配給人和所有的動物三十年的壽命。驢子、狗和猴子分別要上帝減去他們十八年、十二年、十年的壽命，因為活太久對他們來說太難受，而人比動物還不明智——自以為理智的人做出不理智行為，是民間故事最喜歡的題材之一。他沒意識到長壽需要付出衰頹的代價。他要上帝延長他的壽命，所以他得到了驢子的十八年、狗的十二年、猴子的十年：「於是人有了七十年的壽命。前三十年是屬於他自己的，時光很快流逝……接著到了驢子的十八年，在這段期間得過得像驢子一樣，肩上扛著重擔，還要磨麥子以養活別人……接著到了狗的十二年，這段期間只能躲在角落低哮，因為他沒有利齒，再也咬不動東西……最後他只剩下猴子的十年，這時的他傻頭傻腦、糊裡糊塗，成了孩子取笑、嘲諷的對象。」就這樣，如果人的老年比動物來得長、來得令人難受，人自己要負最大的責任：因為他太貪婪，才使自己落入這樣的境地。

在這些故事裡，老婦人向來是個不祥之人——她身為女性本身就讓她顯得可疑了。要是有老婦人做了什麼好事，情況往往是她的醜惡外貌其實只是個偽裝，最終總會擺脫它，改以一個年輕貌美的仙女形象來呈現。老婦人的真面目是——就像拉丁詩人所表現的——女食人魔、既危險又凶惡的巫婆。在我們見過的文學作品中，中世紀的厭女症全都在描繪老婦人角色時展現出來，譬如滑稽故事詩裡的老婦人——尤其是《邪惡的老婦人弄髒了循規蹈矩的女人》這首詩——以及十三世紀法國長篇敘事詩《玫瑰傳奇》裡的老婦人。我們前面已經看到，在農村和鄉里，當一個社會要擺脫老年時，他們經常象徵性地驅趕或殺死老婦人。在法國魯西永地區，當地人以一個代表老婦人的木偶來象徵四旬期。這個被稱為「patorra」的木偶，有七隻腳（代表四旬期的七週），當地人到了復活節那一天便燒了這木偶。

不過，我們必須指出，不管男人或女人，真正享高壽的老年人並不多，在一般老百姓當中可以說根本沒有。農民的壽命是三十歲，而且就他們當時的生存條件來看，這已經是高壽。十三世紀有一首滑稽故事詩吹噓了青春之泉的功效，它肯定地表示：「再也沒有白髮老男人，也沒有白髮老婦人，即使她們已經三十歲。」

中世紀，也像古代時期一樣，夢想著能夠戰勝老年，時時都有想要重獲青春的念頭。一部以亞歷山大大帝為主角的中世紀傳奇《亞歷山大大帝之歌》中，寫到了一個神奇的湖泊，凡是浸入湖中的人都能變年輕。在《奇跡錄》裡，約翰．曼德維爾[127]說到，印度叢林中藏了一口青春之泉。不過，這樣的傳說尤其是以口述的方式來傳遞。在文字作品裡，主題（夢想戰勝老年）從來不是重點，它往往是以能讓人回春的寶物來體現，像是仙果、裝滿空氣的囊袋、長生藥等。尤其常見的是，大家

127 譯注：約翰．曼德維爾（Jean de Mandeville，?—一三七二），中世紀英國騎士、旅行家，其著作《奇跡錄》記載他在埃及、印度、中國等地旅行的見聞。

在想像青春不老時，總是想像有一座生命之島「阿瓦隆」，島上的人永遠不死、青春常駐。在《佩斯弗赫傳奇》[128]中，主要的角色都在盛年時被送到阿瓦隆島，因此保持了數十年的青春，歸返後就死於布列塔尼公國。當他們一踏上布列塔尼公國的土地，立刻就變成老年人——如果他們一直生活在布列塔尼公國，他們就會是這麼老。

中世紀圖像裡的老年人

就老年這個主題和其他許多主題來說，中世紀的圖像比中世紀文學來得更豐富。對大部分人都是文盲的中世紀來說，圖像比文字更能觸動人心。我們前面已經見到，在造形藝術中更加清楚地顯示了天父被聖子罷黜。造形藝術經常會表現老年人；雕塑家在教堂的門廊上會雕塑一些有鬍子的老人，像是《啟示錄》中的老年人[129]、可敬的先知與聖人。在聖像畫上，隱修士往往被畫成瘦骨嶙峋、有長長鬍鬚的老年人。「年齡層」這個主題首先出現在八世紀，表現在阿拉伯的一幅壁畫上，然後是十二世紀出現在義大利帕爾馬洗禮堂的柱頭上：老年人以一個農工靠在鋤頭邊的形象來呈現。威尼斯總督宮（老年人在這裡當然是受到禮遇的）和帕多瓦隱修教堂壁畫上的老年人，是以坐在火爐旁、書桌前有鬍子的學者形象來呈現。不過，中世紀創造出的老年人民間圖像並非如此安詳泰然，而且影響了接下來好幾個世紀。它通常是以象徵時間的老人形象出現，瘦骨嶙峋，身上有翅膀，手持長柄鐮刀。「時間」和「老人」這兩個概念似乎本來就該連在一起，因為老年即是年歲累積的結果。然而歐文．潘諾夫斯基[130]在他的《圖像學研究》中指出，這兩者的關係不是一直存在的。在古代，時間是以兩個系列的圖像來表示。第一個系列強調時間轉瞬即逝，也就是凱洛斯（Kairos）[131]；它是機會，是標示人生或人類歷史轉折點的那一刻，通常以一個人正快速奔跑的形象來呈現，或是以一種處於不安定狀態的平衡意象來預示某種轉變，就像伴有命運之輪的命運女神一樣；打從十一世紀起，凱洛斯就和命運女神混同起來。第二個系列強調的是時間有繁殖力的面向，也就是埃翁（Aion）；它是創造的本原、多產富饒，因為時間雖在流逝，但流逝的同時它會創造新生命。古人強調了時間的雙重面向。畢達哥拉斯學派的巴洪在奧林匹亞聽到對時間的頌讚「我們在時間裡學習，我們在時間裡記得」時，不禁起而抗議，因為他認為應該說我們在時間裡遺忘。他宣稱時間是無知之王。在前面，我們也已經見到詩人提到時間時總不忘提及它毀滅性的力量。希臘詩歌中經常提到「白髮的時光」。然而，在古代，時間在造形藝術中的再現從來不會讓人聯想衰頹或毀滅。

普魯塔克最先指出「時間」的希臘名稱「柯羅諾斯」（chronos）和最令人生畏的神祇「克洛諾斯」（Kronos）這兩個字是彼此影響的。根據普魯塔克，吞吃自己孩子的克洛諾斯就是「時間」。新柏

128 譯注：《佩斯弗赫傳奇》（*Perceforest*），是法國中世紀的傳奇，約於一三四〇年以散文的形式寫成，作者已不可考。

129 在《啟示錄》中，有二十四個穿著白袍、戴著金冠的老年人環繞著基督。一般認為他們代表了黃道帶的二十四個符號，在巴比倫這是以二十四個老人來表現，因為他們主管一天的二十四小時，體現了時間。《啟示錄》的圖繪手抄本啟發了雕塑家，他們往往雕塑出這些老年人。我們通常認為這些老年人是有智慧的顧問。

130 譯注：歐文．潘諾夫斯基（Erwin Panofsky，一八九二—一九六八），德裔美籍藝術史學家。

131 譯注：凱洛斯（Kairos）和稍後的埃翁（Aion），以及柯羅諾斯（chronos）這三個希臘文，分別指時間的不同面向。Kairos 指的是時間稍縱即逝，aion 指的是生命的跨度、年齡或世代，chronos 指的是時間的間隔。

拉圖學派也接受了這個把克洛諾斯比擬為柯羅諾斯的說法，但也給了時間一個較樂觀的詮釋。根據新柏拉圖學派，克洛諾斯就是「努斯」（Noûs）：它是宇宙思維、「萬物之物」、「老而有智慧的建造者」。克洛諾斯向來以手持鐮刀的形象來表現。在這個時期，鐮刀被視為農具，是富饒的象徵。

到了中世紀，這個圖像起了大改變。此時，大家把時間看作是傾頹的起因。宏觀世界就和微觀世界一樣，人的一生參照一星期的天數，會度過六個時期／年齡層[132]；當世界與人來到最後一個時期／年齡層，那就是衰敗。這樣的想法，可以在神學推廣者霍諾里厄斯．奧古斯托杜南西斯[133]和在聖湯瑪斯．阿奎那[134]身上見到。遭受晚期羅馬帝國磨難的早期基督教即認為「世界正在變老」（Mundus senescit），它把這個想法傳給了後繼者。十一世紀的詩集《聖徒阿勒西行傳》一開頭便這麼表達：

「古人那個時代比較好；這時再也沒有當時那樣的價值；
又老又孱弱，一切都傾頹，
事情越變越糟，再也不會變好。」

在十二世紀封建時代的版本中，我們讀到的是：

「古人那個時代是較好的世紀

一旦改變便失了它的價值
再也不似古人那個時代
……生命很脆弱，而且為時不長」

十三世紀的版本中也傳達了同樣的想法：

「我深深知道末日臨近了。」

十二世紀，德國弗萊辛的主教奧托在他的《編年史》中寫道：「我們見到了這個世界落入衰頹，並且可以說是呼出極其衰老的最後一口氣。」同一個時期，《花之書》[135]裡的彩繪字母也同樣展現了這個概念。聖諾伯特[136]甚至認為和他同一時代的人會見到世界末日。

132 有時分為七個年齡層，有時則分為四個。
133 譯注：霍諾里厄斯．奧古斯托杜南西斯（Honorius Augustodunensis，約一〇八〇－約一一四〇），是位僧侶、神學家、百科全書作者。
134 譯注：聖湯瑪斯．阿奎那（saint Thomas d'Aquin，約一二二五－一二七四），中世紀經院哲學派哲學家和神學家，是自然神學最早的創導者。
135 法國聖奧梅爾教士萊伯特雜亂地編撰了這部百科全書。
136 譯注：聖諾伯特（Saint Norbert，一〇八〇－一一三四），羅馬天主教的主教、聖人。

十三世紀，法國神學家聖維克托的于格寫道：「世界末日來臨了，萬事萬物已抵宇宙的盡頭。」世界在變老的同時也變小了，甚至連人也跟著萎縮——「全都是些孩子和侏儒」，同一時期的普羅萬的紀歐[137]便這麼表示。同樣的想法也可以在流浪學生詩人身上看到，《布蘭詩歌》中也充分表達了這樣的想法：「年輕人再也不願學習，科學沒落，整個世界倒行逆施，盲人引導著其他的盲人……一切都偏離了正道。」但丁也藉著他的祖先卡恰圭達之口，哀訴城鎮的衰頹、家庭的沒落。世界變小，就像「時間用剪刀剪掉大衣一樣」地剪掉世界。幾乎沒有人將這樣的衰老視為有益的。夏特爾的貝爾納[138]說：「我們是站在巨人肩膀上的侏儒，但我們看得比巨人更遠。」不過，沒什麼人認同這樣樂觀的想法。中世紀遠遠望見的世界一點也不讓人覺得振奮：對許多人來說，那將會是個「敵基督」的世界。《聖經．啟示錄》中已經做了這樣的宣告，而這樣的世界圖像在公元八世紀由一位名叫皮耶的僧侶做了進一步說明，然後在十世紀被愛德森、十一世紀被阿爾布安採用。阿爾布安還採取了提布爾一位女預言家在四世紀的預言，使之為十一世紀的西方世界適用。透過宗教劇，「敵基督」的圖像變得為人熟知。與之對立的世界圖像也在此時形成，那就是「公義的主」的世界圖像，一個在塵世創立千禧年的救世主的世界圖像。不過，真正抱有這樣信念的人不多。中世紀的人認為，人類因為懷著原罪的關係，勢必墮入災難，而且隨著時間的進展，災難只會越來越嚴重。懷著這樣令人沮喪的念頭，統治者只會是無所作為地掌理社會，對未來沒有明確的政治展望。沒有人期待歷史會往好的方向走。中世紀的人懷抱的希望是不在此世、超越時間的：他們必須從塵世的生命中解脫，得到永恆的救贖。時間牽引著世界落入傾頹，不久後將是世界末日。

這樣的背景，解釋了為什麼在占星家的影響下，時間的面貌起了變化。克洛諾斯的羅馬名稱「Saturne」，被用來命名那個最遙遠、最慢的行星：土星。土星被認為是寒冷而乾燥的，和窮困、衰老、死亡聯繫在一起。在占星學著作中，它通常是以一個體弱多病的愁苦老年人來表現，手持鐮刀或鏟子、十字鎬、棍棒，並且撐著枴杖，代表了衰頹。他有一隻木腿，或是他受到閹割（在神話裡，宙斯閹割了他）。中世紀的圖像中，發展了男人被閹割和小孩被吞吃的主題。土星是最惡性的行星，它的形象讓人嫌惡。另一方面，從十一世紀起，死神是以手中拿著一把小鐮刀來表現[139]。侵蝕生命的時間，等同於死亡。克洛諾斯也被看作是柯羅諾斯，因此在提到時間時，畫家筆下的佩脫拉克——對他而言，時間是一股毀壞的力量——很自然地借用了土星的形象：背上有翅膀，手裡拿著沙漏，看起來很衰老。此後，這形象便壓過其他圖像，深植人心。十五世紀大量出現「死神的勝利」圖像，畫面上的死神是個手拿鐮刀和沙漏的骷髏。時間也是拿著一把鐮刀，但它再也不是肥沃多產的象徵，而是用來收割生命，意義一如帕耳開女神截斷歲月的絲線。

❖

137 譯注：普羅萬的紀歐（Guiot de Provins，?—一二〇八），法國詩人。
138 譯注：夏特爾的貝爾納（Bernard de Chartres，約一一三〇—一一六〇），法國十二世紀的哲學家。
139 這是在福音書烏塔手抄本中。在公元一一九五年之前的甘貝爾聖經中，死神則手持大鐮刀。

中世紀晚期的老年人形象

中世紀晚期，一般人的日子依然難過，鮮少有人活到高壽。當查理五世於一三八〇年以四十二歲之齡去世，他擁有「老智者」的名聲。之後，情況開始有變化。十三世紀起，尤其是十四世紀時，城市生活復甦。追求金錢的收益不再受到教會嚴厲譴責，後來甚至變成是正當的，重商主義受到了尊重。在威尼斯、比薩，連貴族自己都投入商業交易中，但其他地方的貴族仍通常置身商業世界之外，因為從事買賣是有失貴族身分的不光彩行為。相對地，中產階級非常發達。大商人、大銀行家透過買下土地、聯姻取得貴族的頭銜。新的貴族階級就此形成，因此也漸漸有了城市貴族。從此以後，所有權是建立在合約上，而非建立在體力上，於是出現了傳統型的店主，一生兢兢業業、正派經營。這時候，人們可以積囤商品和錢幣。在經濟寬裕的階級裡，這個轉變改變了老年人的生活景況：藉著財富的累積，老年人可以變得有權有勢。大家開始更關心老年人。當時有兩大意識型態並存：一是宗教、唯靈論的意識型態，另一個是悲觀主義、唯物主義的傳統。但丁在他的著作《饗宴》裡就取了這兩大意識型態中的前一種來思考老年。他將人類的生命視為登上天際的彩虹，到了高點之後便向下彎曲，而三十五歲是人生的高點。接下來，人慢慢邁入衰頹。四十五歲到七十歲，是邁向老化的時間，再接下來就是晚年遲暮。到了人生末期，要是日子過得明智，便能有平靜的生活。但丁將年紀很大的老年人比作航海家：他在看見陸地臨近時，會緩緩降下船帆，慢慢將船駛進港口。人生的實相存在於彼世，人應該安然接受短暫的人生旅程告終。

教士和虔誠信教的人都認為，老年人最掛心的事應該是從容地抵達港口：到了人生最後一個階段，就應該準備面對死亡。「死亡的藝術」在這時興盛起來。傑爾森[140]寫了「給一位老年人的簡短訓示，該怎麼準備面對死亡」，建議這位老年人（想必是因為他失去了視力）找個人住到他家，為他讀一些信仰虔誠的書，好讓他不再關注世俗的事物。全歐洲都出版了類似的讀物。德國從一四〇〇年起出現許多這一類著作。在這時期，也出現了許多告訴老年人怎麼寫遺囑的建議：有財產的人將一部分財物遺贈給修道院和濟貧院是十分恰當的。

對信仰虔誠的基督徒來說，老年是他的救贖即將來臨的時刻，但也不會特別重視老年。十四、十五世紀，信徒更敬虔地信仰基督了。十四世紀是個悲慘的時代，有戰爭、瘟疫、飢荒、人口過剩的問題；面臨這些考驗時，整個西方世界全然仰望救贖者基督的力量。此後，基督幾乎不再以榮耀中的萬王之王形象呈顯，而是以救世主的形象受到頌揚。聖父、聖靈在這時均失去了光彩。彌撒再也不是對天父的獻祭，而是耶穌受難的表現。這時的人喜愛聖餐禮，崇敬耶穌受難的聖物。苦像十字架的製作發展了起來。這時的人熱愛耶穌聖像畫，拜苦路也漸漸蔚為風氣。大家經常描繪、雕塑「悲憐耶穌」的形象，表現耶穌在孤獨、焦慮中等著上十字架的景象。同時，聖母瑪利亞的虔誠形象開始成形。十五世紀初，聖母領報的主題又開始風行，啟發了大量繪畫、圖像的表現。所有的圖像表現都以耶穌的童年以及神聖家庭為主題，而在此之前，神聖家庭幾乎從未出現在圖像表現上。藉由再現耶穌的生平，童年、青少年，尤其是壯年，這些都被神聖化了。老年則被遺忘。

140　譯注：傑爾森（Jean de Gerson，一三六三－一四二九），法國神學家、政治人物，曾任巴黎大學校長。

另一方面，宗教之外的俗世文學在貴族階層和城市貴族中發展了起來。這樣的文學帶有戲謔、寫實的性質，嘲諷了社會各階層，對象包括女人和她們的丈夫、僧侶、商人、平民。老年人在當中不太受重視。不過，就像從前的普勞圖斯所做的一樣，義大利的薄伽丘[141]、英國的喬叟[142]都取笑了有錢的老年人，因為他們仗著自己的錢財將美麗的女子佔為己有。

在薄伽丘的一則故事[143]裡，比薩有一位老朽的法官娶了年輕貌美的巴爾托洛梅亞。新婚之夜，他好不容易才履行了夫妻的義務。到了早上，精疲力竭的他想了個辦法擺脫他的妻子：每天，他都拿著日曆向妻子說，這天是一名大聖人的節日，為了崇敬這名聖人，應該避免性事。於是，他們幾乎一個月才有一次性關係。有一天，這對夫妻乘船出遊，法官的妻子被一名海盜擄走，海盜天天和她發生關係，一點也沒把聖人節日放在心上。後來丈夫找到了他的妻子，妻子卻拒絕和他回家。他為此飽受折磨，全城的人都取笑他。

在《坎特伯利故事集》裡，喬叟說了一名老商人悲慘遭遇的故事。這位名為冬月的老商人靠著自己的財富娶了只有二十歲的美女春月。在新婚之夜，他吃了藥劑，這讓他能整夜精力旺盛。

「直到天色破曉，他都在做愛。
冬月老人吃著浸了清涼美酒的麵包，
從床上坐起，
高歌歡唱，

吻著新娘，瘋狂起來。
他輕佻得像一隻小馬，
喳喳叫著，像一隻有斑紋的喜雀。
他唱的時候，
那喉頭上的鬆皮配合著發抖。
但是上帝知道，新娘春月心上是如何想法。
她見他坐著，穿著襯衣，
戴著睡帽，伸出乾瘦的脖子；
她絲毫沒把他放在眼裡。」

不久，她就在十分荒唐可笑的情況下出軌了，情夫是一名年輕又帥氣的侍者。一如我在前面說過的，老年人的性慾總是讓人反感。薄伽丘嘲弄老年人的性無能；喬叟讓他靠著藥劑增強精力，但是他的醜態、滑稽模樣，讓肉體之愛成了令人厭惡之事。

141 編注：薄伽丘（Giovanni Boccace，一三一三—一三七五），義大利詩人、散文家，為義大利文藝復興運動先驅，《十日談》是他的傳世巨作。

142 譯注：喬叟（Geoffrey Chaucer，一三四三—一四〇〇），中世紀英國作家，《坎特伯利故事集》是其重要著作。

143 十七世紀的法國詩人拉封丹在他的《故事詩》中重拾這個故事。這是唯一表現了老年人的故事。

中世紀除了這種寫實的悲觀態度，似乎也有一種幻想的悲觀態度。我在十四、十五世紀變得極為重要的貝利撒留[144]的形象上見到了這種態度的徵兆，而他在之後也變得很有名[145]。貝利撒留在義大利征服了哥特人，拒塞了西羅馬帝國，戰功輝煌，但這位拯救了拜占庭的大將軍後來失寵。他在五六二年涉及謀反當年八十歲的查士丁尼一世，被囚禁在自己的府邸內，財產充公。五六三年，他受到審判。八世紀晚期，泰奧法尼斯[146]在他的《編年史》裡重抄了同時代人的文件。根據這分資料，貝利撒留被判為清白，因此被釋放，財產也都歸還他。到了十一世紀，在一本作者不詳的書《君士坦丁堡的古代文明》（這本書錯誤百出）裡，簡短地提到了貝利撒留瞎了雙眼，不得不以乞討為生。十三世紀，住在君士坦丁堡、以博學聞名的一位文法學家特雷特澤斯採信了這個說法，雖然他也承認有很多歷史學家否定這種說法。他描寫了衰老又瞎眼的貝利撒留來到王宮前乞討：「請給貝利撒留一文錢吧。」在拜占庭，挖去人雙眼的刑罰很常見，但沒有證據證明貝利撒留承受了這樣的刑罰。那為什麼他這樣的形象還盛行一時呢？

我們首先想知道，他盲眼行乞的形象是怎麼深植人心的，以致後來文藝復興時期的所有編纂者全都採取這樣的說法。別忘了中世紀所有傳說的境遇：儘管傳播困難，還是因為有不少人大量遷徙（像是商人、朝聖者），將正確或是錯誤的故事、傳說帶到了遠方。行吟詩人也會採集這些故事，而且不斷與教士有所交流。我們不該將嚴肅的知識和民俗的傳統對立起來：這兩者是彼此滲透、互相影響的。最後是，在十三和十四世紀，識字的人還是不少。不管是真實或虛構，所有引人注目的事件都會迅速地傳播開來。

一個更有意思的問題是：這個傳說為什麼如此風行？想必是因為中世紀總是很熱切地採納所有晦暗的看法。不過，貝利撒留是老年窮困的典型代表：他身有殘疾，失去自主能力，被動消極，尤其是體力衰微讓他處於困境中。再者，從宗教的觀點來看，這個悲劇具有教化意義：一個人曾經享有大榮耀，後來卻落入卑微，正可以為《聖經》中所謂「虛空的虛空」做註腳。也就是說，在這塵世上，一切都是難有把握、難以安穩的。人只能信靠上帝。

就像在古代一樣，中世紀時，老年和失明之間有種神祕的關聯。活得太老讓老年人受到流放的懲罰，失明即象徵了這個流放。他們和其他的人隔絕；這個孤寂的狀態提高了他們的身分，使他們在精神上擁有洞察世事的能力。另一方面，這個迷思是有事實根據的：當時的人還不會動白內障手術，的確有很多老年人是瞎子。

十五世紀的法國，之前幾個世紀的悲觀主義延續了下來，大家依舊認為世界是往傾頹的方向走。傑爾森把世界比為一個有各種幻象、妄想的譫妄老年人。厄斯塔胥．德襄[147]把世界看作一個回返到

144 譯注：貝利撒留（Bélisaire，五〇五—五六五），東羅馬帝國皇帝查士丁尼一世麾下名將，北非和義大利的征服者。
145 十六世紀時常會提到他。法國十七世紀的劇作家侯圖受他形象的啟迪寫了一部悲劇，這也啟迪了法國十八世紀的歷史學家馬蒙泰爾寫了一本著名的書，還有無數的隱喻和比較。許多畫作也以他來做表現。
146 譯注：泰奧法尼斯（Théophanas，七五八或七五九—八一七或八一八），拜占庭的貴族、僧侶，他所著的《編年史》名重一時。
147 譯注：厄斯塔胥．德襄（Eustache Deschamps，一三四〇—一四〇四），中世紀法國詩人。

童年的老年人：

「我們懦弱、瘦弱又無力
年紀又老，又會覬覦人，又說不好話：
我只看到瘋狂……
末日的確臨近了……
一切都往壞的方向走……」

死亡的想法比過去任何時候都來得顯明：「死亡之舞」越來越常見，也越來越嚇人。這時的人會描繪醜陋的死屍，傳教的人以此來對立於空幻的優雅青春。人是被判緩刑的死人，美不過是表象。克呂尼的歐登[148]以罕見的激烈言詞寫到我們的身體藏著一個恥辱：他將我們的身體稱為「一袋大便」。還有一些人指出身體是必然衰老的，無情地描寫身體遭受的不幸。這時的老年人不被視為「他者」，而是「自己」，但是大家只會從外部來描繪它，目的是讓它不再隸屬於年輕與美。不少詩人樂得重拾這些刻板印象。厄斯塔胥·德襄只以缺陷、令人厭惡來看待老年人，認為他的身體、靈魂皆衰頽，而且滑稽、醜陋。他認為女人三十歲、男人五十歲時老年就開始了；到了六十歲，所有的人都只能等死。奧利維·德·拉·馬爾胥[149]的觀點和他同時代的人一致。他重拾陳腐的主題，對一位年輕貌美的小姐道出陰鬱的預言：

「柔和的目光、眼睛是為取悅人，
但仔細一想，它們終將失去光彩……
您的美貌會變為醜陋
您健康的身體會深為疾病所纏……」

老婦人一直都是令人倒胃口、讓人嘲笑的對象。在巴約大教堂的正午塔上，我們可以看到在此時期鐫刻著一行提到伊莎貝爾．德．杜弗赫的字。這行字的作者不為安葬一名老婦而哀嘆，而為不能安葬百名老婦而哀嘆。

「這是復活節的第四天
我們埋葬了在此安息的老婦
我們很遺憾沒能在此埋葬
同樣是像死了一樣的百名老婦」

148 譯注：克呂尼的歐登（Odon de Cluny，約八七九－九四二），本篤會修士，聖樂學家。
149 譯注：奧利維．德．拉．馬爾胥（Olivier de la Marche，一四二六－一五〇二），勃艮第王朝的達官貴人，是位詩人、編年史作家。

維庸[150]也依循了這個傳統。他在《制盔俏女郎的追悔》一詩中，很痛心老年對女人的身體為害之大。不過，儘管對此做論述的前人眾多，維庸的詩才讓大家都忘了前人的說法。壞文學以空泛的文字所表現的，維庸以其詩才揭露了實相。

維庸喜愛女性的身體：

「女人的身體是如此的溫柔……」

在他的《遺言集》裡，他很不願想像女人的身體在塵土裡腐爛，對此很是厭惡，寧願看到它「生氣勃勃地升入天堂」。他很憂愁地對一個不在乎他的美麗女子預告她未來的衰頹：

「乾枯的時候總會來臨
您盛放的花朵會發黃、凋萎。
……我會變老，而您會變醜、失了顏色。」

在那首著名的《制盔俏女郎的追悔》中，他對女人溫柔憐憫的態度緩和了對此所做的殘酷描述。他很愛他的母親：「我身為女人，可憐又衰老。」也許就是因為這樣，他並沒有冷酷地從外表來看制盔俏女郎有一天會變成衰殘的老婦人，而是讓她自己說話。他想必明白只有本人感覺到身體落入了衰頹，事情才真的令人傷痛。

「我看著自己裸露的身體
我看見自己起了大變化
可憐、乾枯、瘦瘠、弱小
我幾乎要生起氣來。」

相對於大部分的作者在談到老年人時，甚至沒費心觀察他們，維庸對老年人的描寫十分地準確：

「耳朵下垂、覆滿耳垢
臉色蒼白、面如死灰
下巴皺縮、嘴唇多紋
是人類美貌的結局。」

這裡表現的並不是諷喻，而是明確的描寫，而且這涉及我們每個人。在這個邁入頹勢的老婦人

150 譯注：維庸（François Villon，約一四三一－一四七四），中世紀晚期最知名的法國詩人。

身上，呈現的是整個人類的景況都受到質疑。老年不是只會發生在別人身上：它等著攫住我們，一如它等著攫住維庸事先為之追悔的那個年輕美麗的女郎。老年是我們逃脫不開的命運。維庸的詩特別能引起共鳴，是因為它意識到這個問題。

❖

十六世紀，在鄉村地區仍維持著日復一日重複而保守的文化之時，義大利的幾個城市已經有了資本主義的雛形，而且漸漸漫泛到其他城市，有了大宗買賣、工廠和金融交易。這個新萌發的繁榮社會使得文化也有了蓬勃的發展，無論是科學、文學、藝術，或是工藝技術。許多不同的潮流因此成形。文藝復興延續了中世紀的傳統，敵基督和最後審判[151]的景象繼續糾擾著文藝復興時期的人。不過，這時期試著鼓吹關於人的一個嶄新而和諧的觀念。它擷取古代的人文主義，並試著將文藝復興和福音書交融起來、融合諸說，還將對生命和美的熱愛併入基督教思想中。這尤其是伊拉斯謨斯[152]提出來的使命。他帶來了「道德與禮儀」的教導。

伊拉斯謨斯所寫的《會談》裡，有一冊專論老年人。他寫到一位可作為典範的老年人：六十六歲，臉上沒皺紋，頭上沒白髮，也沒戴眼鏡，臉色紅潤，那些放蕩度日的人看起來反而像他的父親一樣。在義大利，威尼斯貴族柯爾納侯重拾這個主題：節制而守分寸地過日子，能讓人有個美好的老年，在《論節制而守規範的生活》中即舉自己為例。事實上，在這兩部作品中，它們所頌讚的尤其是德行。他們認為只要有德行，最終會以健康、平和的老年生活作為回報。

文藝復興時期文學中的反老年婦女傾向

在文學上，這時期對待老年的態度不比前幾個世紀來得溫和。中世紀鄙視處於失勢狀態的人，認為老年人特別讓人嫌惡。文藝復興時期頌揚人體之美，尤其頌揚女人的身體。此時，大家更加憎恨老年人的醜態。老婦人的醜態從來沒像此時這樣被殘酷地揭露出來。中世紀厭惡女人的態度一直持續到十六世紀，古代的影響（尤其是賀拉斯的影響）在此時佔了優勢，濫用佩脫拉克的文體反而導致諷喻詩歌、滑稽詩歌的流行。這些原因都解釋了老婦人的主題為什麼會出現得這麼頻繁，並且說明了這個主題的特點。

經營這個主題的作家，深深受到羅哈斯[153]在一四九二年描寫他所處的西班牙社會的一部劇作《賽樂絲汀娜》影響。這是第一次有作者以老婦人為主角。傳統上，老婦人都是以淫媒的身分出現，不過在這部作品中，這個角色表現的尺度是前所未見的。賽樂絲汀娜過去是個妓女，後來出於喜好繼續當個老鴇。她追求私利、玩弄陰謀、生性淫蕩，也有點像個巫婆，所有事情都是由她發動。古代

151 在德國，大家會玩一種「敵基督的遊戲」；大家寫下「敵基督」的一生。傳教的人宣告敵基督的降臨。西諾萊利在義大利奧爾維耶托的壁畫即受此啟迪。

152 譯注：伊拉斯謨斯（Érasme，一四六六—一五三六），文藝復興時期尼德蘭著名的人文主義思想家和神學家。是北方文藝復興的代表人物。

153 譯注：羅哈斯（Fernando de Rojas，約一四七五—一五四一），中世紀末期的西班牙作家、劇作家。

以來所有編派給老婦人的不良習氣，都在她身上集大成。儘管她很機敏，到故事最後，她還是受到了嚴厲的懲罰。法國戲劇中，處理老婦人的題材遠遠不如這部作品出色：在若代勒[154]、奧代．德．杜爾內布[155]、拉希維[156]的劇作中，也有上了年紀的淫媒、交際花。

反老年婦女的反女性偏見，在伊拉斯謨斯的著作中也明顯可見。很自然地，這位道德家譴責那些仍會有失體面地想到愛情的老婦人。不過，在這樣一位人文主義者身上，他那種對老年婦女無故而來的惡劣態度讓人訝異。伊拉斯謨斯提到：「這些孱弱的女人，這些到處遊走的屍體，這些發出惡臭的骨架，到處散發出一股陰森森的臭味，而她們時時叫喊著說：沒有什麼比生命更甜美的……她們有時露出讓人作嘔的鬆垮乳房，有時會以發顫的尖聲急叫來喚醒她們情人的雄風。」我們注意到在這些陳腐的描述中還是有個全新的主題：對他人而言，老婦人外表醜陋，但她們仍保有「活著是一件愉悅的事」的想法[157]。伊拉斯謨斯不滿老婦人享受生之樂，大家卻往往對仍保有生之樂的男人予以讚揚。

瑪侯[158]對還想得到愛情的老婦人也一樣厭惡：

「皺巴巴的老婦人，妳可想知道
我為什麼不愛妳嗎？」

他細數了老婦種種不是。他提到年老婦女的「醜陋乳頭」，並且描繪了她令人厭惡的外表。他描寫了一個是「醜陋老婦」的巫婆。在法國詩人德波特的《鄙視一位變老的女士》中也表現了同樣的厭惡：

「以妳令人厭惡的誘惑力
……妳以為這可以喚醒我的心靈。」

大家總樂得拿老婦來和年輕女子做比較，以此來羞辱她。賓畢涅[159]就拿他親愛女友的一頭秀髮來和一位可怕的老婦「有頭癬的亂髮」做比較。

為什麼杜．貝萊[160]在他的《老婦和少女的反情慾》中重拾這個主題呢？他才剛出版《橄欖集》，這部從佩脫拉克那裡汲取靈感的詩集，是頌讚女人與愛情的榮耀之作，出版後獲得極大成功。他隨即寫了這首猛烈抨擊老婦的詩，確實是會讓人感到訝異：

154 譯注：若代勒（Etienne Jodelle，一五三二—一五七三），法國詩人、劇作家。
155 譯注：奧代．德．杜爾內布（Odet de Turnèbe，一五五二—一五八一），法國劇作家。
156 譯注：拉希維（Pierre de Larivey，一五四一—一六一九），法國作家、翻譯家、劇作家。
157 這也是愛爾蘭作家貝克特在《喔，美好的日子》中的主題，不過他的觀點完全不同。
158 譯注：瑪侯（Clément Marot，一四九六—一五四四），法國詩人。
159 譯注：阿格里帕．賓畢涅（Théodore Agrippa d'Aubigné，一五五二—一六三〇），法國作家、詩人。
160 譯注：杜．貝萊（Joachim du Bellay，一五二二—一五六〇），法國詩人。

「看吧，喔，卑劣的老婦
讓這世界丟臉的老婦
她（要是我沒弄錯的話）
幾乎只有十五歲。」

他這麼做的第一個理由是出於文學上的考量；他惱怒自己曾深受佩脫拉克的影響，因為這時在法國，佩脫拉克的文風風行一時，因此他特意反其道而行。他曾在義大利居留過一段時間，想必讀過義大利詩人往往會抨擊陪媼[161]的詩，並深受影響。說不定他對某個老婦人曾經有過怨言，因為她沒在他的情事上幫過忙？在許多詩人眼中，陪媼是個曖昧、可憎的角色。有時怪她們扮演淫媒的角色，有時怪她們妨礙了自己的感情。

老婦人尤其是在她們身為老娼婦時會受到眾人的抨擊。要是她們仍追求情愛，就會被視為淫邪；要是她們轉而成為虔誠的人，又會被視為虛偽。杜．貝萊也針對羅馬一位上了年紀的交際花寫了一首寫實而又殘酷的詩。詩中的她講述自己的生平，講自己的魅力大不如前，講自己面臨窮困和病痛：

「老年
別只讓我在腎裡留下結石
在腳裡留下痛風，在手裡留下疥瘡。」

然而，他卻以激烈的態度回應她：

「妳是巫婆、老鴇
妳很虛偽又假裝虔誠。」

詩人這麼猛烈地攻擊老妓女，是不是出於他們在性事上對她們有積怨呢？我們可以這麼假設。總之，我們要知道的是，戀愛中的老年人，無論男女，總會讓人厭惡。不過，當這事涉及男人時，文學中就會責怪起那些以金錢買來歡愉的有錢人；而對於女人，文學中反而譴責那些較低階層的女人，也就是那些出賣自己肉體的女人。我們很容易理解大家對於有錢男人所懷的怨恨；至於怨恨老妓女，原因較為模糊，也許可以從男人在老妓女身上遭受了某種挫折來解釋。

就像在古代與民俗中，老婦人往往被看作是巫婆，拉伯雷[162]在描寫龐諸斯特（Panzoust）的女預言家時，就說她是一個「狀況不佳、穿著破爛、吃得不好、嘴有缺牙、眼有眼屎、彎腰駝背、流著鼻涕、無精打采」的老婦人。

161 陪媼（duègne），古時在西班牙等地僱來監督少女、少婦的年長婦人，但有時也會在私底下為少女、少婦拉攏男人。

162 譯注：拉伯雷（François Rabelais，一四八三或一四九四－一五五三），法國文藝復興時期的作家，也是人文主義的代表人物，著有《巨人傳》。

到後來，老婦人被認為是死亡。希戈涅[163]寫道：

「這個還有氣息的乾屍
透過透明的皮囊
我們瞭解它的身體構造。」

「死亡活生生的肖像，生命死沉沉的肖像
失卻了光彩的死屍，墳墓裡的遺體
從土裡挖出來的骷髏，烏鴉來就食⋯⋯」

在十六世紀，我們幾乎見不到其他的描述。然而，在這些講述愛一個老婦人是多麼不光彩的頌歌之外，皮耶．勒．盧瓦耶[164]是以溫柔的筆觸來描寫老婦人：

「老年就像蘋果
甜美而且於身體有益⋯⋯」

蘋果的皮越皺，果實就越甜美：老婦人也是如此。法蘭沙．于洛以「缺牙、卑賤、可憐的老婦人」

和「年老的貴婦人」做對比。

「她的優雅和身形
一如美麗的青春女子
……事實上有身分的老貴婦
我們向她的優雅和德行致敬」

這裡處理的問題，是要區分年老的貴婦人和那些受壞風俗或窮困所苦的普通老婦人。只有一位作者熱烈地起而護衛年老婦女，那就是寫《風流貴婦的生活》的龐托姆[165]。他認為年老婦女仍然投入情愛的歡愉中是一件很正常的事；他肯定地表示，某些老婦人依然保有美貌，即使到了七十歲以後也還有人愛。

163 希戈涅（Sigonio，約一五二四—一五八四），拉丁古文學家，出生於義大利莫德納。
164 譯注：皮耶．勒．盧瓦耶（Pierre Le Loyer，一五五〇—一六三四），法國詩人。
165 編注：龐托姆（Brantôme，約一五三七—一六一四），法國軍人、作家。

文藝復興時期戲劇中的老男人面貌

然而，詩人總是蔑視老婦人，在喜劇中則總是醜化老男人。這一點，我們已經在亞里斯多芬和普勞圖斯的劇作中看到：喜劇拒絕讓老年人作為主體，總將他呈現為「他者」，一個純粹的物，因此觀眾不會認同他，而會以笑來面對他。義大利的即興喜劇在將可笑的老年人放上舞台、讓他們扮演重要角色時，就延續了一個從晚期羅馬帝國和中世紀以來的傳統。三世紀時，朱里烏斯．波呂克斯[166]在他的《詞類彙編》（L'Onomasticon）裡，將在喜劇和悲劇中使用的各種面具列出一張清單。在這張清單裡，老祖父有兩種面具：「第一種是年紀很大的老祖父，理了光頭，慈眉善目，長長的鬍子，兩頰削瘦，目光低垂，皮膚白晰，看起來很快活。第二種則更為削瘦，他的眼神顯得較為緊繃、較為悲悒；他看來有些蒼白，留著長鬍子、紅頭髮，雙耳緊貼著頭。」還有另外一組老年人，波呂克斯把他們歸在另一個範疇：「主要的老年人頭上稀疏的頭髮盤成一圈，鷹勾鼻，長長的面容，揚起右邊的眉毛。另一個老年人蓄著扇狀的長鬍子，頭上也是稀疏的頭髮盤成一圈，鬍鬚很濃密；他沒揚起眉毛，目光呆滯。」

波呂克斯舉了三種老婦人的面具：一是慈愛的胖老婦；二是母狼，指的就是上了年紀的老鴇，塌鼻子，上下頜各有兩顆臼齒；三是想要結婚的姘婦。

在義大利的即興喜劇裡，有兩類老年人，一是長褲先生[167]，二是醫生[168]。長褲先生通常是最重要的人物。他往往是個從商場上退下來的生意人，有時窮困，有時富有；他若不是一家之主，就是個單身漢，但他永遠是個吝嗇的人，就像《一罈黃金》劇中的厄克里翁。此外，他總是陷在戀愛中。

一五七七年的一張版畫將他呈現為枯瘦如柴的高齡老年人，蓄著尖尖的鬍子，巨大的陰莖高高勃起——這是長褲先生慣有的模樣。不過，他有頭癬，患有痛風，還患有粘膜炎。他會試著以黃金來引誘他迷戀的年輕女子。他往往被他的孩子、女僕擺了一道，要是他有老婆的話，老婆總會在外有私情，使他戴綠帽，而他也會被賣弄風情的女子所騙。他自認很明智，想要給人建議，會浮誇地長篇大論，聲稱自己涉入了國家大事：他會引起別人的惱怒，以致不得不揍他一頓，好教他閉嘴。根據版畫上所呈現的，演員時而表現老年人的身態，時而很靈敏地行動，兩者形成對比。在義大利不同的地區，這角色有各種稱呼，像是龐克拉斯、卡桑德赫、扎諾畢歐。在法國，他則體現為高爾提耶－卡爾吉勒和賈克曼－賈多。

第二種老年人，也就是醫生，是個好賣弄學問的蠢人，還身為各式各樣學會的成員。這類的老年人再也不是我們之前所見那種死抓著金錢不放的人，而是假稱自己握有知識的人（到目前為止，我們還沒見過這種人），但這只會引來更多的嘲笑，因為醫生事實上是個無知的人，他的說法總是錯得離譜，成天只知道援引希臘文、拉丁文的引言。人家也稱他為「巴羅阿爾多」，也就是蠢材的意思。他是長褲先生的朋友，而且也和長褲先生一樣是個吝嗇又風流的人。大家都嘲笑他。

166 譯注：朱里烏斯．波呂克斯（Julius Pollux，約一八〇—約二三八），於埃及出生，為希臘著名的文法學家、修辭學家。

167 譯注：長褲先生（Pantalon），義大利即興喜劇中的一種典型人物。他通常穿著緊身紅長褲，個性通常是貪婪小氣、斤斤計較，常會依據自己的利益見風使帆。

168 譯注：醫生（Docteur），義大利即興喜劇中的一種典型人物。他常以醫生的身分出現，是個自以為有知識的人物。

我們只見到一個老婦人的角色，那就是淫媒。失去了誘惑男人能力的良家老婦人既非物亦非主體，她一點也不重要。妻子的角色通常都不太老，也不太年輕，她扮演的角色不算太重要：她往往是她年老丈夫荒謬行為的見證者、批評者。至於累積了一筆財富、不依賴任何人的交際花，一旦年華老去，即會運用自己的經驗去追求她個人的目標：增加自己的財富。她是個獨立自主的人，是個主體。但是大家並不太注意她，因為她只是一般角色，一種刻板人物。

處於盛年的男人也很俗套。義大利的即興喜劇並沒給我們很多當時風俗的資訊：它只在變化不多的情節中使用不同的「面具」（角色），而即興喜劇在傳統上也是繼承而來的，所以各種角色都是早就設定好的。

在馬基維利[169]於十六世紀初所著的劇本《克麗齊婭》裡，並沒有太多的創新，作品不脫普勞圖斯的影子。尼可馬侯七十歲了，牙齒所剩無幾。他愛上克麗齊婭，決定把她嫁給他的僕人，然後再讓僕人把她讓渡給自己。到了新婚之夜，他服用了名為「來自羊男國度」（satyricon）的藥劑。最後他被騙了，並對自己的所作所為懊悔不已。這部劇本的主題還是在於將以下這兩項做對比：老人應有的明智行為，以及他仍受性慾所纏。他的妻子說他在迷戀上克麗齊婭以前是個理想的男人，對於他的改變，她感到非常痛心：「他以前是個可敬的人，嚴肅而穩重。他審慎地安排一天的生活：清早起床，做彌撒，買今天該買的東西，照管家裡的存貨，接著處理日常事務……吃過晚飯後，他會和兒子談話，明智地提醒他一些事。他這種規規矩矩的生活曾經是我們全家人的典範……但自從他癡戀那個年輕女子以來，他就忘了他該做的事。他的土地損毀，生意流失；他經常不知道為什麼地大喊大叫……要是你跟他說話，他要不不回答你，要不就亂答一通。」

這部戲中間穿插了不少「歌曲」，其中有一首唱道：「在年輕人身上，愛情越是顯得愉悅優美，在一個年華老去的人身上，它就越顯得讓人嫌惡……所以啊，年老的情人們，你們所能做的就是，將這風流韻事留給熱情的年輕人去做。」

呂贊特[170]的戲劇則顯得較富原創性，是帶著抗爭的戲劇。我們對這位安傑洛．貝歐勒寇所知不多；他在自己的戲裡扮演了「呂贊特」這個角色，並且以此名聞之。他是帕多瓦一位醫生的私生子，也在醫生父親的家中成長，後來成了柯爾納侯這位有錢貴族的朋友，並受他庇護。在他的《演說》一劇中，他積極為農民、窮人和受壓迫的人發聲。他所有的作品中都有這樣的表現。他的戲中沒有刻板的角色，即使是「呂贊特」這個角色也是多變的，《牧歌》一劇則相當依循傳統。老牧羊人米勒修愛上了一名少女，對她癡迷。但因為她排拒他，以致他失去了意識，人們都以為他死了：「喔，可憐的情人，你怎麼會變成這樣？這把年紀還失去了理智，你這麼會這樣呢？」

不過一般來說，他創作的靈感來自當時的風俗和語言，尤其是農民的風俗與語言。年紀尚輕的呂贊特，常抨擊仗著錢財壓迫窮人的老年人。在他的《女牧牛人》一劇中，他模仿了《驢的喜劇》，

169 譯注：馬基維利（Nicolas Machiavel，一四六九－一五二七），義大利文藝復興時期的學者、哲學家、歷史學家、政治家、外交官，被譽為「近代政治學之父」。他的作品豐富，除政治性論述如《君王論》之外，也有劇本、詩歌、散文創作等作品。

170 譯注：呂贊特（Ruzzante，一四九六－一五四二），原名安傑洛．貝歐勒寇（Angelo Beolco），人稱「呂贊特」，是義大利劇作家及演員。

老普拉希迪歐不危害任何人，作者筆下對他寬容得很：他有點像是戴蒙奈特，但他具有某些優點，他也愛他兒子；而且當他被人騙了，落得一敗塗地，妻子還是原諒了他。不過，他在《來自安寇納的女人》一劇中無情地貶抑了劇中的主角：一位八十歲的威尼斯有錢人[171]。他玩世不恭、放蕩不羈、身體衰殘、滑稽可笑，人雖吝嗇，但更是好色，因為他打算以高額的金錢來博得交際花朵哈麗亞的歡心。他很自負，以為朵哈麗亞愛著自己。他最後被他的僕人所騙。

呂贊特在他的《第二次土氣的對話》一劇中更是徹底嘲弄了陷入愛戀中的老年人，從來沒有一個作者用如此寫實的手法把他描繪得這麼醜陋。他從畢洛哈身邊搶走了他年輕的妻子，她因為老人很有錢的關係，答應要和他一起生活，但是她抱怨：「他總是生著病。每天晚上他都咳得像一隻腐敗的母羊。他從來不睡覺；他老是想要抱我，對我總是親來親去……」畢洛哈回答：「他的口氣一定比堆肥更臭。從很遠的地方，就能聞到他身上所帶的死亡氣息。他屁股裡總是裝滿垃圾，以致得從口裡吐出來，不是嗎！」最後畢洛哈打了老人一頓，把自己的太太帶回家——這樣的情節符合了喜劇的傳統。

呂贊特借《皮歐瓦納》中一位老年人杜哈之口，表示了老年只讓他感到嫌惡；「青春就像一片盛開的美麗花叢，小鳥都在此歡唱；而老年就像一隻瘦狗，蚊蠅纏繞著牠，啃咬牠的耳朵。」

「和老年有關的一切都很容易遭受不幸……事實上，老年像是一潭集結了所有不淨的水，唯一的出口就是死亡。你想詛咒別人？那麼就對他說：你有一天會變老。」

為什麼在十六世紀會這麼激烈地抨擊老年人？在這時，做父親的不像在羅馬時期一樣擁有「家父」的權威。被人訕笑的不是做父親的，而是和年輕人呈敵對狀態的有錢老年人。這個時期也和前面幾個時期一樣，文學對低下階層的老年人不感興趣。再者必須注意的是，貴族並沒受到抨擊：他們的權力、財富，大家都認為這些是神授的。這時的人也不質疑既定的社會階級。讓大家心懷怨恨的是暴發戶，也就是個人成功地在社會裡晉升的中產階級。要是他的事業發達，他到老年時便會擁有可觀的財產：在辛勞工作以求餬口的成年人眼中、在往往處於窮困的年輕人眼中，中產階級的崛起是不公平的事。這引發了帶著恨意的嫉妒心理；大家總認為他們之所以成功是因為吝嗇。要是這些有錢的老年人以金錢來博得年輕女子的歡心，就會變得更讓人無可忍受。這會讓年輕男子在性上感覺受挫。大家會報復他們，試著讓他們因自己的「惡習」而對自己的所為心起厭惡。大家會殘酷地醜化他們，或是嘲笑他們被醜化的形象：作者也和觀眾站在同一陣線，起而反對他們。這也解釋了「長褲先生」這種角色的多樣性，以及這個角色獲致的成功。

將老年融入人生景況的十六世紀文學創作

除了這些將老年人（無論男女）視為「物」的作品，我們可以在少數作品中發現老年人被融入人生景況裡。賈克・伊維[172]的《春天》一書即是如此：大家會建議年輕人好好享受美好的年輕時光，因為老年隨即來到，老年只會給他們帶來悲哀與遺憾：

171 呂贊特是貴族柯爾納侯的朋友。他要是在劇本裡嘲弄暴發戶想必不是出於偶然。

172 譯注：賈克・伊維（Jacques Yver，約一五四八—一五七二），法國文藝復興時期作家。

「抑鬱和嫉妒
喜愛頭髮發白的老人
柔和的狂熱
再沒有比老年更嚴酷的監牢」

「啊，年輕太瘋狂
他從此在等待
因為歲月飛逝
再也不回頭。」

「然後火成了灰
徒留遺憾……」

波瓦瑟諾[173]在《夏天》中將老年比為秋天，一如從前普魯塔克的譬喻。老年在波瓦瑟諾筆下並非成熟而豐饒的，而是沒有生殖力的；他是把老年作為自己命運的一部分來考慮：

「如果我們好奇地想要觀察大自然在人類生活中留給人類的時間，我們會發現一切就像覆滿了綠意的樹一般，也像重新沾染上各種斑駁色彩的草原，綴有各種不同的小花，悅於這麼一幅景象，但是當來到成熟期，這些盛飾皆漸漸衰殘、消亡，果實開始失去那妝點它的光澤，色彩繽紛的草也漸漸枯萎。同樣地，我敢說如果你不考慮自己年齡所屬的季節，你對事物的判斷便無法清明，它在我們做的所有事上帶來了好情緒，以及歡樂，再沒有比它更愉快的季節。」

在洪薩[174]的作品中，老年佔有重要的地位。受到古代詩風和他所處時代詩風的影響，他也同樣以厭惡的口吻寫到老妓女的衰頹。他筆下的卡丹是個「失去了鍍金層的形象」，她有一口「潰爛的黑牙」，她「有眼屎，流鼻涕」。他常寫作青春年華轉瞬即逝的題材，寫年輕總會有個悲慘而醜陋的未來。

「採啊採啊，採擷你的青春！
青春一如這朵花，老年
它會使您的美貌失去色澤。」

不過，他也會以令人心碎、只涉及個人的語調寫到自己的老年。他只在生命的盡頭，才達到榮耀的頂峰，寫下了他最美麗的詩篇。然而，他起而反抗歲月加諸他身上的重擔。他在頗年輕時就為此重擔受苦。年輕時，又帥又有魅力的他曾身為騎士。三十八歲時，他染上重病，將此看作是受歲

173 譯注：波瓦瑟諾（Bénigne Poissenot，約一五五八－不詳），法國文藝復興時期作家。

174 譯注：洪薩（Pierre de Ronsard，一五二四－一五八五），法國文藝復興時期著名詩人，以愛情詩著稱。

月的摧殘，因為他這時的外表像一個缺牙、白髮的老年人。他也抱怨自己消化不良、血液循環不良，以及失眠、時而發高燒。

「我甜美的青春已經過去
我最初的力量已經耗盡
我一口黑牙、一頭白髮
我的神經解體、我的血管也是
只要我身體是冷的，它流的
不是血，而是紅褐色的水。」

他的身體狀況再也好不了，而他仍有活動身體和情愛的需要。關節炎、痛風讓他無法運動；他變得很容易惱怒，孤僻難相處。他認為自己是受到「敵意的土星」所影響（他也是生於土星這個星象），這使得他：

「粗暴、猜疑、陰沉，而且憂鬱」。

他認為自己是受到星象詛咒。他年輕時相信人文主義取得了勝利，但後來還是經歷了絕望，因為法國受到內戰的蹂躪，而他四十八歲那年又發生聖巴爾提勒彌大屠殺。當他寫到下面這些詩句時，是非常誠摯的：

「人最寶貴的是他青翠的青春。
我們所剩的歲月不過是冬天。」

阿格里帕．竇畢涅在讚揚老年的甜美愉悅時，也很有說服力。他也一樣把老年比喻為冬天，但是他把冬天看作是悠然休閒的季節，而不是貧瘠的冷酷[175]。他的一生極為動盪，充滿冒險情節：他曾經打過仗，受過傷，坐過牢，攻下城池，隨後又不得不歸還這些城池。他曾經承受極度的疲累，也經歷了絕望。他失去他所愛的第一任妻子。七十歲時，他還想和新教徒站在同一行列為保衛拉羅歇爾而戰。但是大家拒絕他的援手，他便帶著剛娶的心愛女人荷內．布賀拉瑪希退隱到他在克斯特的城堡。他的新婚妻子是個五十歲的女人，很有文化修養，熱烈地愛著他。他認為自己作為一個文人鄉紳的生活過得非常甜美。他接待享有盛名的外國人。他在他晚冬的人生過著平和、美好的生活，並以詩作來讚賀這樣的人生：

175 在《悲劇》一文中，他寫了如下的著名詩句：「秋天的玫瑰比另一個優美的事物更美好」，這證明了對他來說青春並不是最高的價值。

「雖然樂趣較少，但憂勞也較少；
夜鶯噤聲，海妖也噤聲，
我們不採水果，也不採花。
希望不再，它往往是騙人的
冬天享受一切的喜悅；幸福的老年
耗用的季節，不再勞苦」

雖然洪薩和竇畢涅下筆誠摯，但他們兩人仍不脫老生常談。十六世紀，只有一位作者徹底排除了陳腔濫調，那就是蒙田。他根據自己的經驗，詰問老年是怎麼回事，在過去沒有人像他這麼論說；這也是他之所以深刻的奧祕。他以直接而嚴苛的目光，來察看通常被掩飾起來的真實景況。古代作家一方面醜化老年，一方面又歌頌老年；蒙田拒絕嘲諷老年，也拒絕頌揚老年。他要揭露真相。他個人並不認為老年會讓他變得豐富。蒙田以自己的經驗來反對柏拉圖和西塞羅道德教化的樂觀主義，並反對「老年人即具有智慧」這種自命不凡態度。他在寫到自己前三十年的人生時，時年三十五歲，他表示：「講到我自己，肯定地說，過了這個年齡，我的精神與身體退得多進得少，縮得多長得少。有人善於利用時間，也許知識和經驗都隨年齡而增長；但是，生氣、活力、毅力，以及另外一些人所固有、重要而又根本的品格都在減弱、衰退下去[176]。」

還有：

「在很長一段時間過去以後，我已經老了，但我的聰明才智確實沒有長進一吋。此刻的我和不一會兒的我的確判若兩人，但什麼時候的我更好？我說不出所以然。倘若人能越老越自我改善，衰老就會使人高興，而衰老的進程卻像醉鬼一般搖搖晃晃，暈暈乎乎，笨重難看，或像白藤一般任風隨意彎來彎去。」

蒙田在很後來寫的第三卷隨筆中，仍偏愛自己的青春時期，甚於他認為自己這時已經老了的年紀，他認為自己只有衰退，沒有進步：「再說，我憎恨年齡帶來的那種偶然的後悔。古代曾有人說，他多謝年齡的增長使他擺脫了情慾的騷擾。這種看法與我大相徑庭。我永遠不會感激無能給我的好處……人到老年，慾望變得淡泊，一種徹底的饜足感攫住我們的心靈，然而這與自覺性沒有任何關係：老年的抑鬱寡合與羸弱無力，給我們打上了懦弱與病態的印記……當我猛力地、用心地擺脫它時，我發現，我現在的理智並不比我在較放蕩的年代更堅強，甚至，隨著年事增高，它可能還有所弱化……我並不因為理智已退出搏鬥，就認為它更驍勇……我沒見到它判斷別的任何東西，除了判斷它自己，也不見它比過去更明晰。」

「……倘若我落到寧要老年體弱的不幸與苦楚，不要精力充沛、思維敏捷、身心健康的青春年

---

176 譯注：蒙田引文的翻譯取自《蒙田隨筆全集》（台灣商務印書館）。下同。前後三段譯文的譯者，分別是：丁步洲、劉方、陸秉慧。

華的地步，那麼我會慚愧得無地自容；倘若人們不想起我曾經是怎樣，而只看到我如今風華不再，並以此來評價我，那麼我會無比妒忌……我的智慧高低在老年與青年時期不相上下，但年輕時更有建樹、更有活力，也更風雅、更活潑、更單純，現在則有些迂腐、滯澀、好責怪人……」

「我們常把脾氣乖戾、對現實事物厭煩不滿稱為睿智。其實，我們並沒有擺脫惡習，而是換了惡習，而且我認為，是換上了更壞的惡習……衰老時不發出酸味和霉味的人，世上沒有，或很罕見。人的肉體和精神是一起成長和衰退的。」

我讚賞蒙田在撇開傳統、寬慰人的老生常談之餘，拒絕認為身體的衰殘是進步，也拒絕認為單純的年歲增長，人生即能變得更豐富。不過，以蒙田這個例子來說，有一個奇怪的矛盾。這個矛盾蒙田本身也許沒意識到，但在讀者眼中卻是顯而易見的：隨著蒙田年紀的增長，他的《隨筆》成了一本越來越豐富、私密、原創、深沉的書。他寫老年的這些辛辣、洞明的篇章，他在三十歲時是不可能寫出來的。在他感覺到自己衰退時，他反而是最高超的。不過，要是他對自己不這麼嚴苛，想必不會達到這樣高超的境界。

自我感覺良好是件讓人厭煩的事，年紀漸長的蒙田不會掉入這樣的陷阱裡。如果說他有所進步，這是因為他越來越帶著批評的眼光來看待世界和他自己。讀者則處在一個兩難的困境中，一方面贊同蒙田對老年的批評，另一方面又見到蒙田越老越進步。

文藝復興時期的老年圖像表現

文藝復興時期對老年的圖像表現，不太能讓我們瞭解此一時期對老年的看法。就像在中世紀一樣，文藝復興時期也有些圖像表現了民俗。不過，也有一些藝術家各自表達自己見解的知識分子型繪畫。這樣的畫家在何種程度上承受了他們所處時代的影響？

在民俗的圖像中，總是會很老套地將各個不同階段的年紀類比為一年中的不同時節。當時有一幅月曆，就以家庭生活景象來表現每個月。在十一月那一頁，做父親的年老又生著病。在十二月那一頁，他生命垂垂可危。其他的版畫，則表現了「不同年齡的各個階段」。一直到十九世紀，都還可見這類圖像，也就是：隨著年齡的增加，人會像爬樓梯一樣逐步攀升，然後又逐步往下降。

在這個人生圖像裡，通常有一個以平台連接的一向上、一向下的兩座樓梯。在高高的平台上會有個年約五十歲的男人或是一對夫妻；左側的樓梯最底下放著一個搖籃，然後越往台階上走，依序是孩童、青少年、年輕男子、成熟男人；右側往下走的樓梯，則依序可見六十歲、七十歲、八十歲、九十歲的人。

相對於左側最底下放著嬰兒的那一層，右側樓梯最底下則有個百歲老人躺在床上。各個人物都穿著符合他們年紀的服裝。除了這些之外，在樓梯底下還有個手持鐮刀的死神。這幅人生圖像中最讓人感到訝異的是，很少人是活到一百歲才死的，在從前這更是罕見。事實上，這樣的版畫所表現的並非如實描寫人生，而是在確定人生的典型形態。它的悲觀氛圍是受到了基督教的影響：人勢必會悲慘地落入衰頹，而人即使在發達時，也應該以照應他的救贖為優先[177]。

人生分為許多階段的這個主題讓畫家有了靈感。他們通常將它表現為三階段：一個年輕男子，一個處於盛年的男子，以及一個老年人。在提香的《音樂會》這幅畫裡，老年人蓄著鬍子、禿頭，不過看來仍然有活力[178]。

另一個很常見的主題是「青春之泉」。十五世紀，許多版畫都以此為題材，其中有一幅是好幾個老婦人泡進一潭水裡，等她們從水潭裡出來，人變年輕了，紛紛投入帥氣的年輕男人懷中。在十六世紀，這樣的迷思仍深植人心，因此在一五一二年，龐塞．德萊昂[179]便為了找尋青春之泉而遠征，因而發現了佛羅里達。有許多版畫和繪畫都表現了類似的主題。畫家小克拉納赫[180]就有一幅這樣的著名畫作：畫面中央可見一個大水池，其中有幾人裸著身子浸浴；左側有些老年人被人用手推車或被人揹著送到水池邊；從右側走出水池的人都開心又愉悅，男男女女在草地上跳舞、嬉戲。

文藝復興時期的繪畫中，有許多老年人的肖像畫。每幅肖像畫，根據不同的情境而有不同的性格表現。那個時期，受人敬重的富有老年人對自己邁入老年是很自豪的。在義大利，許多人繼承古代的傳統，也就是請羅塞利諾[181]、米諾．達．菲耶索萊[182]來雕塑他們的胸像，呈現出他們自己心目中的樣子。教宗也請拉斐爾、提香來為自己畫像。威尼斯的總督、貴族則請丁托列托[183]來作畫。在這些肖像畫裡，他們全都有美麗的白鬍子，以及悠然從容的神色。在這些受到古代畫風和《聖經》影響的畫作中，老年人往往被理想化。不過，也有些畫家自願選擇一些老年時看來較不具教化意義的對象來表現，像是因喝酒醉倒的諾亞、怪誕而醉酒的西勒努斯[184]，羅德[185]和他兩個女兒。最後這個題材，在杜勒[186]、桂爾契諾[187]、丁托列托的畫作裡都處理過。盧卡斯・范・萊頓[188]將這個題材表現得特別淫猥；他往往將老年人置於滑稽可笑的姿態中。在表現「蘇撒拿洗浴」這個題材的多幅畫作中，老年人總是顯得淫猥。有許多繪畫都揭露了老年的醜態。在杜勒一幅名為《耶穌置身博士當中》（*Le Christ entre les docteurs*）的畫作中，可見兩個面容頗為和善的老者和一名面容猙獰的老者。范・

177　伴隨著這些圖像的文字更進一步證實了這個說法。在其中一幅標題是「世界的大階梯」的圖像中（十七世紀初的圖像），最上面有兩個邊飾的註記上，寫著：「喔，這座樓梯是一條／人人必走的路；時時／人的命運在此散步」、「人生對於惡者／樓梯便往深淵走……／人生對於善者／樓梯便往天際走」，在一個垂死的老婦人身邊有兩個小天使。

178　在接下來的那個世紀裡，佛萊芒畫家范戴克在畫中也是這麼表現。

179　譯注：龐塞・德萊昂（Juar Ponce de León，一四六〇－一五二一），文藝復興時期的西班牙探險家，曾和哥倫布前往新大陸。

180　譯注：小克拉納赫（Lucas Cranach le Jeune，一五一五－一五八六），文藝復興時期德國畫家。

181　譯注：羅塞利諾（Bernardo Rossellino，一四〇九－一四六四），文藝復興時期的義大利雕塑家、建築師。

182　譯注：米諾・達・菲耶索萊（Mino da Fiesole，約一四二九－一四八四），文藝復興時期的義大利雕塑家。

183　譯注：丁托列托（Le Tintoret，一五一八－一五九四），文藝復興時期晚期的義大利畫家。

184　譯注：西勒努斯（Silène），希臘神話中的森林之神，常以禿頭、厚嘴唇的老人形象出現。

185　譯注：羅得（Loth），《聖經》中的人物。相關記載見於《聖經・創世紀》十一章到十四章，以及十九章。

186　譯注：杜勒（Albrecht Dürer，一四七一－一五二八），德國中世紀末期、文藝復興時期的油畫家、版畫家、雕塑家和藝術理論家。

187　譯注：桂爾契諾（Le Guerchin，一五九一－一六六六），義大利畫家。

188　譯注：盧卡斯・范・萊頓（Lucas de Leyde，一四九四－一五三三），荷蘭雕刻家、油畫家。

勒美斯瓦勒[189]的《兩名收稅人》中，面貌最醜陋的那個收稅人是個年紀很大的男人。在基蘭達奧[190]著名的《老人和他的孫子》[191]畫作中，寫實主義的表現被推到殘酷的境地。

許多畫家也表現了「醜陋老婦」的主題。喬久內[192]的名作《老婦》裡，畫了一名因年紀而衰殘的老婦人。畫家在表現老婦人的醜態時往往將之誇大，像是巴爾東[193]所畫的瘦骨嶙峋、憔悴、可憎的巫婆，簡直像是從希果涅爾[194]或是從瑪侯的詩中跑出來的。康坦·馬賽斯[195]（他是伊拉斯謨斯的朋友）的一位同輩說，馬賽斯畫了「一些年老、醜惡、滑稽可笑的男人和女人」。他最有名的一幅畫是《醜陋的公爵夫人》，她裝扮古怪，有像獸類一般的臉孔，還穿一身讓人作嘔的低胸服裝。溫澤勒·歐拉[196]在他一幅名為《突尼斯的國王和王后》畫作中也同樣畫了這個人物。在這幅畫中，男人長得並不好看，但尤其吸引我們注意的是，女人根本就是《醜陋的公爵夫人》翻版。

偉大的藝術家造就了他所處的時代，而不只是時代下的見證。在弗蘭斯·哈爾斯[197]達到他藝術巔峰的卓越畫作《養老院的執事們》和《養老院的女執事們》中（他在創作這兩幅畫時，年紀已經很老了），並沒有任何陳腔爛調的表現。他既不頌揚老年，也不詆毀老年，試著捕捉老年面容所表現的真實性。老年在他們筆下也佔有重要地位的達文西、林布蘭亦是如此。達文西在表現老年人的線條時，直逼誇張的地步。不過，不管他畫的是什麼年紀的人，他都是這麼做的，但有幾張他所畫的老年人表現了人物之美。林布蘭則是從三十歲起便開始畫老年人；他最後幾件作品當中，那幅《盲眼荷馬》是一大傑作。他一點都沒想要符合他的時代的畫風，只力求表現自己的看法。

當圖像表現遠離了民間圖像，而成為一種個人的創造時，這樣的圖像表現即失去了作為時代見證的價值。從這個觀點來看，它對我們來說重要性便減低了，文學的重要性反而增高。接下來，我也沒什麼機會再以繪畫來做參照了。

❖

從古老的埃及到文藝復興，我們已經看到在處理老年這個題材時，幾乎總是出於刻板印象，同樣的比擬、同樣的形容。老年總是人生之冬。白頭髮、白鬍子總會讓人想到白雪、冰霜。大家總會以紅色和綠色來對比白色的冰冷；紅色是火、活力，綠色則是植物、春天、青春的顏色。這種老生常談之所以會代代相傳，部分是因為老年人受制於生物自然法則的命運並未改變。不過，另一方面也是因為，大家對於不是作為歷史推動因子的老年人不感興趣，沒人覺得有必要來研究它的實相。

189 譯注：范．勒美斯瓦勒（Marinus Van Reymerswaele，約一四九〇－一五四六），荷蘭畫家。
190 譯注：基蘭達奧（Domenico Ghirlandaio，一四四九－一四九四），文藝復興時期的義大利畫家。
191 這幅畫之所以特別顯得殘酷，是因為他依據作畫的模特兒並不是活人，而是死人。
192 譯注：喬久內（Giorgione，約一四七七－一五一〇），文藝復興時期義大利畫家。
193 譯注：巴爾東（Hans Baldung，一四八四－一五四五），文藝復興時期德國的版畫家、畫家。
194 譯注：希果涅爾（Sigogne，約一五六〇－一六一一），法國諷刺作家。
195 譯注：康坦．馬賽斯（Quentin Metsys，一四六六－一五三〇），佛萊芒畫家。
196 譯注：溫澤勒．歐拉（Wenzel Hollar，一六〇七－一六七七），捷克插畫家、版畫家。
197 譯注：弗蘭斯．哈爾斯（Frans Hals，約一五八〇－一六六六），荷蘭黃金時代肖像畫家。

甚至，社會上有一種對它閉口不談的默契。大家或是頌揚它，或是貶抑它，文學則以陳腔爛調來掩蓋它。文學並不將老年的景況揭露出來，而是加以隱匿。老年人往往是被拿來襯托年輕人、盛年之人：老年人不是人本身，而是人的臨界點。他處於人類景況的邊際。我們不能在老年人身上辨識人類景況，我們在老年人身上也不能辨識自己的景況[198]。

莎士比亞筆下的老年人

十七世紀初期有一個非常讓人驚艷的例外：莎士比亞在寫作《李爾王》時，是以一個老年人來表現人的命運。他為什麼這麼做？又是怎麼做的？

莎士比亞在《十四行詩》中熱切地揭露了時間對人的摧殘。他以一年的流轉，或是一天的流轉，或是兩者一起，來比喻人生：老年是讓人悲傷的傾頹。

「在我身上你或許會看見秋天，
當黃葉，或盡脫，或只三三兩兩
掛在瑟縮的枯枝上索索抖顫——
荒廢的歌壇，那裡百鳥曾合唱。
在我身上你或許會看見暮靄，
它在日落後向西方徐徐消退

黑夜，死的化身，漸漸把它趕開。」

「永不歇腳的時間把夏天帶到了
可怕的冬天，就隨手把它傾覆。
青枝綠葉在冰霜下萎黃枯槁了，
美披上白雪，到處是一片荒蕪。」

「那麼，別讓冬天嶙峋的手
抹掉你的夏天，在你未經提煉之前……」

「看啊，普照萬物的太陽在東方
抬起了火紅的頭顱，人間的眼睛
都來膜拜他這初生的景象……
……但是不久他疲倦地乘著車子
從白日的頂峰跌下，像已經衰老
原先忠誠的人眼就不再去注視

只除了維庸、蒙田和極少數幾個作者。

他怎樣衰亡而改變了觀看的目標。」

「時間就搗毀自己送出的禮物；
時間會刺破青春表面的彩飾，
會在美人的額上掘深溝淺槽……
會吃掉稀世之珍：天生麗質
什麼都逃不過他那橫掃的鐮刀
可是，去他的毒手吧！我這詩章
將屹立在未來，永遠地把你頌揚。」

「老年用無情的刀斧來逞威……」

「我曾經看見：時間的殘酷的巨手
搗毀了往古年代的異寶奇珍……」[199]

199 編注：此處《十四行詩》中譯採用梁宗岱（第一、第三段落的詩句節錄）、屠岸的譯文。

儘管這些詩句誠摯、苦澀，但它們仍依循了對老年傳統的刻板印象：老年是冬天、黃昏，將青春的美好、豐盛盡皆埋葬；我們只有靠自己的天資贏得不朽，才能打敗死亡。

莎士比亞看老年人的目光很不客氣，他在《羅密歐與茱麗葉》一劇中即寫到：「許多老年人一副已經死了的樣子；他們像鉛塊一樣蒼白、遲緩、笨重、呆滯」[200]。在《皆大歡喜》一劇中，他對老年人有一番殘酷的描述：

「精瘦的趿著拖鞋龍鍾老叟，
鼻子上架著眼鏡，腰邊懸著錢袋，
他那年輕時候節省下來的長襪子
套在他皺癟的小腿上顯得寬大異常，他那朗朗的男子口音
又變成了孩子似的尖聲，像是吹著風笛和哨子。
終結著這段古怪的多事的歷史的最後一場，
是孩提時代的再現，全然的遺忘，
沒有牙齒，沒有眼睛，沒有口味，沒有一切。」[201]

200 他寫這些是為了站在年輕人這邊，反對各個年紀的成年人，
201 約寫於一五九九年（編按：此處描述的中譯採用朱生豪譯文）。

在他的悲劇中，他讓某些老年人顯得崇高，像是《理查二世》中岡特的約翰，還有《理查三世》中卓越的皇后瑪格麗特。但他們不過是次要的角色，只是處於盛年的主角身邊代表老一輩的人物。

除了《伊底帕斯在柯隆納斯》之外，《李爾王》是唯一一部以老年人為主角的巨作。這部劇作中並不將老年視為人的臨界點，而是人的實相；要瞭解人和他在塵世的經歷，即應瞭解老年[202]。

根源久遠的《李爾王》傳說是盎格魯—撒克遜的民間傳說。我說過為什麼英國中世紀的道德風俗使得《李爾王》非常深植人心。莎士比亞想必重拾了一齣名為《李爾》（Leir）的「歷史劇」，這齣戲曾在一五九四年演出。他從這齣戲中取了帕夫拉戈尼亞國王的故事（出現在十六世紀英國詩人西德尼的《阿卡迪亞》中），情節和葛羅斯特及他兩個兒子相似。但是莎士比亞遠遠超越這些故事，透過老年人遭逢的悲劇表達了荒謬、可怕的人類存在景況。在悲劇一開始，李爾王並不是個瘋子，但是在他身上老年本身即類似瘋狂。不適應現實的他，輕率地決定要將他的王國分給他三個女兒，而他為了衡量她們有多愛他，愚蠢地要求她們以言詞來表達對他的愛。身為國王的他，早已習慣了旁人的阿諛奉承，所以輕易就被諂媚的言詞所騙，聽信了長女和次女逢迎的話。目光短淺、冥頑不靈、專橫獨斷的他，對不願開口說好聽話的小女兒寇蒂莉亞大發雷霆，奪去了她的繼承權。虛偽的長女、次女頭腦清明而態度殘酷地評斷李爾王，長女高納里爾即表示：「他年輕的時候性子就很暴躁，現在他任性慣了，再加上老年人剛愎自用的怪脾氣，看來我們只好準備受他的氣了。」

同時，葛羅斯特伯爵的盲目——他愚蠢地聽信讒言，認為他心愛的兒子愛德加存心不良，便轉而信任叛徒愛德蒙——再一次確認了老年對莎士比亞來說代表的不是智慧，而是荒唐。李爾王後來被他惡毒的女兒判處流刑，在充滿敵意的大自然裡到處遊走，一如漂泊的伊底帕斯。老年人是個被驅離的遭放逐之人。而後來被人挖出雙眼的葛羅斯特伯爵——一如荷馬、伊底帕斯、貝利撒留——也象徵了這個孤立，此即為老年人的命運。不過，尤其是因喪失理智而失去一切的李爾王，他具體體現了人類無依無靠的悲劇。在故事一開始，李爾王就像莎士比亞筆下所有的英雄人物一樣頑固、激情——素有野心、心懷嫉妒、滿腹憤恨——這逼使了他走上瘋狂、悲慘之道。莎士比亞從外部來描寫他，筆下嚴酷，一如他寫馬克白或奧塞羅；但是當李爾王的貧困與深沉不安為他自己揭露出實際景況之時，莎士比亞將自己投射到李爾王身上，借他的口說道：「人就只是這樣嗎？人類在草昧的時代，不過是像你這樣的一個寒磣、赤裸的兩腳動物，脫下來，脫下來，你們這些身外之物！來鬆開你們的鈕釦。」李爾王一邊這麼說，一邊脫去衣服。他要摧毀讓人受到金錢和名譽奴役並隱藏了人類實相的古老秩序，他瞥見了一個新秩序，可以讓人類歸零，回到童年的赤裸狀態。只是事情已經太遲了。他陷入了精神錯亂，但在這樣的錯亂裡他腦中還是會時而閃現真相，只是這樣的真相現示對他沒什麼大用。這些現示大大地超越了他自身：他再也沒有時間讓自己的生命順應於此。古代和中世紀總讓瘋子具有某種神聖性，有某種預知能力。老年往往近似於瘋狂；有時候在老年身上會兼容傳統上呈矛盾的兩種形象，也就是老瘋子和受人敬重的老智者，因而在李爾王身上也具有譫狂和受到神啟的這兩個面向。他顯得崇高之時，也是他分崩離析之時。他最後終於看清楚了真相，

202 十六世紀的宣教者認為老年是屬於人類景況的一部分，但這只是為了貶低老年，而從來沒把老年人看作是主體。

他心愛的寇蒂莉亞也回到他身邊，但這時他抱在懷中的卻是她的屍體，而他自己除了死亡之外，再沒有其他可能。戲劇評論家寇特[203]拿《李爾王》來和貝克特[204]的《終局》做比較是很有道理的。這是老年的悲劇，老年讓我們發現我們沒啥大用的熱情之無意義。如果存在的終局是這種落入歧途的無力，那麼在這樣的啟示下便揭露了整個人生無非是一場讓人悲憐的歷程。

大家精常問到莎士比亞為什麼會寫作《李爾王》這齣戲，也就是說為什麼他會以一個老年人來表現人的景況。說不定他是因為看到了英國鄉間、城市裡老年人的悲劇景況而受到觸發。在都鐸王朝治下，莊園制度瓦解，而且城裡失業人口大增，到處可見乞丐——儘管在愛德華六世治下，乞討是被禁止的。這些年老的遊民（身無分文、一無所有、失迷不安）啟發了他創造老李爾王這個角色，這種可能性不能說沒有。不過，得注意的是，莎士比亞筆下的英雄並未不斷積極追求著一個能給予他人生意義的目標——不像高乃依[205]或拉辛[206]筆下的英雄。他是出於盲目的熱情而行動，這使得他的人生成為「由愚人滔滔不絕地述說，充滿喧囂與憤怒的獨白」。要是我們看待人類採取老年人的觀點——沒有未來、被縮減為純粹的被動性的老年人——這個荒謬性就特別顯得耀眼。莎士比亞在描寫受野心、嫉妒、怨恨所制的人之後，他會選擇描繪被年齡的命數所制的人也是很正常的。採取行動的人總是不願意承認我們人類矛盾處境的黑暗面；所以在莎士比亞的偉大悲劇中，通常《李爾王》是最不受到歡迎的，也是最不被瞭解的。

❖

十七世紀，年輕人擁有權力。只有一個例外是，年紀很大的路易十四還保留了部分的統治權，並且有上了年紀的曼特農夫人從中操控他。在特利騰大公會議[207]之後，教宗也通常是由老年人來擔任。教會變得較為穩定；在對抗分散教會的力量之餘，聖座（教宗、羅馬教廷）從此等同於教會。聖座靠著修會（尤其是耶穌會）、神學家的力量，靠著教廷大使的網絡（有交通便捷的驛站），來擴增自己的影響力。反宗教改革使得教宗具有威望，世人並且要求教宗必須品格高超：年紀使他們具有神聖的性質，而且大家期望年紀能有助於他們實踐德行。大家也看中老年人的保守性格。對於四十歲的年輕教宗，大家會擔心他可能採取一些讓人為難的倡議；對於七十或七十五歲才選上教宗的，大家期望（有時這期望是錯誤的）他會符合我們的期待（而且在選擇他時便已知道他該符合某些條件），不會遠離既定的路線。在大公會議之後陸續上任的十二名教宗裡，有兩位是在五十三歲和五十五歲時當選，有三位是在六十歲時當選，有兩位是六十四歲，有四位是七十歲，有一位是七十七歲。其後，教宗和樞機團成員幾乎全都是年紀很大的老年人。

---

203 參見寇特（Jan Kott，一九一四—二〇〇一）的《莎士比亞，我們的同代人》一書。

204 譯注：貝克特（Samuel Beckett，一九〇六—一九八九），愛爾蘭小說家、劇作家，「荒謬戲劇」的重要代表人物，一九六九年獲頒諾貝爾文學獎。

205 譯注：高乃依（Pierre Corneille，一六〇六—一六八四），法國古典主義悲劇的代表作家。

206 譯注：拉辛（Jean Racine，一六三九—一六九九），法國古典主義悲劇劇作家，與高乃依、莫里哀合稱十七世紀最偉大的三位法國劇作家。

207 譯注：特利騰大公會議（le Concile de Trente），是指天主教會在一五四五年到一五六三年間在北義大利召開的大公會議。

在十七世紀的法國，老年人的處境非常艱苦。這時的社會是威權的、專制的。統治這個社會的成年人不重視和他們不屬於同一範疇的人，像是老人和孩童。當時的人平均壽命是二十到二十五歲，有一半的兒童在一歲以前就夭折；大部分的成年人是介於三十到四十歲之間。這時的人因為工作艱苦、營養不良、衛生條件不佳，很快就邁入衰頹。三十歲的老農婦往往滿臉皺紋、彎腰駝背。即使是國王、貴族、中產階級，也都在四十八歲到五十六歲之間死亡。他們進入公眾生活大約是在十七、十八歲，職位的晉升通常來得很早，四十幾歲就被認為是老頭。當時的人排除了拉斐特夫人[208]和拉羅什福柯[209]上床的可能，因為她三十六歲，而他已經五十歲[210]。五十歲的人在社會中已經沒有地位，而隨著宮廷去旅行，從一個城市遷徙到另一個城市、參加運動，都太累人了。五十幾歲的人會退隱到鄉間，或是進入修會。這時的人敬重的是富人、地主、領導者、顯貴，而非只要有了年紀便會受到敬重。記憶、經驗會賦予某些老年人價值，就像拉布魯耶[211]所寫：「曾經在宮廷待過、通情達理、記憶良好的老年人是個價值不可衡量的寶藏。」但是，光是憑藉著年紀，不能引人敬重。

對於農民、工匠來說，家庭成員互相扶持的模式仍然存在。教會在這時開始對窮人伸出援手。不過，因為景況嚴酷（長年飢荒、農民受到領主的剝削、工人受到大老闆的剝削），教會的救助非常不足。

孩童的景況也異常嚴酷，就和老年人一樣。文藝復興時期，大家關注兒童，試著不讓兒童受到成人世界的污染，但是因為生活過於艱困，以致無法給他們很多照應。十七世紀，兒童是遠離於社會之外的，並被嚴酷地撫養長大。一直到二十歲，不管在哪個社會階級，大家都會鞭打僕役、學童，把孩童貶抑到社會最底層。文學忽略了這個現象。拉封丹指出：「這個年紀是無情的。」拉布魯耶則將小孩描繪為小魔鬼，並下結論說：「他們不喜歡別人使他們受痛苦，但他們喜歡讓人痛苦。」波素埃[212]甚至說：「童年時期是屬於獸類的世界。」沒有任何作家會談到孩童。他們年紀漸長，還是要忍受父親的威權。中世紀時，孩童在十四歲即脫離了父親之手。十六世紀、十七世紀，直到二十一歲才算是成年。從一五五七年開始，做兒子的如果要結婚，需要父親的同意，而在此之前，他是能夠自由決定的。在十七世紀，做父親的有權利讓兒子失去繼承權，讓第三者得利，而在十七世紀之前，這是不可能的。

十七世紀歐陸文學中的老年面貌

208　譯注：拉斐特夫人（Madame de la Fayette，一六三四—一六九三），法國小說家，著有《克萊芙王妃》，開心理小說之先河。

209　譯注：拉羅什福柯（La Rochefoucauld，一六一三—一六八〇），法國箴言作家。

210　然而，妮儂．德．朗克洛在五十五歲時還有好幾個情人（而不是傳說中所說的八十歲）。布庸公爵在一六一一年生下他的兒子杜雷尼時是六十六歲。森內特爾先生在一六五四年結婚時，他是八十歲；埃斯泰元帥約在一六六三年結婚時，他是九十六歲；他們兩人都娶了年輕的妻子。曼特農夫人在七十歲時向她的懺悔神父抱怨，她還得常常和老國王上床。

211　譯注：拉布魯耶（Jean de la Bruyère，一六四五—一六九六），法國哲學家、作家，著有《品格論》。

212　譯注：波素埃（Jacques-Bénigne Bossuet，一六二七—一七〇四），法國主教、神學家。

十七世紀初，厭女的傳統仍讓人起而詛咒老婦人。這在西班牙詩人、小說家奎維多[213]筆下表現得尤其激烈。這位天主教徒、貴族兼諷喻作家，以怪誕、滑稽的筆法來描繪全人類[214]。他筆下所有的人物都是些會動的木偶，有時（這種情況極為少見）他們會因非屬人類的美麗而有如怪物一般，但通常是因為他們的醜陋而顯得可怕。奎維多樂於描繪他們肉體上的衰頽，使人類的品級低於動物。他對人的厭惡尤其是針對女人。年輕的女人在他看來是「有滋有味的惡魔」；即使她年輕又美麗，他也不會放過她。對他來說，女性本身就是讓人嫌惡的。他將醜女人比作死亡。不過，特別糾擾他的，是老女人。他把年歲橫加在女人身上：「她比油燈更多上六千年；要數算她從小到大的年紀，我們可以以千為單位。」她很可憎、滿是皺紋、醜陋，嘴巴「沒牙」，臼齒的地方是幾個黑洞，鼻子垂到下巴，呼出惡臭的口氣；她是一堆枯骨，她即是死亡本身。額頭上的皺紋是「時間經過的車轍、時間腳步的痕跡」。然而——這是奎維多筆下常見的主題——她怎麼也不肯承認自己顯然老了，還自以為年輕。「妳以像妳曾祖父一樣老的下顎牙牙學語，妳把襁褓稱為妳的裙子。」特別是，他會攻訐巫婆、女管家，尤其是陪媼，對他來說陪媼更是體現了老年的本質：「鼻子和下巴接到了一起，兩者極為靠近，像鳥爪一樣。」這些本來應該保護年輕女子的陪媼，卻也帶壞了她們。在奎維多之後的兩個世紀，西班牙文學大大地就「陪媼—淫媒」的題材做發揮。

在法國十七世紀初期，古典主義之外，一種以怪誕、詼諧風格為主的文學發展了起來，而且喜歡形塑醜陋的形象。聖阿芒[215]的詩作中讓人印象強烈的是，他將老婦比作「死亡活生生的影像」。他也以玩笑的態度將年歲橫加在老婦身上：「妳從前為梅露辛的祖先搖搖籃[216]。」他也描寫了一位老妓女：

「老妓女佩雷特的臉像是敷了石膏
她嘴裡的口氣臭氣薰天
臭得比老藥膏更厲害」

馬杜翰．雷尼耶[217]在他大受歡迎的《瑪賀特》（*Marette*）中寫到一個老淫媒成為篤信宗教的人。他還描寫了三名老婦，形容她們枯瘦如柴得駭人。在泰奧菲爾．德．維奧[218]的詩作中，老婦人則是肥胖、矮壯的，但即使她被形容為肥胖，在作者筆下對她並沒有比形容她枯瘦如柴的雷尼耶留情：

「下巴，垂掛在雙下巴下面，

213 譯注：奎維多（Francisco de Quevedo，一五八〇—一六四五），西班牙貴族、政治家，也是巴洛克時期的著名作家。
214 我們知道西班牙天主教多麼喜歡以令人嫌惡的描寫來表現人類的景況；某些畫作表現了蟲蛆啃食屍體，啟發這類畫作的靈感，我們也在奎維多身上見到了。
215 譯注：聖阿芒（Saint-Amant，一五九四—一六六一），法國詩人，作品以詼諧、諷刺的文風著稱。
216 參考馬提亞爾，一五〇頁，還有希貢涅（Sigogne）的一句詩：「您比阿瑪迪斯更古老。」
217 譯注：馬杜翰．雷尼耶（Mathurin Régnier，一五七三—一六一三），法國諷刺作家。
218 譯注：泰奧菲爾．德．維奧（Théophile de Viau，一五九〇—一六二六），法國詩人、劇作家。

下面又垂掛著鬆垮的乳房；
乳房垂掛在肚子上，
肚子又垂掛在膝蓋上。」

我們見到幾乎同樣是不乏傳統作風的反修辭，接替了佩脫拉克文體的修辭（即盛讚女人與愛情），而且反修辭在十七世紀上半葉日趨消亡。只有一位作家起而護衛老婦人：梅納爾[219]。但他也在一首詩中提到了一名可憎的老婦，她「沒牙的嘴裡吐出惡臭的口氣，使得貓都打起噴嚏來[220]」。不過，他也是一篇美麗的詩篇《老婦頌》的作者。在這首詩中，他頌讚老年的優雅。他寬慰他的心上人，說她即使滿頭白髮，他也會像她從前一頭金髮時一樣愛她：

「從妳年幼時即跟隨著妳的美貌
在妳年華老去之日仍然沒離開妳。」

這是全新的文學表現，但隨後並未引發太多迴響。

作家對老男人的諷刺不像對老婦人那麼尖刻，但侯圖在《姊妹》一詩中描寫一個五十歲的老男人時，筆下不太寬容：

「每個人都認為他是出生在
土星之世紀或是大洪水的年代
他用來走路的三條腿，其中兩條有痛風
每一步都因衰老的踉蹌
要不斷地攙扶他或是扶起他。」

儘管如此，和前面幾個世紀比起來，這個時代的文學還是賦予了老年更大的價值。高乃依創造了堂・狄耶哥（《熙德》）和賀拉斯（《賀拉斯》）等這幾個深具分量的老年人角色。

高乃依從時事裡得到靈感，重拾了《歌謠集》中的主題，而西班牙劇作家紀廉・德・卡斯楚在之前也曾採用《歌謠集》的主題。國家尚未建制完成，個人和封建的行為準則繼續存在。封臣對領主的關係尚未斷絕，大領主還有很多封臣；一般的家庭為他們服務，對領主的義務大於對君王的服從。高乃依想要的是在君主和貴族之間保持平衡；他想要調和對法律的敬重（這體現了君王），以及慷慨與「勇敢」的古老價值。就像在《歌謠集》中，和在紀廉・德・卡斯楚的作品裡，是世代之間的衝突引發了悲劇，而這個悲劇在此處有兩個面向。處於盛年的伯爵以他當前的力量來對抗過去

219 譯注：梅納爾（François Maynard，一五八二－一六四六），法國詩人。
220 我們注意到從古代到十六、十七世紀一直都有這種陳腔濫調的看法，就是老人會發出惡臭，尤其是老婦人。但這個陳腔濫調其實不符合事實，因為詩中描繪的對象通常是富裕階級的人。這不過是在修辭上一再重複。

有力而今衰頹的堂．狄耶哥。「假如你是昨天的英雄，我卻是今日的好漢。」要說的是，伯爵一點也不把堂．狄耶哥的功勳放在眼裡，也就是說他毫不敬重老年人。堂．狄耶哥受不了的是過去已經過去，而受到重視的是現在。

「難道我活了這把年紀就為了蒙受這奇恥大辱？
難道我在戎馬生涯中熬得白髮斑斑
就為了看見我滿載的榮譽毀於一旦？」

在一生為國服務之後，本來應該處於人生頂峰的老年，卻因為它所帶來的體力衰微，可能毀了此生的榮耀。唯一能解救他的是自己的兒子，而兒子和父親一樣代表了同一出身門第。儘管他的談話岔開了一會兒，羅狄克立刻確認了這份門第認同：他為了護衛父親的榮譽起而報復，也就是為他祖先、為他自己的榮譽而戰。但是如果說他遵守了父親要他遵守的封建道德，他還是很嚴峻地對堂．狄耶哥說：「告訴我他是誰？說這些無用的話是浪費時間。」不管是在正值盛年的人身上，或是在年輕人身上，我們都見不到他們對老年人的尊重。在為他父親報仇之餘，羅狄克在某種意義上替代了他父親的地位。羅狄克戰勝了摩爾人，並且是王國的支撐力量，他即是英雄。國王就聲明：

「羅狄克現在是我們唯一的依靠，

是卡斯提爾的支撐力量，為摩爾人所恐懼。」

但如果說堂・狄耶哥失去了作為一個「活躍的人」的身分，他還是扮演了重要角色。他是兒子的好顧問。是他要羅狄克別陷於絕望，並遣他去和摩爾人作戰，以重新贏得國王的倚重。是他要國王在懲罰羅狄克之前先思考一番，這才使得熙德（即羅狄克）後來獲得了榮耀。最後，羅狄克和施曼娜在履行了他們作為子女的責任以後，兩人由國王作主，締下鴛盟。高乃依以他的作品實現了他的夢想：貴族（羅狄克）和君主靠著一個老貴族（堂・狄耶哥）的說項而取得和解。

這個居中協調者的角色也表現在老賀拉斯的身上。他是羅馬秩序的守護者，就像堂・狄耶哥是封建秩序的守護者。他們之間最大的差異在於，羅馬秩序並沒有個人主義表現的機會。當悲劇開始時，父親傳遞給兒子的權力順利移交，這符合了當時的制度，而且做父親的在他的三個兒子冒險上戰場時，置身事外，這對父親來說並不是恥辱。他平靜地接受他平生的榮譽不再操縱在自己手上，而是在他兒子的手上。然而，要是他的三個兒子背叛了羅馬，他會為羅馬、也會為他自己感到悲痛。他覺得這件事也關係到他個人。事實上，他將自己等同於羅馬城，因為他體現了羅馬的價值，這使得他幾乎具有一種神聖性。就是這種近乎超自然的威望使他兒子不至於因殺害卡蜜爾而受到懲罰。他要求的正義是絕對的正義。在這樣的正義面前，就連世俗的立法者也要低頭。

高乃依不僅承認了老年人在社會中佔有重要地位（至少是在理想上承認），他還認為老年人有愛人的權利。我們也看到了在十七世紀對承認老年人有愛人的權利這一點是很猶疑的。高乃依在愛上杜．巴爾克小姐時，已經超過五十歲——在他那個年代，這樣的年紀算是老了的。他為她寫了好幾首著名的詩：

「我知道我頭髮斑白，我知道年歲
留下不多的功勳給靈魂美好的人
……要是在我盛年時我顯得還可忍受
我太長時間愛人是否到今日仍然可能被愛
額頭滿是發黃的皺紋
在奉承中還帶有令人悲傷的魅力。」

「侯爵夫人啊，假如我的容顏
顯得有點蒼老
別忘了您臨到我這暮年
恐怕不會比我更好

時光總喜歡冒犯
最美好的事物

它會將您的玫瑰摧殘
就如它已使我的額頭皺紋滿布
……………………
在新一代的隊伍裡
我將享有某種聲望
您作為美人留下的痕跡
將僅僅像我所描繪過的那樣」

我們也知道他在杜．巴爾克小姐逝世後，寫了如下的詩句：

「我老了，美麗的伊希絲，老是治不好的惡；
日漸一日嚴重、時復一時厲害
只有死亡治得了它；但如果一天過一天
它使我再沒有能力讓您的奉承者增多
我終於得到我衰頹的果實
讓我在見到您時心緒不受干擾」

高乃依在《塞多留》一劇中，寫到了一位因陷入愛情而受折磨的老年人。他描繪了他體力衰退、頭髮灰白，「額頭滿是發黃的皺紋[221]」。這是一個羞怯而顫巍巍的多情人：

「以我的年紀，並不適合愛戀
我甚至對魅惑我的女人隱藏我的愛意」

在《普爾克麗亞》一劇中，已經六十六歲的高乃依分析了一個陷入愛情的老年人的感受。就像塞多留一樣，瑪爾基安怪自己還有情感。

「像我這樣的人還談情愛是不可原諒的
只要稍微反省我們自己，我們是受人鄙夷的；
我們憎恨自己感受到愛；這個我們不敢讓人看到的愛
掩飾這愛比去經歷這愛更加讓人痛苦
……………………………………
即使我們沒希望，卻一樣帶著嫉妒心
……只要一思及自己年輕的時光
在我們衰老的心靈裡即灑下悔恨、辛酸！

……回憶年輕時光毀了被愛的希望，我們在面對愛情時
必須說，總帶著某種憤恨
……我的靈魂之火不知不覺落入了情愛中
唯有透過嫉妒之心，我才明白自己陷在愛中
……愛一個可愛之人真是讓人受苦
在其他敵手眼中，我卻是最不值得被愛的。」

忠誠而低調的瑪爾基安向女王隱瞞了自己對她的愛，而且催促她嫁給別人，是女王自己在後來向瑪爾基安提議兩人假結婚。很多老紳士都在這個人物身上看到自己的影子，而且根據豐特奈爾[222]的說法，高乃依在寫這個人物時其實寫的是他自己。

格拉蒙元帥[223]讚揚高乃依，他表示：在舞台上，戀愛中的人從來不見有老年人，他很高興高乃依做了這樣的表現，而且如果高乃依是拿他自己當範例，那他更要大大恭喜他。高乃依對老年人的寬容態度，可以從他對社會的樂觀態度來解釋：儘管他出身中產階級，但他反中產階級，他希望國

221 這句詩和寫給杜．巴爾克小姐的那句詩是一樣的。
222 譯注：豐特奈爾（Bernard Le Bouyer de Fontenelle，一六五七－一七五七），法國散文作家。
223 譯注：格拉蒙元帥（Le maréchal de Gramont，一六〇四－一六七八），法國軍事指揮官和外交官。

家和貴族之間的聯繫能維持久遠[224]。

我們在聖—艾弗爾蒙[225]身上見到了類似的觀點。聖—艾弗爾蒙讚賞高乃依，並有許多想法和他一致。他晚年在嚴厲地抨擊了馬扎然[226]之後，流亡倫敦，老年生活過得非常平靜，讀書、寫作，尤其喜歡與人對談，並認為這活動比其他活動來得高尚。作為蒙田的門徒，他也不認為年紀能讓人更明智：「我失去了所有放蕩的感覺，但不知道我應該說這個改變是基於衰頹的身體，或是因為精神的節制變得前所未有的明智。就我現在的年紀來說，很難知道我們再也感受不到的熱情是熄滅了，還是被壓制了。」他和伊比鳩魯一樣，總是認為幸福主要是在於日子過得不悲慘，而且因為他身體健康，日子過得平心靜氣，讓他非常滿意自己的生活。不過他認為，年紀一老便難免有它令人傷心之處。他和妮儂．德．朗克洛之間誠摯的通信維持了很長一段時間。他寫到他再也不期望能夠再看到她，對此感到惱恨：「到了我這把年紀，我覺得最讓人不快的是，連希望都失去了。希望，是激情中最為柔和的；希望，它最能讓我們過得愉快。」他向來重視友誼，而且他不太區分是友誼還是愛情，因為對他來說，愛情應該由精神來支配，也就是應該建基在彼此互相賞識上；因而它不會成為激情，也不會使人受苦。這是一種我們可以引以為傲的感情，即使年紀很大了也一樣。他肯定地表示，老年人也有愛的權利，只要他不打算要對方以愛回報，就像瑪爾基安。他在八十歲時還溫柔地愛著馬扎然公爵夫人，對他來說，她是個絕佳的女朋友。在她死後，他又同樣低調地愛上了拉培欣侯爵夫人。他寫道：「對於老年人還繼續談戀愛，您大概會覺得很驚愕，因為可笑的不是陷入戀愛中，而是很愚蠢的以為自己能取悅對方……老年人僅剩的最大樂趣，是活下去；而他在戀愛中時更感覺到自己是活著的……結果就是，我愛故我在，愛讓我活力充沛，並讓我想起年輕時代的慾望，甚至偶爾讓我想像我還很年輕。」在他談友誼的論述中，他頌揚到很老了才結婚的森內特爾先生和埃斯泰元帥。他還說，所羅門王給他們做了好榜樣。他甚至認為人老了比任何年紀都還要傾向於愛。他在一六六三年[227]寫道：「我們才一開始變老，就因為對自己倒胃口使得我們討厭自己。這時候由於清空了對自己的愛，會比較容易裝進對別人的愛。」根據他的說法，老年時我們的自戀心理會受到傷害——這個想法既新鮮又有意思——因此他在一個具有誘惑力的女人面前變得更脆弱[228]。

我們看到了：老年人的形象比之前顯得更加精巧微妙。他仍是個人，而且在他身上並不禁止人類的各種感情。在高乃依和聖—艾弗爾蒙的作品中，所謂的愛情是柏拉圖式的精神戀愛。這種精神戀愛或多或少為輿論所接受，以區分貴族和中產階級的不同。愛情動搖了已婚、得對婚姻忠誠的克萊芙王妃，那為什麼在老年人身上精神戀愛便得是醜聞？事實上，這個世紀的人態度更寬鬆，要是有人譴責老年人結婚，會另外有人為八十幾歲的老年人邁入婚姻而稱喜。

---

224 約在同一時期，拉辛寫了《米特里達特》。老國王要強迫一個他愛她、她卻不愛他的女人結婚。但拉辛描寫這老國王，關注的是他作為一個暴君，而不是作為一個老年人。而且對於我們所關心的問題，拉辛並沒有給予太多關於這個世紀的資訊。

225 譯注：聖—艾弗爾蒙（Charles de Saint-Évremond，一六一三—一七〇三），法國散文家、文學批評家。

226 譯注：馬扎然（Jules Mazarin，一六〇二—一六六一），法國外交家、政治家，是路易十四的首相暨樞機主教。

227 他此時四十九歲。

228 我們稍後會討論這個想法。

在莫里哀身上，老年的問題又落入常規。對於老年這個主題，只依隨義大利早期作者的莫里哀處理起來並沒有任何出奇、創新之處。他從他們那裡重拾了生性多疑而愚蠢、輕信人言而吝嗇、膽小畏縮而好抱怨的老年人角色。老年人是被取笑的對象，而且他自己沒有意識到，甚而自命不凡。和泰倫提烏斯比起來，甚至和普勞圖斯比起來，莫里哀對老年人顯得更為嚴苛。在莫里哀的作品中，只有一個老年人顯得可親。在從《兩兄弟》中得到靈感的《丈夫學堂》裡，四十來歲的斯加納勒爾是個愛嫉妒又專橫的老頭。比他大二十歲的哥哥阿希斯特則是個開明、明智，注重自己的外表但不過分講究的人；他要娶的女人也深愛著他，斯加納勒爾卻是被他追求的女人騙去錢財。在此我們得糾正一個常見的錯誤：莫里哀的劇作中，並非所有的老頭都是四十多歲。阿爾諾勒夫的確是四十三歲。但是在《逼婚》一劇中，斯加納勒爾（他可笑地宣稱有個年輕女孩愛著他，最後他因此受到懲罰）是五十三歲。在《斯卡班的詭計》一劇中，傑宏德年紀已經很大了。阿巴貢則超過了六十歲。阿巴貢比《一罈黃金》裡的人物更為卑鄙，他不只視錢如命，還是個專橫、不講理的父親，還有他的愛情也很可笑。莫里哀在舞台上所表現的父親與兒子之間的衝突，是否符合真實情況？因為，與其說這是他的創造，還不如說這是模仿之作。所以就這個題材，我們不太能從他的劇作中看出他見證了他所處時代的風俗。

❖

十七世紀英國的社會景況

為了試著剷除蹂躪英國的貧困，伊莉莎白一世在一六〇三年（她在位末期）創立了「濟貧法」，也就是政府應該為窮人負責，通過教區來出面救濟。當時政府向人民徵收稅金，以取得必要的經費。那些還有能力工作的，就到「貧民習藝所」[229]受到剝削地工作；如果是孩童，就把他們租給農民或工匠；如果是老殘，則被送進收容所。在「貧民習藝所」裡工作非常艱苦。教區只救濟那些隸屬於地方社區的人。它並不照應那些新來乍到的人，更不會去照應那些為數眾多的遊民。

十七世紀的前四十年，許多慈善機構試著減緩窮困的景況；此時創設了不少收容所和醫院。宗教鼓吹大家要敬重貧困，並要求有錢人要施捨窮人。但是在清教徒取得權力之後，就這一點帶來了意識型態的革命。清教徒都是些小地主、工匠，尤其是商人。這些人曾經對抗過得到國王特許並且扼殺了他們生計的壟斷事業。他們要求自由貿易，還認為只有共和國才能讓自由貿易成為可行。這時，擁有有效率官僚制度的法國，知道怎麼吸收中產階級與政府合作，而不至於動搖了政府的權力。在政府部門機能不全的英國，受刁難的中產階級和君王之間則爆發了衝突，結果是君王成了輸家。中產階級就此興盛起來，並振興了經濟。就經濟這一點來看，英國大不如荷蘭。清教徒努力讓基督教適應以競爭為主的工商業社會。清教徒特別強調：「不工作就沒飯吃。」所有的宣教者都堅持工作的義務，因為中產階級認為妨礙進步的是懶惰和酗酒。英國作家伊莉莎白．喬瑟林在一六三二年

229 貧民習藝所（work-house）這個字出現在一六五二年，但它其實在創立「濟貧法」時即已開始。

寫道：「再沒有比懶惰更糟糕的狀況了。上帝當他是無用的大胡蜂，無法為上帝服務；他極度貧困的景況，使人人譴責他。」宗教上、道德上最高超的美德是做好生意。最好的祈禱方式，就是工作。工作是一種聖事，賺得利潤即是蒙神選召的徵兆。政府會向既沒遠見又懶惰的窮人徵收稅金；大家都不願鼓勵懶惰這個惡習。大家也譴責乞討這件事，認為它是不道德的。與其布施窮人，這時的人寧願把錢拿來做有息貸款。

窮困的老年人得吃苦。相反地，中產階級中的老年人則被看重。我們在前面已經提過，中世紀時的家庭並未被人理想化，不過，後來中產階級的清教徒家庭則將其理想化了。祖先即是家庭的象徵和體現：大家要敬重祖先。十六世紀時，做父母的要求做孩子的要順服，他們的婚姻由父母來安排，有時甚至會讓五歲的男童和三歲的女童結婚。在伊莉莎白一世時代的戲劇中，可見到年輕人為自己選擇婚姻的自由而奮鬥。這個時期的清教徒中，父母的權威是前所未有的明確而嚴酷。一六〇六年，英國聖公會公約採用了一位法國人波丹[230]的想法（波丹的作品剛被翻譯為英文）：做父親的有權決定子女的生死。清教徒也表示：君王對他的子民來說應該像個父親，而且一家之長對他的家人應擁有威權。當時，對於管理家庭有很多訓誡，也有許多是關於必須承認老年人具有威權的訓誡。擺脫了激情（至少大家這麼認為）的老年人可以說自然會過著禁慾的生活，清教徒則希望大家過得像他們一樣：他們是人人該模仿的榜樣。而且，如果說成功是受到上天祝福的徵兆，那麼長壽就是德行的報償。基於上述這些理由，清教徒認為老年人應該受到尊崇。清教徒掌權時，試著將他們的道德準則施行於整個國家。他們關閉了劇院，因為在他們眼中這是墮落的場所。

英國斯圖亞特王朝的復辟激烈抵制了清教徒。當劇院再度開放，在當時的社會是件大事，而且這時舞台上的女性角色第一次由女演員來扮演。在三十年間為舞台寫劇本的作者，和為演出鼓掌的觀眾，是人數非常有限的一些貴族。這些貴族將清教徒頌揚的中產階級價值踩在腳下。他們嚴峻、譏誚的戲劇公開嘲笑了所有形式的道德，特別是他們又開始鄙夷老年。

伊莉莎白時代的戲劇中，年輕人為了爭取自己的自由而奮戰，但在寫到老年人時卻混合了好感與嘲諷。十七世紀末，描寫世代之間衝突的喜劇蓬勃興起，其中最具代表性的就是康格雷夫[231]的《以愛還愛》。劇中的一對情侶瓦倫丹和安潔莉卡，兩人各自都得面對一個可憎而可笑的老年人，也就是他的父親和她的叔父。弗賀塞特[232]是個「文盲，而且性格陰沉又迷信，自以為懂得占星術、看手相」，而且不斷地賣弄他對未來的預卜。他年輕的妻子背叛了他。他的姪女粗暴地把事實告訴他，讓他變得可笑。至於森普遜，是個「父不父」的父親。為了懲罰揮霍的瓦倫丹，森普遜強迫瓦倫丹把他本來應繼承的遺產給他的弟弟班（班是個水手，才剛回到家）；在此條件下，森普遜才願意付清瓦倫丹的債務。瓦倫丹因為債權人逼得緊，不得不接受這個條件，而且如果他想娶安潔莉卡為妻，就必須解決債務問題。不過，瓦倫丹和父親森普遜之間爆發了衝突。他指責父親吝嗇、木石心腸。

230 編注：波丹（Jean Bodin，一五三〇—一五九六），法國政治哲學家，他在著作《國家六書》裡，提出國家政治學說的核心概念「主權」理論。

231 譯注：康格雷夫（William Congreve，一六七〇—一七二九），英國劇作家。

232 Foresight，意即「有先見之明的人」。

森普遜以難以置信的傲慢回答他：「我難道不能做我想做的？你難道不是我的奴隸？我不是把你生了下來嗎？你難道是自願來到這個世界的嗎？難道不是我以一個做父親的合法權威讓你出生在這個世界的嗎？」更讓人不可忍受的是，森普遜表示他要娶安潔莉卡。安潔莉卡假裝接受這樁婚姻，機敏地讓森普遜還清了瓦倫丹的債務，使瓦倫丹不用放棄他所要繼承的財產。她在森普遜面前笑了開來，說道：「我一直愛著您的兒子，而且我一直痛恨您會記仇的性格……您的缺點遠比您的優點來得多；一想到我能在他身邊一起過快樂的日子，並讓他過得快樂，我心中就歡喜得不得了，而看您受到懲罰也一樣讓我歡喜得不得了。」瓦倫丹對此也有共鳴：他很高興看到自己的父親敗北。類似這樣的劇情在許多劇本裡都可見到。在前四幕裡佔有優勢的年輕人到了第五幕更獲得了勝利。傳統對「老年人」的敵意到此時達到了頂點。做兒子、做女兒的起而反抗年老的父親。他們否認由清教徒強加的道德價值、社會價值。

❖

十八世紀歐洲的意識型態與社會變遷

到了十八世紀，整個歐洲因為衛生改善的緣故，人口增加，而且年輕化。根據在法國孔曼吉的里維埃新城所做的調查，顯示了在一七四五年之後，年輕人的死亡率從每年十五到二十人過世，降到每年三到四個人。同時，物質生活條件的改善也有利於人活得更久。在一七四九年以前本來很少見的八十歲以上的人，這時日漸增多，甚至百歲人瑞也是。不過，這樣的進步幾乎只在特權階級才能感受到。到一七五四年，一名英國作家在提到法國農民時，曾寫道：「他們在四十歲以前就日漸衰弱，因為得不到適當的休息，以恢復體力。」到了一七九三年，一位在歐洲旅行的英國人寫道：「儘管吃得太好、缺乏運動和帶有不良習氣在他們身上引發了各種疾病，但他們[233]還是比下層階級的人多活十年，因為下層階級的人被工作、窮困、疲勞折磨得年紀未到便已衰老，而且因為他們窮，所以無法取得必要的物資，以維持生計。」受剝削的階層即使能夠活到年紀很大，也是活在窮困中。從十四世紀開始，中歐便出現了「互助保險機構」。「互助保險機構」在法國屬於非法的地下活動，景況艱難。勒沙普里埃法禁止了「互助保險機構」，也禁止了各種同業公會。總之，「互助保險機構」的資金非常不足，家裡人養不了的老年人就只能靠教會的救濟。

在英國，以「友誼」為名，「互助保險機構」發展了起來。十八世紀下半葉，感傷主義的興起影響了全歐洲的思想，並使得大家在面對窮困時不再無動於衷。這時大家瞭解到該對窮困負起責任的是社會，而不是窮人本身。一七八二年的法律讓教區集結起來以收取窮人稅，並運用窮人稅。政府似乎承認了每個人都擁有生存權[234]。一七八五年，齊聚在斯賓翰連的大法官頒布了一項法令，法令中規定，如果一個人工作仍養活不了自己，社會必須滿足他的生存需求。公共救濟事業局即朝著

233 指有錢人。
234 但在這時期，兒童在工廠、作坊裡還是一樣受到嚴重的剝削。

這個方向進行改革，因此殘疾人、老年人的窮困景況稍微有了改善。另一方面，工人結盟起來的情況日漸增加，一方面是為了與大老闆對抗，另一方面則是為了互相聯手和失業、疾病對抗。

在特權階級，社會風俗變得較不嚴苛，讓上了年紀的人因此受益。因為技術的進步，在法國，以及在全歐洲，物質生活也變得比較舒適，比較不累人，譬如說，旅行再也不是一項嚴苛的考驗。變得比較繁複的社會生活需要靠更多的智性、更多的經驗來處理，而比較不再靠體力。薩克斯元帥儘管患有痛風，還是打贏了豐德諾的戰役。老年人在社會中活動的時間延長了。六十幾歲的人仍然在社會上活動，他們上劇院、進沙龍，社交生活活絡。就像在上一個世紀一樣，如果老年人記憶力不錯，大家會很樂於有他們作伴。年輕人訝異地聽著九十幾歲的豐特奈爾陳述他過去的事蹟。在他說到「我到了拉斐特夫人家，看見了塞維涅夫人[235]走了進來」時，大家還以為是自己在跟幽靈說話，不禁讚嘆起來。看到老年人娶比他們年輕許多的女人，大家再也不會太吃驚，就像馬蒙泰爾[236]、馬里沃[237]的情況。正在社會中竄起的中產階級創造了一種意識型態。在這種意識型態中，老年人受到重視。

尤其是在英國，技術的進步引發了工業、金融、商業的發展。新崛起的階級富有、有權勢，很自豪地意識到自己的身分地位，因此在道德上也打造了一套適合自己的準則。在倫敦，自十七世紀末開始，到處可見協會、集會、咖啡館（超過三千家咖啡館）興起，大家在這些地方透過談話打造了時代新人類的面貌。英國的斯蒂爾[238]和阿迪生[239]可以說啟迪了新時代的思想。他們兩人出版的《閒談者》，尤其是《旁觀者》，致力於改造舊人類，鼓吹人之為人的嶄新風格。這樣的人特別體現為商人：商人是人類的朋友，是冒險者、世紀的英雄；但他是個講求和平的英雄，他拿的不是劍，而是手杖。這樣的人不賣弄炫耀：他很樸實，追求的是實用，而不是排場。這樣的人也不喜歡社交活動，而是過著隱退的生活，特別喜歡隱退到鄉間。這樣的人看重道德更勝於藝術。戲劇以令人訝異的方式表現了這個改變。十七世紀末展現了道德的面向，起而對抗掌握戲劇的那一小撮人。清教徒嚴肅刻苦的生活方式在此時已成了遙遠的過去，大家再也不覺得有必要刻意反其道而行：但有一些成名作者的大膽到最後反而引發大眾的反感。身為牧師、記者、小冊子[240]作家的謝里耶，為了起而對抗這些成名作者，寫了一篇獲得極大成功的諷刺小文。這無礙於康格雷夫在兩年後以他的劇作《如此世道》贏得喝采。但是接下來，康格雷夫再沒有什麼作品。戲劇成了道德、感傷之作：戲裡只演出忠實的老僕人、父與子之間彼此親愛，再也沒有衝突。戲中所有的人物都讓人深有好感[241]。

這樣的趨勢在法國也越來越風行。時代的新人類，就是哲學家。這樣的人公開主張世俗道德，

235 譯注：塞維涅夫人（Madame de Sévigné，一六二六—一六九六），法國書信作家。

236 編注：馬蒙泰爾（Jean-François Marmontel，一七二三—一七九九），法國作家，五十四歲時娶了十八歲的年輕妻子。

237 譯注：馬里沃（Pierre de Marivaux，一六八八—一七六三），法國小說家、劇作家。

238 譯注：斯蒂爾（Richard Steele，一六七二—一七二九），愛爾蘭的作者、記者，政治人物。他和阿迪生一起創辦了風行一時的雜誌《閒談者》、《旁觀者》。

239 譯注：阿迪生（Joseph Addison，一六七二—一七一九），英國散文家、詩人、劇作家及政治人物。

240 編注：小冊子曾是西方歷史悠久的重要媒體，不定期出版，內容不一，例如政治、宗教、藝文、評論、宣揚道德等等，通常倡議成分濃厚。

241 尤其請參考斯蒂爾在一七二二年上演的《清醒的戀人》。

和人文主義；狄德羅[242]就是其中最有力的人士，擁有最多的追隨者。事實上，十八世紀的法國陷在陰暗無光、動盪不安中，秩序失衡和衝突的景況導致了法國大革命。在這時期，文學以嚴酷，甚至惡毒的筆調描繪人類，像是普列沃斯神父[243]、馬里沃、拉克洛[244]、薩德[245]。不過，此時的中產階級公開主張樂觀主義。中產階級認為自己是人類最完美的化身，因此對人做了一番讚美：人的天性是善良的，所有的人都是手足，每個人都應該尊重他人的自由與他人的意見。出於你對自己的愛，愛他人要如同愛自己——這成了道德最主要的訓誡，而且更加推而廣之所謂「他人」的這個概念。十八世紀更加在時間與空間中進行了探索：這時不再只是有教養的成年人統治天下。這時的人也對「野蠻人」產生興趣。盧梭[246]提醒成年人注意自己也曾經是小孩，而他們也在小孩身上認出自己。做母親的哺育嬰兒。在本世紀的開端，有人反對對兒童使用鞭子，一七六七年法律規定不准再鞭打兒童。在家庭中，兒童扮演的角色越形重要。成年人也在老年人身上見到了他們自己的未來。老年人在此時甚至具有特殊的重要地位，因為他象徵了家庭合一與恆久。藉著財富的傳遞而使財富能夠累積的家庭，是資本主義的基礎，同時，也因為家庭的因素，中產階級的個人主義興盛。財產還是握在年老的一家之主手上，他很高興自己掌有經濟大權。老年激發起別人對他的尊重，這樣的尊重是出於一種感傷的形式。事實上，這個世紀是「敏感的」；大家都出於一片赤誠在尋找人生實相。所有人都頌揚德行，帶有道德訓誡的故事所在多見，都是些「充滿人文思維的論述」。大家開始對弱者感興趣，像是小孩、老人。馬蒙泰爾講述自己在農村長大的童年時，感動了他那個時代無數的讀者。他提到了幾位善良的老祖母：「雖然已經八十歲，她們還活得好好的，在爐火邊喝口小酒，回憶往昔美好的時光。」熱魯茲[247]畫了不少老年人，而且他筆下的老年人會使人心變軟。伏爾泰[248]在邁入老年後更有威望，人稱他是「費爾內族長」。從一七八九年七月到一七九〇年七月，在所有的聯盟節上，老年人受到了敬重，主持聯盟節的正是他們[249]。一七九三年八月十日的節慶上，八十六個省的旗幟是由八十六個老年人來扛舉。

這種感傷主義在實際生活中引發了一些後果。「善行」（bienfaisance）受到了鼓勵。這個字是聖皮耶神父[250]發明的，用這個具有世俗概念的字來取代宗教上「慈善」（charité）的概念。所有的文學在這時都觸及了乞丐的問題。報紙也特別開專欄報導善行、「人道的行為」。一七八八年，在

---

242 譯注：狄德羅（Denis Diderot，一七一三—一七八四），法國啟蒙思想家、唯物主義哲學家、無神論作者，和百科全書派學者。

243 譯注：普列沃斯神父（abbé Prévost，一六九七—一七六三），法國作家、小說家。

244 譯注：拉克洛（Pierre Choderlos de Laclos，一七四一—一八〇三），法國小說家，代表作為《危險關係》。

245 譯注：薩德（Marquis de Sade，一七四〇—一八一四），法國情色小說、哲學書籍作者。

246 譯注：盧梭（Jean-Jacques Rousseau，一七一二—一七七八），法國思想家、哲學家。

247 譯注：熱魯茲（Jean-Baptiste Greuze，一七二五—一八〇五），法國畫家。

248 譯注：伏爾泰（Voltaire，一六九四—一七七八），法國啟蒙時代思想家、哲學家、文學家。

249 法國歷史學家米什萊（Michelet）曾記述這個事件：「在盧昂的聯盟節，集結了六十個城市的國民自衛軍；為了讓一個老年人來主持這次聯盟節，大家甚至跑到萊桑德利去找來一位八十五歲的馬爾他騎士。在聖昂代奧，代表所有人宣誓的榮譽落到了兩名分別是九十三歲、九十四歲的老人身上……到處都以居首位的老年人來帶領人民。」

250 譯注：聖皮耶神父（abbé de Saint-Pierre，一六五八—一七四三），法國作家、外交官、法蘭西學院院士，也是啟蒙思想的先驅。他可能是最早主張創立國際組織以維持和平的人。

《法國善心》一書中，慈善團體的名單就佔了兩大冊。為窮人募捐、分配物資給窮人的事大多是女人在做。梅希耶[251]在強調「八十幾歲的老年人、天生盲人、產婦等等」的貧困時，便寫到了這些女人。一七八六年，一家慈善機構表示他們救助了超過八百一十四個不幸的人，其中包括老年人、天生盲人、產婦。

事實上，從事慈善尤其是一種能夠讓個人得到快樂的活動。做善事以獲得快樂，是大家不斷覆述的一個主題。大多數中產階級最掛心的事之一，就是保障自己的幸福，認為自己能夠藉由美德、藉由平凡的快樂得到幸福，另一方面培養自己和家人、朋友的關係。大家認為幸福主要就是休憩，認為必須提防極端的激情，只要擁有溫柔的情愛就好。這也就是說，大家認為老年是個享有快樂的年紀，甚至可作為典範，因為老年人不再為狂烈的激情所困。他很平靜，很有理智；沒有慾望比享受物質更好。過著平衡的生活能讓人心境平和，欣喜滿足。

布豐[252]明確地表示：「每天我健健康康地起床，我不也是跟你們一樣豐豐富富地享受了這一天？要是我依隨大自然的法則，也就是以符合我年紀的方式享受我的慾望、胃口、行動，我不就是和你們一樣明智，而且過得比你們更快樂嗎？那些讓一些老瘋子懊悔不已的過往回憶，相反地，對我卻是樂得還擁有記憶，樂得擁有愉快的情景、珍貴的印象，而這些不是和使你們愉悅的事物一樣可貴嗎？」

這一類想法讓達朗貝爾[253]抱持懷疑的態度，他寫道：「大家頌讚友誼和老年，對青春和愛情我們卻不需要做這種頌讚。」狄德羅也注意到：「大家尊崇老年，卻不喜歡它。」不過，狄德羅的作品中倒是有幾位可親的老年人，例如他自己的父親就是其中之一。賀蒂夫・德・拉・布賀東納[254]所著的《我父親的一生》大獲成功。他得意地描寫了「可敬的老年人」，誇耀家庭生活的甜美，但在此時的法國，家庭已漸漸敗壞，只是大部分的法國人仍對此深深懷念。他也描繪了鄉間生活的魅力，吸引了中產階級。他以當時流行的「敏感」筆調述說他垂死的父親，寫到當時村裡的老年人全都陪侍在側：「滿滿一間病房裡的老年人都淚流滿面。」

十八世紀法國戲劇中的老年面貌

十七世紀末到十八世紀的法國戲劇中，可以見到老年人的面貌開始起了變化。德杜許[255]在《三重婚禮》中生動地描繪了一個名叫歐宏特的人，性格專橫又小氣，愛自己的錢財勝過愛自己的孩子，並且強迫自己的孩子為利益而結婚。在德杜許的《忘恩負義》和《料想不到的障礙》劇中，做父親的都性格暴虐，令人難以忍受。不過，在《優柔寡斷的人》一劇中，皮杭特愛他的兒子，任由兒子任性而為。在德・葛拉費妮夫人[256]的《珊妮》一劇中，多希瑪爾是個有魅力的老年人，將自己奉獻

251　譯注：梅希耶（Louis-Sébastien Mercier，一七四〇－一八一四），法國啟蒙時期作家。
252　譯注：布豐（Comte de Buffon，一七〇七－一七八八），法國博物學家、數學家、生物學家，啟蒙時代著名作家。
253　譯注：達朗貝爾（Jean le Rond d'Alembert，一七一七－一七八三），法國物理學家、數學家和天文學家。
254　譯注：賀蒂夫・德・拉・布賀東納（Rétif de la Bretonne，一七三四－一八〇六），法國作家。
255　譯注：德杜許（Philippe Néricault Destouches，一六八〇－一七五四），法國劇作家、演員。
256　譯注：葛拉費妮夫人（Madame de Graffigny，一六九五－一七五八），法國作家。

給他養大成人的姪子；他是個有點專橫的人，有些太過自信，這使得他犯下過錯，但是他的善良還是遠遠勝過缺點，讓他有好報。在圓滿的大結局之後，有個人物下結論說道：「善良是美德之首，即使有時候它會讓你上當。」

博馬舍[257]在他的戲劇中，對老年的概念表達很細膩，有時甚至出人意表。他的一齣戲《歐仁妮》上演時，他只有三十五歲。這齣戲並不成功，當中有個討人歡心的角色是一位年輕女孩的父親：哈爾特萊男爵。博馬舍在描述他這位威爾斯的老紳士時說[258]：「男爵，是位公正、樸實的人，從他的外表、行事風格中都可以感受到這一點，但是一當他心中的熱情點燃，他就會表現得熱烈如火，言行舉止展現出真實、熾熱、讓人意想不到的一面。」這是第一次有人賦予老年人內在的熱情，當他這熱情爆發出來時，周遭的人都受到了驚嚇。在博馬舍最初的計畫裡，做父親的是個布列塔尼紳士，喜歡打獵，性格粗暴、執拗：「他對所有的事都採取最激烈的解決方式，什麼都想插手，卻什麼都毀在他手中，總之是個非常吵、非常不講理的人。」這樣的面貌更接近於傳統喜劇中老年人的刻板形象。我們不知道為什麼博馬舍大大改變了他的形象，但他對老年人的仁慈仍表現在他三年後上演的《兩個朋友》劇中。身為「敏感的哲學家」的父親是其中最討人喜歡的角色：睿智、有利他精神、慷慨大方，在有急難時出面解決。在《塞維亞的理髮師》一劇中，博馬舍以全新的筆調描寫一個說來其實平凡的老年人陷入愛戀。這個老年人是巴爾托羅，像極了莫里哀筆下的老頭[259]。在《費加洛的婚禮》中，巴爾托羅只在其中扮演了極小的一個角色，而這齣戲中也沒有其他的老年人。到了博馬舍生命晚期，於一七九二年演出的《有罪的母親》大獲成功。博馬舍在這齣戲裡以勸導人、撫慰人的觀點來看待老年，很得當時的人歡心。在《有罪的母親》的序言中，他提到阿瑪維瓦伯爵時說道：「在看這個角色的老年，並且看《有罪的母親》中的劇情，你們是不是和我們一樣同意，所有不是生來極為凶惡的人，在激情的年紀過去以後，最後都會變成好人，尤其是當他嘗到當父親的甜美滋味時更是如此。」伯爵在戲中也說道：「喔，我的孩子，我們總會到一個年紀。在這個年紀，正派的人會彼此原諒他們所犯的錯，原諒他們早先的脆弱，而且會表現出對彼此的依戀，取代之前讓他們互相敵對的激烈情感。」

一七九九年，一位名為比利的劇作家為時年六十六歲的萊佩神父[260]寫了一齣戲。他在序言中寫道：「他洞悉人心的力量，什麼都逃不過他的法眼……他是個天才，又有好心腸……他虔誠而不虛偽……對自然天性深有瞭解。」在道德家筆下，老年人就具有這樣的特色。

十九世紀初大量興起的音樂話劇（mélodrame）也是走同樣路線。老年人只扮演了次要的角色，不過他們往往很有威嚴、很讓人感動。他們有時會犯錯，但他們會以高貴的心靈來贖罪。在拉瑪爾特里耶[261]的《侯貝爾．盜匪頭子》中，侯貝爾的父親錯愛了他另一個兒子，而這個兒子把他關在高

257 譯注：博馬舍（Pierre-Augustin Caron de Beaumarchais，一七三二—一七九九），法國劇作家。
258 參見博馬舍的《論嚴肅戲劇》。
259 而且他更機靈，更不容易上當，這使得劇情更有意思。
260 譯注：萊佩神父（abbé de l' Epée，一七一二—一七八九），法國神父，致力於聾啞人的教育。
261 譯注：拉瑪爾特里耶（Jean-Henri-Ferdinand Lamartelière，一七六一—一八三〇），法國劇作家，也是最早翻譯德國哲學家席勒作品的人。

塔裡，後來是侯貝爾救了他。在劇中，老年人雖然受難卻顯得崇高。在畢克塞雷庫爾[262]於一八〇一所寫的《有兩個丈夫的女人》中，眼盲的老維爾納體現了最高的德行。他對榮譽的堅持使得他性格專橫而冷峻：他詛咒女兒，認為她應受譴責，而不聽她的辯白，只讓自己一心沉陷在恨意裡。但是最後他知道事實真相時，他選擇了原諒，身邊所有的人都感動得哭了。其中有個角色下結論說：「一個懂得原諒的父親，是上帝最完美的形象表現。」一八二一年，畢克塞雷庫爾又在《瓦倫丁娜》一劇中處理了同樣的主題。也是盲人的阿爾貝托對他的女兒很嚴苛，最後也和她和解了。大公無私、不屈不撓的他顯得高尚，讓人不得不激賞。

這時出現了一個新主題，那就是忠誠老僕人的題材。領主和封臣之間的封建關係，意味著封臣要將自己所得的全數奉獻給領主。正在社會中竄起的中產階級，夢想著他們也能像領主一樣享有利益。在寇茲布[263]的《憤世嫉俗與懊悔》中，寫到老托比因為處事平靜泰然，以及他聽天由命的安然態度，使得劇中其他角色都哭了。他雖然年紀大了，生活窮困，還是能夠在卑微中過得幸福。凱尼茲[264]於一八〇六年所寫的《顯貴的盲人》劇中，有個主要人物老歐貝爾多。他勇敢、自尊心強，對眼盲的年輕王子很忠誠，體現了所有的德行。

畢克塞雷庫爾的作品中，則是有許多忠誠的老僕人。

這些水準不高的作品反而更有代表性，因為它們符合大眾的要求，反映了他們的想像。他們在自己的階級之內尊崇老年人，在階級之外則讚賞老僕人長年無條件地對上層階級盡心盡意。文學中終於可隱約瞥見窮困老人的角色，但文學不是真的對窮困老人感興趣，而是對他們和主人在封建關係中的屬從感興趣。他們存在的實相都握在主人手中[265]。

❖

十八世紀文學、戲劇反映時代變遷

我們也在義大利戲劇中見到類似的演變。前面已經看到，十六世紀時「長褲先生」往往是可鄙的老年人，不過他們總是精力充沛。這情況到了十七世紀末有了改變。佩魯奇[266]在一六九九年提到「長褲先生」時，說「他是一個還想模仿年輕人的衰頽老人」，但是到了一七二八年，希果玻尼[267]描寫「長褲先生」是「一個好父親，一個充滿榮譽感的人，說話極度謹慎，對孩子很嚴格」。他「對人很粗暴」；他不再吝嗇，但仍很節儉，而且儘管他有許多優點，他還是被人騙了。

在哥爾多尼[268]的戲劇中，這樣的轉變特別讓人訝異。他描寫了威尼斯的道德風俗，其中也處理

262 譯注：畢克塞雷庫爾（Guibert de Pixerécourt，一七七三—一八四四），法國劇作家。
263 譯注：寇茲布（August von Kotzebue，一七六一—一八一九），德國劇作家。
264 譯注：凱尼茲（Louis-Charles Caigniez，一七五六—一八四二），法國劇作家。
265 在歐里庇得斯的《伊翁》一劇中年老的奴隸即是如此。
266 編注：佩魯奇（Andrea Perrucci，一六五一—一七〇四），義大利劇作家。
267 編注：希果玻尼（Luigi Riccoboni，一六七六—一七五三），義大利演員、作家。
268 譯注：哥爾多尼（Carlo Goldoni，一七〇七—一七九三），義大利劇作家。

了中產階級的崛起，並頌揚中產階級的價值。從十六世紀開始，威尼斯的海上霸權相對衰落了，土耳其帝國、西班牙、拉古薩共和國是它的競爭對手。威尼斯變成了一個工業大港，在此生產高級羊毛製成的呢絨。不過貴族們認為這類工作有損名譽，轉而到內陸購買土地，不做生意。到了十八世紀，貴族階級握有政治權力，但他們是靠著商人階級在城市裡積攢的財富才得以生存。在此時，「理想的人」指的是誠實、節儉、機巧的商人。這些優點在城市裡、在家裡、在他個人本身，比貴族頭銜更有用。貴族過著放蕩且荒唐的生活，商人則體現了理性和正直。商人的道德規約主要是在於他和家庭的關係上。這就是哥爾多尼所屬的中產階級的信念。

傳統上，「長褲先生」是商人。哥爾多尼在剛開始創作時，模仿義大利的即興喜劇，表現傳統刻板的角色。他的《掃興》一劇是較為個人的作品，而且劇中的老年人很讓人反感。哥爾多尼在舞台上呈現了四個「長褲先生」的化身，也就是四個老年人。他們憤世嫉俗、專橫、吝嗇、自私、頑固；他們觀念過時，而且痛恨青春；他們欺壓自己的家人；他們不准女人和孩子出門，不准他們玩樂，不准他們打扮。其中一個老頭想把女兒嫁給另一個老頭的兒子，但是這兩個老頭都不肯讓年輕人在婚禮之前見面。不過，兩位年輕人靠著他們母親的安排終於在婚禮前會了面。

在他的創作生涯中，哥爾多尼越來越執意於描寫他眼中所見的威尼斯社會，「長褲先生」也越來越接近「理想的商人」，但這時他不再是老年人，而是個不老也不年輕的人。他懂得管理自己的財富，懂得過日子，而且會給人好建議。哥爾多尼往往以他們當自己的代言人。在他最成功的一個劇本《乖戾的慈善家》裡，他描寫了一個父親的角色，筆調雖略帶諷刺，對此角色卻非常敬重。傑宏德性格粗暴、專橫，人很難相處，誰的話都不聽，沒問過自己姪女安潔莉卡的意見，就決定把她嫁給他的一個老朋友。不過，他是個慷慨的人，很照顧他僕役的家人。他答應為姪子償還債務。最後也明白了應該讓安潔莉卡依照自己的心意選擇夫婿，便准許她嫁給她心愛的年輕男子。

從喬叟以來，我們見到了富有老商人的形象有所演變。那時候（而且在隨後幾個世紀）他的財富為人人所艷羨；大家很不公正地說他是特權人士，報復他、嘲弄他。只有到了十八世紀，因為經濟較為發達，大家才較為明白商人對全體社會的貢獻。清教徒最先公開主張功利主義，因此他們在承認富有老商人的角色之餘，也賦予他各種美德。我們對於年紀大的商人更敬重了，因為他的興旺發達即表明了他是有智慧、有德行的。

十八世紀的作者和其他世紀的作者一樣，逃不開他們所處時代的影響。不過，在這個個人主義、新穎事物、各種思想沸騰的世紀裡，有許多作家的獨創性讓人驚喜。其中，這裡我們特別要提到的是斯威夫特[269]，因為他描繪的老年面貌呈現前所未有的殘酷。在寫作《格列佛遊記》第三卷時，斯威夫特是五十五歲，而且正經歷生命中的一段艱困期（和情人凡妮莎的關係劃上句點）。在第四卷裡（寫於之前），他以「犽猢」這種動物來惡毒地諷刺全人類。他後來寫信給波普[270]，說道：「我痛恨我們稱之為人的這種動物。」他也憎恨女人。幾年後，他寫了著名的詩作《貴婦化妝室》，其

269 譯注：斯威夫特（Jonathan Swift，一六六七－一七四五），愛爾蘭作家，以《格列佛遊記》著稱。
270 譯注：波普（Alexander Pope，一六八八－一七四四），英國詩人。

中有「西莉亞竟然大便[271]」此一主題。要是把老年看作是人類景況中最高貴、最完整的階段（至少在言詞上這麼表達），這只會激起斯威夫特的憤慨。他自己其實年紀也很大了，健康不佳，老年的確讓他在體力、精神上衰微。似乎他有預感自己的老年會大大衰頹。要是他沒有被對自己未來的恐怖幻想所糾擾，大概就無法那麼生動地描繪長生不死之人，而這些長生不死之人其實不過是享高壽的老年人。如果說他在晚年時，自己變成了一個可怕的「斯楚德布拉格」[272]，想必也不是偶然。

當格列佛知道有些拉格那格[273]人在出生時額頭上會有明顯的記號，以標示他們是長生不死之人時，讚嘆地說：他想像著他們幸運地不再受死亡憂慮之苦，擁有財富和各種知識，和其他長生不死之人交換關於艱難問題的意見；他表示，如果他自己是長生不死之人，他會對抗腐化，會致力於偉大的發現。和格列佛談話的人告訴他，其他地方的老年人總是保有繼續活下去的渴望，這裡卻不是這樣，因為他們親眼目睹人要是長生不死，等待著他們的是怎麼樣的命運。這人說：「我所設想的生存體系無理而不當，因為這種體系假設的是青春、健康、活力永駐……問題不在於是不是選擇永遠處在青春的顛峰，既茁壯又健康，而在於如何隨著老年帶來常見的種種不便，度過永生。」[274]事實上，斯楚德布拉格人在三十歲時便開始陷入憂鬱，而且情況越來越嚴重，一直到八十歲。「當他們八十歲時，不但有其他老人所有的愚蠢與毛病，還有更多是來自永遠不死這種可怕的遠景。他們不但固執己見、脾氣乖戾、貪得無厭、個性孤僻、驕傲自大、喋喋不休，而且無法結交朋友，對於所有天生的感情麻木不仁，因為他們的感情只到孫子這一代，就不再往下延伸了。嫉妒和心餘力絀是他們的主要感受，但是他們嫉羨的對象似乎多為比他們年輕之人所犯的惡行，以及老者的死亡……

他們除了在青年和中年時所學到、看到的事之外，其他都沒有記憶，即使有也很殘缺不全……他們之中最不悲慘的，似乎是那些昏聵、完全失去記憶的人；這些人得到更多的憐憫與協助，因為他們沒有充斥在其他人身上的許多惡質……」

他們一旦到了八十歲的年限，在法律上就視同死亡。如果長生不死之人恰巧與同類結婚，一到八十歲，依照國法就自然解除婚姻關係。他們只靠少量津貼維持生活所需。九十歲時，他們掉牙、掉頭髮。到這個年紀，也分辨不出食物的味道。「他們在談話時，忘了一般東西的名稱和人名。」「他們從來無法以讀書自娛，因為記憶力無法從句首維持到句尾。」「因此在自己的國家裡生活得很不方便，有如外國人。」

最後這一個想法是全新的。從前，特別是在中世紀，時間原地打轉，老年人在不起變化的世界裡漸漸衰頹。到了十八世紀，正在社會中竄起的中產階級相信一切都會有進步。這一點使得斯威夫特認為老年人的生活只是日復一日，在變動的世界中停滯不前，不會再變年輕。再也沒有能力跟上

271 譯注：斯威夫特在《貴婦化妝室》這首詩中描寫在外裝扮得像仙女似的貴婦西莉亞，一探她的化妝室，才知道她脂粉結塊、衣裙骯髒、梳子沾滿油垢……最後並以一句口吻粗俗的「西莉亞竟然大便」作結。意在諷刺儘管表面看來粉雕細琢的貴婦，到頭來仍是個具有動物性的身體。

272 譯注：斯楚德布拉格（Struldbrugg），此字為斯威夫特所創，意即「長生不死之人」。參見《格列佛遊記》第三卷第十章。

273 譯注：拉格那格（Luggnagg）是《格列佛遊記》中長生不死之人居住的海島。

274 譯注：《格列佛遊記》的翻譯段落取自單德興翻譯的《格里弗遊記》（聯經出版社）。

變化的老年人，落在時代的後面，孤孤單單，與外界隔絕，所有離他遙遠的事物皆被剝奪[275]。他和較年輕的世代再也無法交流。老年要面對的不只是衰頹，對斯威夫特來說，也要面對被放逐於世界之外的孤單。

愛奧尼亞的詩人彌涅墨斯[276]悲憫提索奧努斯[277]，因為永恆的老年是他悲慘的命運。人從來不企求永恆的老年。不過，我已經說過，人們幻想著青春之泉。歌德在《浮士德》中便觸及了「回春」的主題。但不管是在以浮士德為主角的古老傳說中，或是在馬羅[278]的劇作中，都沒有「回春」這個主題。浮士德是個學者，後來成了魔法師，因為對知識的渴慕而出賣了自己的靈魂。歌德的《浮士德》表現了渴慕知識的悲劇，以及人是有限的存在。不過，年紀也在他的劇本中扮演了重要角色。年老的浮士德從追求學問中再也感受不到幸福；他再也無法從中覺得自傲，再也不能使他陶醉其中。學問仍然是無止境的，他應該還能不斷地學習，但他是人的有限性的受害者。學習的慾望在他身上已經消失了；他再也沒有活下去的理由。為了重尋生機，他必須在青春特有的歡愉、愛情、迷醉的清新鮮活裡重生。他打賭，要是魔鬼梅菲斯托費勒斯還給他青春，他將不會濫用他所享有的歡愉，以致希望時間停止下來。但是，這個挑戰只有在他能夠重新感受到歡愉時才有意義。因此，歌德認為老年是抽象、冰冷而讓人失望的。他開始寫作《浮士德》的時候，只有二十五歲，當他於一八〇七年完成時，他四十八歲。雖然他自己還沒有經歷老年，卻已經意識到人的有限性。如果說他總是想要像蛇蛻皮一樣換上一層新皮，那是因為他有時會覺得在自己的老皮裡受拘束，而老皮在他看來已經耗損了。重點不在於年不年輕，而在於能夠恢復青春活力，也就是避開人的有限性，重新把人生當作是一場冒險，不讓人生走進死胡同。

❖

十九世下層階級老年人的困境

十九世紀的歐洲起了變化。這時的改變，大大影響了老年人的處境和社會對老年的看法。第一件要注意的事是，所有國家的人口都有驚人的成長。一八〇〇年，歐洲計有一億八千七百萬人；一八五〇年有二億六千六百萬人，到一八七〇年則有三億人。結果就是（至少在某些社會階層）老年人口大幅增加。這個人口增長和科學進步有關，使得社會對老年有了真正的認識，取代了原先對老年懷抱的迷思。這樣的知識也讓醫學能夠照料老年人、治癒老年人。從此，老年人因為人數眾多，

---

275 妮儂·德·朗克洛曾經在一封信裡提到，老年人孤單地處在一個不再屬於他的世紀裡。這樣的主題常出現在作家筆下，尤其是夏多布里昂。我稍後會再仔細談。不過，這是第一次有人公開處理這個主題，並且處理得強而有力。

276 譯注：彌涅墨斯（Mimnerme，鼎盛期在前六三〇—前六〇〇），古希臘哀歌詩人。

277 譯注：提索奧努斯（Tithon），古希臘神話的美男子，與女神相愛，女神請求宙斯給他永生，但永生卻是永遠的衰老，而非青春永駐。

278 譯注：馬羅（Christopher Marlowe，一五六四—一五九三），英國伊莉莎白時代的劇作家、詩人及翻譯家，是莎士比亞的同代人物，著有《浮士德博士悲劇》。

以至於文學作品再也不能忽視他們。在法國、英國、俄國，小說家們致力於描繪社會的全貌，於是他們不只會寫到特權階級的老年人，也寫到低下階層的老年人。在此之前，除了幾個罕見的例外，沒有作家提到低下階層的老年人。

但這不表示老年人的處境整體而言變得有利。相反地，我們可見到許多老年人是十九世紀經濟變遷的受害者。

緊隨著人口增長，到處都出現了三個現象，這三個現象彼此緊密相關：工業革命、鄉村人口大量往城市遷徙、無產階級的出現與發展。

在英國，鄉村人口大量外流是從「圈地運動」[279]開始的，這項運動使得許多農民陷入貧困。關於社會救濟的法律有其不良的後座力，在十九世紀初，農民收入減少使得他們不得不離開農村。當一八四六年投票通過自由貿易之後，英國的工業、商業從此壓倒了英國的農業，得到勝利。

在法國，十八世紀末時有一波重要的農村人口外流。本來佔全體人口十分之一的城市人口，在這時佔了五分之一，總共約有五百五十萬人。農家子弟尤其會遷徙到規模較小的城市，轉而成為商人、雇員、公務人員，社會地位因此提高。十九世紀初，農村人口外流的現象暫緩。從一八〇〇年到一八五一年，城市人口增加了三百五十萬人，不過考慮到整體人口的增加，城市人口也只佔全體人口的二十五%。因為稅金的負擔減輕，農民的收入增加，卻又因人口增加而消蝕不見。在一八四〇年到一八五〇年間，鄉村所生產的已不足以養活鄉村人口，因此在一八五〇年到一八六五年間，鄉村人口外流加速進行。接下來的幾年間，農村工業（對農民來說這大大地補足了他們的收入）隨著工業生產集中化之後式微。技術的進步使得窮人開墾土地更加困難，因為他們沒辦法和將資本引進農業的中產階級地主競爭。此外，自一八八〇年起，靠著交通工具的發達，美國能夠將它的小麥輸入法國。這樣的結果就是引發嚴重的經濟危機，農村人口繼續外流。一八八一年，三分之一的人口都集中在城市。十九世紀末，工廠提供給農家子弟就業機會。這使得無產階級人口更形擴大。

這樣的變化對老年人來說卻是災禍。不管是在法國或是在英國，老年人的處境從來沒有像在十九世紀下半葉這樣殘酷。工作並未受到法律保護；男人、女人、孩童都遭受嚴重的剝削。上了年紀的工人，再也沒有能力跟上工作的節奏。工業革命是以極度糟蹋人力資源為代價。在美國，一八八〇年到一九〇〇年間，泰勒制[280]造成大量的死亡；所有的工人都過早殞命。那些殘存下來的人，等到因年紀太大而喪失工作時，只能陷入貧困中；這種情況到處可見。在法國，從波旁復辟開始，互助保險機構是允許存在的，到一八三五年時則受到承認，但是在一八五〇、一八五二年，它落入密切監管的制度中。第三共和藉由一八九八年四月一日的法律讓它的存在具有法律基礎。但是，即使是在它景況良好的時候，資源還是不足，尤其是它涉及的是照護老年人這個沉重的負擔。在英國也有類似這樣的互助保險機構。塞伊[281]便極力主張：「與其生小孩，倒不如存錢。」但這樣的建

279 譯注：圈地運動（enclosures），指英國政府通過議會立法，使地主、貴族在農村收購土地合法化。

280 譯注：泰勒制（taylorisme），十九世紀末美國人菲德烈．溫斯羅．泰勒（Frederick Winslow Taylor）所創立的一種管理制度。他分析人的動作與時間的關係，設計出一套最有效的標準化工作流程，以最經濟的方式達成最高的生產量。

281 編注：塞伊（J. B. Say，一七六七－一八三二），法國經濟學者。

議對工人來說，等於是揶揄。在法國和英國，到處都可見老遊民、老貧民。

在法國鄉下，家人彼此照應是常規。要是在家中居統轄地位的老年人仍然很有活力，或是仍然很富有，能夠掌理他的土地（繼續下田工作，或是把田地租給農工），那麼他對他的孩子就仍然保有威望。鄉下地方仍存在著父權家庭，在家中掌權的老年人有可能專橫行事。不過，只有在富裕的農家才看得到父權家庭，而富裕的農家很罕見。一八一五年時的農耕活動仍然很原始，它的發展非常緩慢；農業的收益低得讓農民幾乎無法存活。老了以後，他們再沒有體力耕作，也沒有儲蓄足夠的金錢以雇人來為他工作。他們只能任憑子女擺佈。但那些也活在貧困邊緣的子女，根本沒有能力供養不能再貢獻力量的「吃閒飯的人」，有時候會將老年人拋棄在濟貧院裡。一八〇四年，蒙特里沙爾的濟貧院院長憤慨地表示[282]：「老年人應該把所有屬於他們的東西帶到濟貧院來；然而，不近人情的子女在把父母帶到濟貧院時，甚至會把老父母身上的衣服都脫掉帶走，再把他們丟在大廳。」通常，子女會把父母留在家中，但是《李爾王》裡描寫的中世紀景況到其後幾個世紀仍然延續著。再也沒辦法下田耕作的老父親把田地留給了子女，他的子女卻往往讓他餓肚子，惡待他。胡維拉·德·居薩克在他的《阿偉龍省與塔恩省的農民記事》中寫道：「子女忘了該對臨到老年的父母盡責任，這種事太常見了。要是他們很不謹慎地把財產毫不保留地給了子女，或是沒立下可撤銷的遺囑，他們極可能受到子女鄙夷，而且日用所需往往會短缺。」

想必是受到真實情況的啟迪，這樣的主題在許多小說裡都可見到。在德利耶[283]《俄塞博·藍巴爾》這一部寫於一八八五年的小說中，寫到了在他們的父親死後，做妹妹的指控哥哥監禁了他們死去的父親。「如果他到我們家來，是因為你讓他吃爛掉的馬鈴薯——而且你任由他在酷寒的冬天睡在乾草堆上等死。」費弗爾[284]和德佩茲[285]合著的小說《在鐘樓附近》，就受到奧布省胡弗赫市農民生活的啟迪，故事中老父親邦武赫被他的孩子粗暴對待：「他就湊合著過日子，還會被揍、被罵，整天只吃腐爛的馬鈴薯，就像豬一樣。」老父親最後上吊自殺了。在梅澤華的《盲人》中，幾個姪兒強迫他們的老叔父上街去乞討：「他要是袋子空空地回來，他們就會粗暴地打他、罵他，每個人，即使是年紀最小的，都會竭力讓他出醜，拿走他吃飯的碗，對他耍各種惡毒的詭計。」有一天他就死在路上。莫泊桑[286]在《父親阿瑪勃勒》裡寫了一位耳聾、半殘、和兒子一起生活的老父親沉寂而悲傷的景況。他的兒子不顧阿瑪勃勒的反對再次結了婚，娶了一個和別人生了一個孩子的女人。阿瑪勃勒的景況越來越差，越來越悽慘。後來他兒子死了。媳婦對待老丈人不算太壞，但她又和別人結了婚，老人於是上吊自殺。

法律竭力保護老年人的權利，以防止他們後代的粗暴對待，或是忽視他們。對於實際發生的情況，必須以法律的規範來做防範。生前將財產贈與孩子而身無分文的老年人，可以相應地每年得到一筆養老金，金額多少則要在公證人面前議定。要是他的孩子拒絕支付這筆養老金，他可以上法院

---

282 參見C．拉博伊神父所著的《蒙特里沙爾的歷史研究》。
283 譯注：德利耶（André Theuriet，一八三三—一九〇七），法國詩人、小說家、劇作家。
284 譯注：費弗爾（Henry Fèvre，一八六四—一九三七），法國小說家、劇作家、藝術評論家。
285 譯注：德佩茲（Louis Marie Desprez，一八六一—一八八五），法國自然主義作家。
286 譯注：莫泊桑（Guy de Maupassant，一八五〇—一八九三），法國作家、文學記者，素有「短篇小說之王」美譽。

告他們。原則上，他的處境再也不必取決於他家人的善心或惡念。不幸的是，法律提供他的這層保護，他往往要付出高昂的代價。從前他的孩子總是盡量少為他付出，現在他們的利益變得明確而可以衡量，因為他要收取孩子不得不付的養老金。結果，孩子們非常有理由結束他的性命——這是避開法律嚴苛規定的最簡單方法。我們沒辦法知道在哪個世紀謀殺老父母（不管是藉由暴力或藉由剝奪他們的需求）的比例是最高的。這樣的事件，大多數埋藏在沉寂的鄉間，但到了十九世紀，因為事件太過多見，以致輿論察覺此風，並為此事感到不安。這類事端會傳開，是不是意味著大家更加關心老農民的命運呢？或者是謀殺事件增加，而犯罪者越加輕率了？沒有任何資料可以讓我們深入瞭解這件事。

確定的是，財產被剝奪後的老父親處境危殆，往往會被揭發出來。博內梅爾[287]於一八七四年所著的《農民史》中，就針對這一點寫到了：「充滿了厭惡，他是所有人、是他自己的負擔，而且對他的孩子來說他如同外來客。他帶著餘生的厭煩，從這個孩子的茅屋遷移到另一孩子的茅屋。他終於死了……只是他是趕緊死了的，因為孩子的貪財之心顯而易見，這貪財之心會讓他們動起弒父之心。」博內梅爾表示，老年人往往在還沒真的死亡之前就被埋葬：「在窮苦人家家裡，老年人陷入昏睡，大家視他如已死亡，因為根據杜布伊先生的說法[288]，一般人家裡不總是有兩個房間，大家都趕著繼承。」博內梅爾提到，光是在一八五五年就發生了四宗弒親案[289]。這類罪行發生得這麼普遍、這麼廣為人知（即使有些案件仍晦暗難解），以致官方在一八六六年到一八七〇年間對法國農家展開調查。

一八七七年，保羅．杜侯做了一番綜論，指出了事實真相。杜侯以政府之名，出面勸說為人父母的不要在生前將財產留給後代。他提請老父母注意在財產被分光以後，只會有悲慘的命運等待著他們。他提到：「加速父母死亡的罪行，就是在孩子分得財產後必須付給父母養老金，而這會鼓勵他們殺害父母。一家之主一旦把他的財產分給子女，他就喪失了威權。他會被子女鄙夷、排斥，被趕出子女的家中，從這家被趕到那家，有時甚至不付他養老金，也不給他地方住。」

一八八五年八月五日《時報》的一篇文章裡，謝爾維爾特別指出老父母的悲慘命運。子女時時欺壓他們，讓他們餓肚子、上街乞討。做祖父的往往很疼愛孫子，但是「孫子越是長大就離他們越遠」，對老祖父的態度和別人沒兩樣。謝爾維爾這位記者表示，加快終結老父母的生命對子女來說是個大誘惑，因為奉養老父母總是要花大錢。

---

287 譯注：博內梅爾（Eugène Bonnemère，一八一三－一八九三），法國歷史學家、作家。

288 參見《會話字典》，「埋葬」一文。

289 在曼恩－羅亞爾省，有個名叫紀堯瑪爾的農民殺了他的丈母娘。他的丈母娘把她的財產都給了他，而他每年得付她二十法郎，和十二斗的黑麥（《立憲報》，一八五五年二月十二日）。

在鄰近利布爾納市的讓薩克鎮，有個六十歲男子殺了他八十歲的母親。他拿刀在她喉嚨上割了兩刀，以免再付她養老金（《快報》，一八五五年三月二十二日）。

在拉菲爾泰蘇茹阿爾，有天晚上在一條小徑上，一個農夫用棍子打昏了他的岳父，因為他得付給岳父八百法郎的養老金。一個女孩聽見了叫聲，舉發了這個農夫，他也承認了自己的惡行（《快報》，一九五五年七月二十九日）。

在納穆爾，有個名叫皮耶．貝松的農人打昏了他的父親，因為他父親的遺囑對他弟弟比較有利。

我再舉一個在一八八六年引起轟動的例子。在盧瓦－謝爾省的呂諾市，一對托馬夫婦活活地燒死了托馬太太的媽媽。

左拉[290]在他的小說《土地》裡，講了一個悽慘的悲劇。為了寫這部小說，他參考了一些非常可靠的文獻。有人[291]把他這部小說比作《李爾王》，左拉自己也在注釋中暗示了這點。雖然相隔數個世紀，莎士比亞和左拉的確都描寫了類似的景況。小說一開始，再沒有力氣耕作的老富昂將他的子女都召到公證人那裡分財產，而他的子女激烈反對老父親要求的養老金。「兩個老人的生活被挖出來檢查了一番，根據需要逐條討論。麵包、蔬菜、肉類一一斟酌……一旦不工作，就得知道儉省。」養老金的數目終於講定。老富昂和他老婆繼續住在自己家中。孩子們只付了一小部分議定的金額給老父母，使得老父親和他小兒子畢多爆發激烈衝突，老母親則因為過於激動而喪了命。有人說服老父親賣掉房子，住到他女兒家去，但氣量極小的女兒也處處欺壓他。就像李爾王一樣，他輪流住到每個孩子的家中，但他過得很不快樂。幾年的時間就這麼悲悲慘慘地過去了。畢多刻意把老父親引到自己家中，想要盜取他的錢財，而且粗暴對待他。其中有一幕是，老父親威脅地舉起拳頭——以前這個動作會讓兒子很驚惶——但這一次兒子順勢抓住父親的手、推倒父親，讓他跌坐在一把椅子上。就像被年輕猩猩打敗的大猩猩一樣，老父親從此覺得自己是輸家。他在失去了體力之後，連做父親的威權也失去了；即使有法律的保護，也不足以讓他不受凶惡的對待。畢多成功地偷走了他的積蓄。父親和兒子之間的衝突加劇，甚至有一晚，又像李爾王一樣，老父親跑出家門，在暴風雨中遊蕩直到天明，因為他看到了兒子和媳婦犯下一樁罪行，而且他兒子、媳婦再也不願負擔他的生活，於是他們悶死他，還在他的草褥上放火，假裝是意外。沒有仔細察看的醫生，准許兒子、媳婦埋葬了老父親。

《時報》中提到的祖父和孫子的關係，左拉在小說中也觸及了。有段時間，老富昂的悲慘生活因為他對孫子的感情，以及孫子似乎對他也有感情而得到寬慰。但有一天他到學校來帶下了課的孫子回家，孫子卻拒絕跟他走，還隨聲附和他的同學，取笑老祖父。

十九世紀中產階級老年人的有利處境

由於十九世紀對受到剝削的老年人有較清楚的認知（至少在某種程度上），因此和其他世紀相較，他們和特權階級的老年人，兩者的處境對照起來更是鮮明。老工人落入貧困中，成為遊民，老農人活得像動物一樣。年老的窮人處在社會最底層，處在社會最高層的則是上層階級的老年人。這兩者的對照是如此鮮明，以致我們幾乎要以為他們分屬兩種不同的類別。經濟和社會的變遷，對一方來說是災禍，相反地，對另一方來說則是受惠。

波旁復辟，流亡貴族回到法國，使得十九世紀初出現了真正的老人政府。流亡貴族買下土地，而且買的往往是從前就屬於他們的土地。一八三〇年，有一半的貴族土地又回到原先貴族的手中。擁有土地的貴族人數並不多，但與之利益往來的人士很多是中產階級。圍繞在國王身邊的貴族，使

---

290 譯注：左拉（Émile Zola，一八四〇—一九〇二），十九世紀法國作家，是自然主義文學的代表人物，著有《盧貢—馬卡爾家族》一系列小說。

291 特別是勒固義斯在一九五七年的《比較文學期刊》這麼表示。這兩部作品最大的差別，在於老富昂並不是人類景況的體現。

國王採行了「納稅選舉制」[292]——建基在土地所有權上——這使得貴族在政治上具有優勢。當時有九萬選舉人，也就是說在一百名成年法國人中，只有一個人擁有選舉權；被選舉人則約有八千人。由於這些流亡貴族年紀都很大，當時便處在一種可以稱之為不正常的情況下。小冊子作家法茲便在一八二九年表示：「我們把法國變小了，只將它圈限在七千到八千人的被選舉人之內，他們患有哮喘、痛風、麻痺，體力衰微，只想休息。」他強而有力地批評「奇特的法律，它只以老年人來代表國家」。老年人享有特權一直持續到一八三〇年以後的貴族院。出身貴族的塔列朗在一八三五年時對教育大臣基佐說：「我昨天到貴族院去。我們總共只有六個人……全都超過八十歲。」

這時候廣大的中產階級藉著剝削工人和農民，藉著有息貸款借錢給他們，而變得更富有。他們靠著經濟上的優勢，從擁有土地的貴族手中奪得了政治權力。在路易—菲利普治下，掌理國家大事的是工業大亨、銀行家、商業大賈，此外還有高階公務員、律師和教授。因為積累財富需要時間，所以他們大多年紀很大了。這時，我們還是可以說是「老人政權」當道。查勒．杜潘[293]表示，有一半的選舉人都超過五十五歲。根據杜潘的說法，兩千八百萬的公民支持五萬四千名左派選舉人，而三百萬的老年人則支持四萬六千名右派選舉人。這個數字只是大約，不過情況就是如此。這時可說是財閥政治當道，絕大部分的有錢人都是老年人。公司行號是由家庭經營，首腦通常是家中最年長者。定期收益不再是經濟的動力，如今靠的是經營的利潤，而它靠著投資來累積。家庭成員之間因利益而緊密相連，家庭以祖先為象徵。

從一八四八年開始，掌有政治權力的是銀行和工業。工業革命到此時便算完成：鐵路、紡織、冶金、礦業、糖業等等突飛猛進。銀行扮演的角色越來越重要。在這個變動的世界中，最重要的人物是「企業家」，而企業家必備的優點是主動創新的精神。通常，比父親來得大膽的兒子會說服父親在工廠裡引進最新的機器、最新的技術。另一方面，家庭式的資本主義漸漸地被股份有限公司取代。老年人失去了他經濟上的威望，普選制的選舉制度更奪去他政治上的優勢。然而在一八七一年時，國民議會主要是由鄉下老年人組成，其中有四百名保皇黨人、兩百名共和派人士，以及五十名難以界定政治傾向的人。保皇黨是有最多老年人的政治團體。

整體而言，在法國和整個西方世界，中產階級裡並沒有世代衝突，世代之間是處於某種平衡狀態。和「危險」階級[294]不同，中產階級在世代之間團結一致。在小中產階級裡，做兒子的社會地位往往比父親更高，做父親的卻會為自己兒子的成功而驕傲。這種社會階級的提升平息了世代交替之間本來會有的恨意。另一方面，新社會需要年輕人和老年人通力合作。因為新社會變得複雜，因此經驗、知識的累積對社會的進展是有必要的。在許多領域裡，年資是一項優點。年輕人靠著他們的膽大、創新精神取勝，但他們也認為有老年人的庇護通常是有用的。老年人在表面上握有權力；他代表了企業，但是他讓更有活力的合夥人真正掌握了企業的經營。

292 譯注：納稅選舉制（suffrage censitaire），只有納稅人才擁有選舉權的制度。法國於一七九一年建立納稅選舉制，到一八四八年才由普選替代，但此時的普選只有男性才可參與。

293 譯注：查勒・杜潘（Charles Dupin，一七八四－一八七三），法國數學家、工程師、經濟學家、政治人物。

294 譯注：「危險」階級（les classes « dangereuses »），一八四〇年所創的名詞，是上層社會人士用來指稱工人階級、窮人階級，因為認為社會的動盪不安該由他們來負責。

如果說老年人以保證人的面貌呈現，這是因為這時期的中產階級思想非常看重老年人。在法國、在維多利亞女王治下的英國，大家宣揚的美德是從前清教徒崇敬的德行。嚴守道德規範和經濟上的成功是相輔相成的。大家必須再過嚴肅刻苦的生活，因為必須再投資，以創造更多的利益。另外，整個傳統認為老人是沒有慾望的，因此致力於禁慾主義。再者，經濟思維視資本累積為萬靈丹，並過度延伸到心理領域，也就是說大家都認為累積總是好事：累積年歲，就是實現利益，就是取得價值。十九世紀的中產階級非常敬重這樣的價值：經驗。當時的經驗論聯想心理學家把這看作最高真理，肯定以下這個觀點：人年紀越大，就越和許多事物連結在一起，知識和智慧也會隨著增長。所以人通常是到了他生命的晚期，才達到人生的頂峰。

在城市裡，家庭不再採父權制。十八世紀末開始，因為有各種不同的工作機會，以及社交生活圈擴大，因此讓許多年輕夫妻可以建立屬於自己的家庭。不過，中產階級仍然很重視家庭傳統，藉著對長輩的崇敬讓家庭傳統延續下去。即使是在現代資本主義充分發展以後，這樣的影響力減退，但輿論還是要求大家要尊重家中長者，保障他晚年過得舒適、體面。

家庭的轉型也改變了孫子和祖父母的關係：他們之間不再有對立，起而代之的是緊密的結盟關係；不再是一家之長的祖父和孫子之間更有默契，同樣地，孫子也把祖父看作一個有趣而寬容的友伴[295]。

有某些處於盛年的作家，對於老年人在社會上佔有重要地位非常不滿。拉芒內[296]猛烈攻訐老年人。他在三十六歲時寫下：「我從來沒見過年紀沒讓他們精神衰弱下來的老年人，而我極少見到認為自己精神衰弱的老年人。」還有：「在這世上，什麼是老人？老人不過是一座會移動的墳墓。人群見到他便散去，只有幾個人會湊近去看墓誌銘[297]。」狄更斯[298]強力反對大家習慣性地把童年拿來比附老年。就這一點，他寫道：「我們稱之為童年狀態，但它不過是可憐而無用的假象，就好像死亡是睡眠的假象一樣。那在孩童眼裡帶著光亮與生命的笑意，老年人的眼裡哪裡可見呢？……把孩童和回返童年狀態的老年連結起來，這虛浮的比較讓人羞紅了臉，以我們快樂的童年來稱呼這個可怕而抽搐的模仿是污衊了童年。」

很少作者抱持上述這樣的態度。觀點完全不同的另外一些作者在反省老年時，反而是或多或少頌讚老年。就像前幾個世紀的隨筆作家，他們只對涉及自己階層的老年感興趣。我要提幾個具有代表性的例子。

叔本華[299]在《處世智慧錄》第十一章「論年紀的差異」裡，以他的哲學思維審視了人生的不同階段。我們知道叔本華是主張絕對的悲觀主義：人類唯一的機會是根除生存的慾望，並且不再生育

295 我們在前面已經看到，雖然形式不同，但在很多原始人類之中，祖父母和孫子之間的關係也很重要。
296 譯注：拉芒內（Félicité Robert de Lamennais，一七八二－一八五四），法國修士、作家、哲學家、政治人物。
297 拉芒內認為整體人類的景況陰鬱。他三十六歲時，正處於抑鬱期。他是個憤恨之心很重的人，說不定他對某些老年人一直抱著怨恨。
298 譯注：狄更斯（Charles Dickens，一八一二－一八七〇），維多利亞時代的英國作家，著有《雙城記》、《塊肉餘生錄》、《孤雛淚》等。
299 譯注：叔本華（Arthur Schopenhauer，一七八八－一八六〇），德國哲學家，唯意志論的開創者，著有《意志與表象的世界》等。

後代，讓自己整個落入虛無。意志越是強烈，人類就離智慧越遠，尤其是在年輕時。孩童是得天獨厚的，因為他是沉思靜觀的；他以一種審美的態度和世界保持著距離：他以永恆的觀點（sub specie aeternitatis）來看事物，以直覺來穿透事物的本質。這也是為什麼人在長大了以後會懊悔童年已經逝去。童年是快樂的，因為它是表象，而不是意志。相反地，年輕男子極度渴望活著：他追求幸福，但他找不到幸福，因為尋找它等於已經失去它。漸漸地，要是他有理智，他會明白幸福是虛幻的，只有痛苦是真實的，於是只求能解脫痛苦。年輕在智性上是多產的；靠著年輕，才有知識和創造，而三十五歲是智力發展的顛峰。然而，我們活在幻影和錯誤中。性本能將人維繫在一種良性的精神錯亂狀態。

四十歲以後，我們會變得憂鬱，因為雖然仍懷抱著熱情與野心，但我們開始有點醒悟了，我們見到了路的盡頭即是死亡，而在此之前是不會想到這個的。人生最快樂的一段時間是在衰老來臨之前的歲月，但條件是至少你有健康的身體，還有足夠的錢財以彌補你力量之不足，「老而貧窮是大不幸」。要是具備了上述那兩項條件，老年「可以是人生中非常過得去的階段」。時間很快地流逝，因此我們沒意識到日子無聊。激情消散，熱血也冷卻下來；從性本能解脫出來後，我們變得有理智。這時候：「我們多少有了這塵世間一切都是虛無的信念。」發現這個真理使我們在智性上平靜下來，而這是「幸福的條件和本質」。「年輕人認為他可以在這個世界征服美好事物，如果他知道到哪兒去找到這些美好事物。老年人則一心相信《聖經．傳道書》中所言：凡事都是虛空；而且他現在很清楚所有的核桃都是空心的，儘管它看來金光閃閃。只有到了年紀很大，人才能夠完全達到賀拉斯所謂「對任何事都不覺得驚奇」（nil admirari）的態度，也就是誠摯而堅定地確信人世的浮華盡皆虛空。不再有幻想！他完全醒悟了。」靠著老年這種清明的意識，一個人的優點只有在老年時才能更好地從中獲益。但大部分的人都機械般地生活著，過著重複的日子，日漸硬化，這便是人生中的「caput mortuum」[300]。邁入衰頹是好事，因為它有助於承受死亡。九十歲以後，人往往不是死於疾病，而是自我消亡。

我們已經看到，叔本華是基於他的悲觀主義而特別看重老年人。他承認老年人從幻想中醒悟過來讓他有「某種抑鬱的色調」。但老年人的優點是，在他身上生之意志幾乎消失了，我們又回到童年時期的沉思靜觀。要是人生是悲慘的，要是死亡是更可取的，處於半死狀態的老年便勝過還帶有幻想的年紀。叔本華對老年的評價其實都建立在消極面上：「人生的重擔事實上比年輕時更輕省。」

絲維琴娜夫人[301]對老年的思考很準確，指出下面這兩者之間的強烈對比：老年人的尊嚴，以及老年人因為大家認為他是「過去的權威人士，但這並不妨礙他預示未來」而失去威信。然而，「奇怪的是，老年並不會讓大家厭惡，而是讓大家鄙夷」。她非常準確地指出：「在人的心裡，再沒有什麼比老年更容易引起矛盾：他是年輕人不相信的幽靈，是拿來嚇唬旺盛雄性精力的東西；然而……大家都希望能活得老，而且盡可能地和老年的不便妥協。」她還說：「年輕人沒有把老年看

300　譯注：意為「死人頭」，即指像是活著的死人。
301　這位改宗天主教的俄國女士住在巴黎。政論家蒙塔隆貝爾、神父拉寇代爾、主教杜邦盧都出入她的沙龍。她晚年時日子過得很痛苦，歷經了親人死亡、身體有病痛。政治家法盧將她對老年的思索收錄在一卷隨筆中。

作是必要的惡，沒有像是接受死亡一樣地接受它。年輕人幾乎認為自己能避過老年，並且為自己不想延長生命而自豪，以免落入老年而得以恥辱為代價。」

她承認對人類來說，老年是個可怕的考驗。她對老年的描述讓人震驚，但是藉由這樣的殘酷，她希望這能使她更接近上帝：「如果我們採信人是自然的的說法，那麼青春就是真實的，而且說不定是唯一的好時光……宗教是和自然全然相反的。」「就外在世界而言，老年是盲目的……老年所有未成形的願望、所有老年取消的衝動都轉向了上帝，而且老年更加對上帝開啟了內在世界。」她很遺憾耶穌基督因為沒有經歷老年而沒能將老年神聖化。

叔本華和絲維琴娜夫人都努力以一種原創的觀點來思考老年。但是古老的陳腔爛調仍然廣泛傳播：我們在愛默生[302]談論老年的簡短隨筆中就看得到。愛默生身為美國中產階級，他的意識型態很因循守舊，直到晚年都仍抱持著他向來主張的樂觀主義。美國內戰讓他十分震撼，他選擇不動員，並選擇忽視可怕的重建時期。他相信自己是活在美好的世界、美好的時期。晚年時，體力衰頹的他頌揚老年生活的優點與甜美。他像西塞羅一樣都承認「大眾的信條是，老年不是可恥的，而是非常沒好處」，但是他什麼論說都提出，甚至連相反的論說也一樣。他提起歷史上享有盛名的老年人，卻一點也不問這些人的老年是否過得愉快，因為他雜亂地提起了熙德、丹多洛[303]、米開朗基羅、伽利略等人。他表示，老年人首先是因為他們很高興自己避開了許多危險，所以是快樂的。老年人再也沒有什麼好畏懼的：人生已經過了大半，也沒有什麼好被剝奪的了。這表示了愛默生對自己的地位、名聲很滿意，因為我們看不出他有別的理由這樣概括老年人的狀況。多虧了這個，他進一步說，成功並不表示什麼。老年人不再追求實現自我。老年人可以沉淪，而不受懲罰。他的第三個論點再現了第二個論點：老年人展現自己，老年人給出一個衡量的標準，老年人有權利靠他的過去得到休憩，再也沒有懷疑和不安。在這一點上，愛默生的樂觀主義和叔本華的悲觀主義非常相似：人老了以後，就不再行動，甚至不再思考，不再活著，而這是一種解脫，帶給人平靜。最後，愛默生提出老年人擁有經驗的說法。這個說法是建立在對中產階級而言很寶貴的認知上，也就是：單純的累積年歲便能累積見識。

一八八〇年，德國的雅各布・格林[304]發表他對老年的論見。這番論見很有名，結論如下：「我相信我已提供證據支持此一意見，那就是：老年不單純只是雄性力量的衰頹，它還帶著它自己的力量，根據自己的法則與條件充分開展。這是前所未有的平靜與安寧的時期，而且在這樣的狀態，必須符合特別的效果。」

他是受到當時流行的有機論的啟迪。每個年紀有它自己的組織、自己的特性；老年人並非年紀比較大、失去雄性精力的成年人，不應該以「匱乏」的觀點而應該以「正向」的觀點來描述他。就像每個人都有不同的平衡，每個人對世界的關係也有不同的平衡。

302　譯注：愛默生（Ralph Waldo Emerson，一八〇三－一八八二），美國思想家、詩人、散文作家。
303　譯注：丹多洛（Enrico Dardolo，約一一〇七－一二〇五），第四十一任威尼斯總督，威尼斯歷史上著名的商人兼軍事政治家。
304　譯注：雅各布・格林（Jacob Grimm，一七八五－一八六三），德國法學家、作家。他與弟弟威廉・格林收集並編撰《格林童話》，以格林兄弟之名為人所熟知。

十九世紀寫實主義文學中的老年

從來沒有作家像維克多．雨果一樣，老年在作品中佔有如此重要的地位，並且對它大加頌讚。這是為什麼？要瞭解其中緣故，我們必須深入瞭解他的個人歷史。可以確定的是，老年是他最喜歡的幻想之一。他還年輕的時候，就把詩人看作是魔法師、先知，掌管天際的榮耀。不過，傳統上，享有名望和握有最高威權的是老年人。他應該預先感覺到他的老年會是他完美實現自己命運的時刻。他最喜歡的對照就是，衰頹的身體對比於高貴的靈魂，這樣的對照是他最常運用的：老年便是衰頹對比於高貴的體現。衰弱的身體和不馴服的心之間所呈現的反差，非常具有浪漫色彩。因此在他不到四十歲的時候，重拾了紅鬍子[305]回朝的傳說，在他的劇本《衛戍官》裡塑造了幾位傑出又可怕的老年人；他們雖然因年紀而身體衰微，卻因年紀而顯得崇高。為了提到他們，雨果採取流行的老套。強調老年人是孤立的，與世界有距離。老約伯「退到一旁……幾個月的時間他都保持沉默」。避到洞穴裡的紅鬍子陷入睡眠的寂靜裡……「他睡得粗野，令人驚訝。」鬍子象徵了長壽：「他從前金色的鬍鬚，如今變得雪白，長得把石桌繞三圈。」稍後，雨果在《歷代傳說》中，以史詩般的筆調描繪了老年的面貌。在這些英雄中，最偉大的應屬「艾維哈德努斯」。他一生沒有污點，功績無數，而且年紀並未讓他邁入衰頹。

「他嘲笑年歲……

他很老了，他來自偉大的部族；

胡兀鷲是鳥類中最高傲的。
年紀大又怎樣？他照樣奮戰。他從巴勒斯坦回來，
他一點也不疲憊。年歲猛烈追擊，他照樣頑抗。」

這些詩句似乎預示了雨果自己老年的命運。奮戰不已的雨果向時間挑戰，而且這場戰鬥他是贏家。艾維哈德努斯以一己之力殺了德國皇帝和波蘭國王，這兩位君主都年輕力壯，並且是兩人合力對抗他。雨果以傳說為名，賦予了老年人年輕人的優點，給了艾維哈德努斯像巨人一樣的力量。他不僅有力，而且有風度。在瑪歐侯爵夫人醒來時（幾個惡棍為了偷她的錢而下藥迷昏了她），艾維哈德努斯吻了吻她的手，問道：「夫人，您睡得可好？」

在《悲慘世界》裡（雨果寫結尾時，年紀在五、六十歲之間），馬呂斯的祖父是個一輩子對家人都很嚴苛的人，但在他以為孫子死了的時候，他感覺到自己深愛著孫子。知道孫子的病得到醫治以後，他顯露的歡喜之情讓他變了容貌：「當臉上的皺紋再加上優雅時，這優雅就更可愛了。在喜氣洋洋的老年，有一種無以名之的曙光。」他同意了馬呂斯和珂賽特的婚事。這個時候，尚萬強年紀也已經大了，八十歲的他仍然崇高而具有悲劇性，可以說他一生皆是如此。和艾維哈德努斯一樣不馴服的尚萬強，有足夠的力氣將馬呂斯沒了生息的身體扛在肩上穿越巴黎的下水道。他的精神力

305 譯注：紅鬍子（Barberousse），指神聖羅馬帝國皇帝腓特烈一世。

量更是令人讚賞，因為他認為自己有義務對馬呂斯表明自己曾經是苦刑犯，並且漸漸地退出他唯一所愛的珂賽特的人生。在他死時，生命達到了頂峰，身邊圍繞著深愛他的一對年輕戀人，馬呂斯還視他為恩人。

在《沉睡的波阿斯》中，老年將至、五十七歲的雨果將老波阿斯推至崇高的境地：

「他銀白色的鬍子像四月的溪水……
……因為年輕人很俊美，但老年人很崇高
……在年輕人眼中可見到火焰，
但在老年人眼中可見到光輝。」

在這裡，波阿斯這位老人的特點在於靈性：他崇高、有光輝；拿他的鬍子來和四月的溪水做比較也讓他顯得年輕。在性的方面，他仍有保有吸引力，因為路得「裸著胸脯」睡在他腳邊，希望能喚醒他的慾望。

在《當祖父的藝術》裡，對老年的頌讚比對童年的頌讚來得更明顯。雨果（我們稍後會再提到）透過他自己的面貌來讚揚老年。不過，他也描寫了祖父和孫子之間的深刻關係，當時的社會有助於這樣的情況。《悲慘世界》裡，雨果已經深情地提到老尚萬強和小珂賽特之間的聯繫：「人老了以後，會覺得自己是所有孩子的祖父。」在他著名的《吃乾麵包的珍》一詩中，雨果描寫了祖父和小孫女相處融洽，並一起對抗嚴厲的成人；兩人在社會上的處境都是處於邊緣，但雨果認為，他們之間的連結更為深刻。在希臘悲劇裡，孩童和老人屬於同一類，因為他們都是羸弱的。很多原始人類更是把孩童和老人視為同一類，也就是說他們會把孩童和老年人歸為同一年紀，因為孩童大多才剛來到塵世，而老年人很快就會離開塵世。他們同樣都處於過渡狀態，可以避開某些禁忌。雨果以不同的語言表現了類似的想法。在他表示自己「創造了兒童」時，他是很自豪的。孩童在十八世紀開始被關注以後，在十九世紀的文學、藝術中佔有重要位置。不過，孩童和老人之間的情誼，在雨果之前並沒有人將它闡釋得如此清楚。根據雨果的看法，還未涉入人類景況的孩童和已超越人世景況的老年人之間彼此心靈相通。成年人褊狹的道德和理性對他們並不適用。他們的純真、智慧，使得他們更接近世界之奧祕，接近於上帝。

> 「珍說話，她說些她不知道的事。
> ……上帝，慈祥的老祖父讚嘆地聽她說。」

和孩童在一起，老年人尋回了他的童年。在提到馬呂斯的祖父時，雨果以幸福老年的「曙光」來形容他，還說：「沒錯，成為祖父，即是邁入曙光中。」

我們也提過，老農民唯一的慰藉往往是他們的孫子，直到孫子開始扮演起大人為止。在《當祖父的藝術》中，雨果的成功在於賦予社會事實一種具有神話色彩的價值與深度。

老人與孩童的這層關係讓大家受到感動。狄更斯的《老古玩店》獲得極大成功。書中描寫了老祖父帶著孫女小耐兒在英國四處過著顛沛流離的生活，但祖孫兩人感情甚深。老祖父因古玩店生意不好而想投機賺大錢，卻因賭博而賠光了錢。他偷了耐兒的錢再去賭博，甚至計畫竊盜。不過，他雖然行事糊塗，但他對耐兒的愛以及耐兒對祖父的愛卻讓讀者深受感動。小耐兒死後，他天天到她墳墓去，最後也死在那裡。在同樣廣獲讀者喜愛的《苦兒流浪記》中，賀克多．馬洛[306]也寫了類似的一對人物。一個自小就被人偷走的男孩，和衛塔里斯一起生活。衛塔里斯原本是個知名的歌手，但後來落到了社會的邊緣，瀕臨死亡。

整體而言，十九世紀的文學以更接近現實的方式來看待老年。這時期不僅處理了隸屬於上流階層的老人，像是貴族、大中產階級、地主、工業家，也處理了受剝削階級的老年人。中產階級還是很看重僕人對主人的封建關係。福樓拜在《包法利夫人》和《簡單的心》中便描寫了一生皆奉獻給主人的女僕。不過，大部分時候，老年人都被視為他們自己故事的主角。在巴爾札克、左拉、狄更斯，以及俄國作家的作品中，我們幾乎見不到老工人，因為事實上，無產階級通常活不長。不過，我們見到了不少老農民。再者，小說家也研究了不同社會階層的人遭遇到的年紀效應，像是軍人、雇員、店主等。他們提供了大量的資料，稍後我在討論老年人的個別經驗時就會用到。這是十九世紀幾位老作家所提出的問題；他們都談到了自己的老年經驗，像是夏多布里昂[307]。他寫的老年是同類作品中最美麗的篇章。這種私密的告白，幫助我們瞭解老年人如何經歷他們的處境。

二十世紀的西方老年人景況

二十世紀，因為社會都市化使得父權家庭消失的情況持續出現。然而在法國某些鄉間，父權家庭卻仍維持了很長一段時間。查姆森[308]在《義人的罪行》中處理了這個主題。人稱「顧問」的老阿爾納受到大家的敬重，稱得上是個「義人」。他掌理塞文地區一塊廣大而富庶的土地，在家中享有絕對的權威。他有一個智力發展遲緩的小孫女，因為被她的一個哥哥強暴而生下孩子。阿爾納命令家人殺害新生兒，並將他埋葬，事情也就照他說的辦了。在今天的法國，這一類家庭已經不存在了。不過，在某些國家仍殘存著這樣的父權家庭，像是在南斯拉夫的鄉下最近仍然發生了類似查姆森描寫的事件。在義大利南部、西西里、希臘南部，還發生父親為了名譽而殺害女兒的事件。法律禁止這樣的事，但風俗仍然包容它的存在。在科西嘉、薩丁尼亞，做兒子的都聽命於老父親。

農民的處境改善了一點，因為技術文明多少打破了農民的孤立狀態，羸弱的老人也不再被人拋棄，和十九世紀比起來，致他們於死地的情況也確實比較少見了。不過，特別是在地中海岸地區，老年人仍然相當有權力，但要是他衰微了，家人有時會幫他邁入死亡。說不定，就和某些原始人類的情況一樣，受制於專橫父親的後代在擺脫老年人後會感覺鬆了一口氣。這樣的事往往是發生在特

306 編注：賀克多．馬洛（Hector Malot，一八三〇－一九〇七），法國作家。

307 譯注：夏多布里昂（François-René de Chateaubriand，一七六八－一八四八），法國早期浪漫主義代表作家，著有長篇自傳《墓畔回憶錄》。

308 譯注：查姆森（André Chamson，一九〇〇－一九八三），法國小說家、隨筆作家、歷史學家。

別貧窮的地區，在這種地區要養活一個人是個沉重的負擔。但這種情況畢竟極罕見，相反地，在法國，做兒子的不願再忍受父親的權威、離家到城裡去工作的情況則很常見[309]。

整體而言，工業進步引發家庭崩解的情況越來越嚴重。在工業國家，從二十世紀前半葉以來便已出現嚴重的人口老化現象，促使這樣的社會不得不以社會來取代家庭的功能，創制了老年政策，我們稍後再來檢視。

至於統治階級，十九世紀建立的均衡狀態仍然維持著，老年人的經驗和年輕人的創造性，兩者都是必要的。重大的政治運動，前所未見又激烈，幾乎都是由年輕人領導，像是俄國大革命、義大利法西斯主義、納粹、中國大革命、古巴革命運動、阿爾及利亞獨立戰爭。在保守的社會中，老年人則佔有重要地位。他們唯一的功能往往是展示代表性：在法國，共和國的總統便是如此[310]。但有某些老年人還是很活躍，譬如梯也爾在一八七三年離開法國總統職位時是七十六歲，克里蒙梭在一九一七年取得法國總理權力時是七十七歲，英國首相邱吉爾一直到八十一歲、西德總理艾德諾直到八十七歲才離開權力中心。在一些革命成功的國家裡，有些人則是在擁有權力之後老去，像是史達林、毛澤東、胡志明。現在，發展中國家的領導人通常都是年輕人，只有衣索匹亞皇帝海爾．塞拉西一世是例外，只比戴高樂小一歲。其他國家的領導人往往年紀不小，像是法國總統戴高樂、西班牙元首佛朗哥、南斯拉夫總統狄托、葡萄牙總理薩拉查[311]，但都有較年輕的人輔佐。像是在法國，各部會首長的平均年齡不高。一九六八年，眾議員的平均年齡是五十五歲，參議員則是六十三歲。政黨是如此，政府當局也是如此，權力是由老年人和盛年人均分，年輕人通常沒什麼影響力。

有一件引人注目的事，我稍後會再細談，但在這裡還是要提一下，那就是老年人的威望減弱了許多，因為經驗不再受到重視。在今天這種專家統治的社會裡，知識不會與日俱增，而是會日漸過時。年紀會使人不再符合資格。大家看重的是和年輕相關的價值。

鑒於我們擁有很多關於老年當前景況的資料，所以文學提供的資訊便成了次要的，況且，文學提供的資訊也頗少。普魯斯特的作品主題主要是時光的逝去與追回。他提及了許多老年景況，而且表現得極好，但他是個例外。在《偽幣製造者》裡，紀德[312]藉著老拉佩胡斯之口說：「為什麼書裡這麼少提到老年？我想是因為老年人已經沒有能力寫到這個，而我們年輕時，是不把他們放在心上的。老頭，沒人會對他感興趣。」要是我們以他為主體，老年人的確當不了小說裡的好主角：他是個已經完成的人物，僵定了。我們對他再無期待、再無希望，對他自己來說，事情也已經完成了，死亡已經進駐他的身上：所有會發生在他身上的事都不再重要。再者，小說家可以認同一個比他更年輕的人物，因為作者已經經歷過筆下人物的年紀，但是他只能從外部來認識老年人。而且他通常

309 法國小說家莫里亞克在他一九六九年秋天的一則記事中，提到了老農民的艱困處境：「我記得在我們分成制租田裡工作的一位老佃農，他即使已經沒力了，他的孩子還是強迫他繼續工作，等他再也承受不住、停下工作時，他們譴責他白吃了他沒貢獻力氣的麵包……他也哼哼唧唧地同意孩子的意見，他想自己還是死了得好。」

310 朱勒．葛雷維在一八八七年卸下法國總統職位時是八十歲；賀內．寇提總統在一九五八年七十七歲時辭職。保羅．杜美總統在一九三二年他七十五歲時被暗殺；法利埃總統在一九一三年他七十二歲時完成任期；麥克馬洪總統於一八七九年七十一歲時下台。

311 寫於一九六八年。

312 編注：紀德（André Gide，一八六九－一九五一），法國作家，為一九四七年諾貝爾文學獎得主。

只讓老年人扮演次要角色，對他的描繪往往也很粗略或很傳統。二十世紀繼承了不少前幾個世紀的老套。隨著時間推進，從社會、心理、生物的層面來看，衰老這個觀念的含意顯得更豐富了，但陳腔爛調也延續了下來。即使這些陳腔爛調彼此矛盾，大家還是無所謂地一再重複使用。老年是秋天，滿是成熟的水果；老年也是不結果實的冬天，氣候冰冷，有白雪、霧凇。老年有美麗夜晚的甜美，但大家也認為老年是遲暮的淒涼。「善良的老年人」和「不斷咳嗽的老年人」兩者的形象雖互為矛盾，卻同時存在。今日又特別發展出的一個迷思是：年紀極大的老年人會與世間疏離。向來抱著倨傲態度而對事物、對人很淡漠的蒙特朗[313]在《死皇后》中便這麼說國王；作者在他的評論中表示，老年人「漸漸與人類隔離」。他覺得劇中七十歲的國王費杭特對世事漠不關心是崇高的表現：

「對我來說，一切都是重複、老調、翻來覆去的陳述。我每天都在重複做著我已經做過的事，而且做得更不好。過去有些事成功、有些事失敗，今天對我來說那滋味都一樣。而且連人也一樣，現在每個人在我看來似乎都沒有差別……事情一件接著一件拋下了我。」

「我的智力之弓鬆弛了。對我自己寫下的東西，我會問：『這是出自誰的筆下？』我從前明白的事，現在反而不明白了，而我以前學會的，現在都忘了。我在凋萎，而且我覺得一切似乎都得重做，我感覺自己的處境和在二十歲時沒兩樣。」

「我必須讓人相信我還感受到某些事，而其實我已經對什麼都沒感覺。世界只是從我身邊輕輕掠過。」

「我這把年紀的人已經失去照顧他人的慾望，如今凡事都只剩下『我才不在乎！』的心態。」

瓦揚[314]的小說《律令》中，主角是個七十二歲老人，名叫堂・希薩，是個受人尊重的有錢地主。他讀很多書，擁有很多古董，還寫了古代希臘一個城市的歷史，這個城市曾經位於他居住的義大利某個地區。他身體健康，是地方上最出色的獵人，而且還樂於追求女色。全鎮上的女孩的初夜幾乎都是獻給他的。他身邊總是女人不斷，並且和一個女人同居。不過，已經有很長一段時間，他變得對一切都「不感興趣」。折磨他的繼承人對他來說再也取悅不了自己，因為他知道人的奴性是無止境的。表面上，他的生活和從前並無二致。晚上他睡在艾勒薇爾身邊，但不和她說話，也很少碰觸她。他也繼續打獵，但是「他眼神裡甚至再也沒亮光」。他說話，但是「他的話語在一個沒有回音的世界中迴響著」。他依舊欣賞著他的古董，只是再也不做筆記。他再也無愛、無恨、無慾望，他覺得自己像極了那些每天在鎮裡廣場上叉著手沒事做的「閒人」。瓦揚雖然還年輕，很可能是為了老後的自己，開始認為這種「不感興趣」是一項「優點」。

我們必須指出，在所謂的「荒謬劇場」裡，老年佔有非常特別的位置。伊歐涅斯柯[315]的《椅子》s一劇中，我們看到一對老夫婦封閉在自己對過去的回憶裡（美化了的回憶，但也是帶著譫狂的回憶），並且試著重現回憶。他們邀請許多人到家裡聚會，卻沒有半個人來，他們假裝接待看不見的

313 譯注：蒙特朗（Henry de Montherlant，一八九五－一九七二），法國小說家、劇作家，法蘭西學院院士。

314 譯注：瓦揚（Roger Vailland，一九〇七－一九六五），法國小說家、劇作家，記者。作品《律令》曾獲頒龔古爾文學獎。

315 譯注：伊歐涅斯柯（Eugène Ionesco，一九〇九－一九九四），法國劇作家，「荒謬劇場」的代表人物，著有《禿頭女高音》、《犀牛》等劇。

賓客，為他們安排座位，在他們之間走來走去、撞來撞去，舞台上卻到處是空的椅子。透過他們荒謬的舉動，揭露的卻是真實景況——熱鬧的晚宴、上流人士的交際——而這真實景況也顯得嘲諷。最後，他們從窗口跳下，因為他們發現自己的生命在失去意義之時，其實是從來不曾具有意義。

在貝克特的作品中，我們也見到類似的見解，生命到後期都是可悲的衰頹。在《終局》裡，一對老夫婦從他們居住其中的垃圾桶中提到，過去的幸福與愛是對所有幸福與愛的譴責。在《最後的錄音帶》、《喔，美好的日子》裡，貝克特筆下嚴苛地處理了記憶力灰飛煙滅，使我們的人生從此被撂在身後的主題。回憶顯得無秩序、殘缺、崩塌了，陌生而不相干。就好像一切都沒發生過，而且從這個空無中冒出了現在這個時刻，但現在這個時刻不過是年老糊塗的植物狀態。最滑稽的是，儘管一敗塗地，大家仍緊緊抓著迷思——根據這個迷思，老年是繼續學習、進步，而老年實際上是「慢慢地沉陷到永恆的生命裡，一邊還記得……所有這些平庸的厄運……就好像……從來不曾有過一樣[316]。」

在小說《莫洛伊》裡，故事一開始便是個老年人的主角隨後衰頹得更加厲害：他的第二條腿僵了，他失去了一半的腳趾頭；一開始，儘管有殘疾，他還是勉力去騎自行車，然後再也沒辦法騎了；他拄著枴杖，拖著腿前進，到最後只能在地上爬。在他一步一步退化的期間，主要活動就是回憶過去，但記憶也越來越不全，越來越含糊不清，越來越不可靠，甚至是錯誤的。人生，我們擁有的僅僅是記憶，記憶卻是什麼也不是。這個什麼也不是佔據了時間，時間流逝，流到什麼也不是的地方。我們不停地動著，而在這沒有目的地的旅程中，我們卻又是不動的。透過老年，我們發現這個人生真理，那就是：人生不過是老年，而且是掩蓋在表面華美的舊衣服下的老年。在伊歐涅斯柯、貝克特的作品中，老年不是人類景況的最終界線，而是像在《李爾王》裡一樣，老年是這個終於被揭穿了的景況本身。他們對老年感興趣並不是為自己，他們以老年來表現他們對於人的想法。

❖

一如前面表明的，我們不會在這一章勾勒老年的歷史，而只是描寫在各個歷史時期的社會中對於老年人的態度，以及社會打造出來的老年圖像。在所有我們已知的文明裡，都是以剝削階級與被剝削階級的對立為其特點。「老年」這個詞涵蓋了兩種截然不同的實相，就看我們是取這個實相，還是取另一個實相來看。會扭曲觀點的是，與老年相關的省思、作品和證言，向來總是反映了世襲貴族的處境，因為只有他們會發聲，而一直到十九世紀，他們只會為自己發聲。我們現在就要針對這個特權階級的景況簡短地再談一談。

特權階級對老年的概念

身為少數又不事生產的特權階級，他們的命運取決於從事勞務的多數人之利益所在。當從事勞務的多數人希望避免自己處於無政府的對抗狀態、希望維持既定的穩定秩序，他們就會選擇一個調

316 引自貝克特《失敗的人們》。句中的刪節號是原作者所加。

停者，作為各種不同組群的仲裁人或是代表人，並以他的威望來使大家意見統一：這個調停者往往就是老年人[317]。有時他們會握有實權，有時他們只是扮演像是在數學計算中虛數的角色，也就是說他們在程序中是必不可少的，但一旦得到結果，他們就被除名。在有等級制度暨重複性社會的中國，老年是極有權力的，在斯巴達和希臘的寡頭政治中也是；另外，在公元前二世紀的羅馬也是如此。在變化、擴張、革命的時期，老年人在政治上不扮演任何角色。在所有權制度化的時期，統治階級敬重那些異化為他們財產的財產所有權人，而年紀不會讓人喪失資格。老年人在他們一生中積累了不動產、商品或是現金，只要他們是富有的，就會在公眾生活、私人生活中具有分量。

統治階級的意識型態旨在正當化它自己的行為。當社會是由老年人所統治，或是受到他影響時，社會就會賦予老年人價值。一些哲學家、隨筆作家把老年和德行聯繫起來，並讚揚老年人擁有經驗。老年是生命的完成，但這句話有雙重意義；一是指生命結束，再是指它是生命圓滿的完成。不管是誰累積了一年又一年的生命，都是卓越的生存者；他在某種意義上代表了人的精華，所以我們崇敬老年本身。為了得到某種頭銜、某種地位，年紀是必要的資格。向老年表示敬意，是舉辦某些大典的意義所在，這些大典非常常見，尤其是在德國：某位哲學家或音樂家七十歲、八十歲生日時，都會有盛大的節慶。

然而，即使是在年輕一代必須承認老一輩人於政治、經濟上具有威權的有序社會裡，年輕一代往往不耐煩地承受了老一輩的威權。因為年輕人也意識到自己的身體將會衰頹，所以他們會為自己憂心，雖然年輕人也會攻擊老年人，醜化他們[318]。老年人隨著年歲累積會變得富有的迷思，對立於老年人會變瘦小、乾枯、皺縮（像提索奧努斯、提布爾的女預言家）的迷思。老年人一旦抽空了內容物，他就只是個衰退的殘廢的人。

另一方面，雖然這個問題向來被忽視，但被剝削的老年人的景況也深深影響了特權階級對老年的概念，只是我們對這一點只有模糊的看法。中世紀與直到十八世紀被剝削的老年人人數似乎極少，因為在鄉下、城市裡，勞動者都不長命。那些殘存下來的人往往是由家庭負擔，而通常這樣的家庭又都很貧窮，很難養活他們，只好求助於公共慈善機構，求助於城堡貴族或是修會的善心。在某些時期，像是在資本主義於清教徒當道的英國興起時，或像在十九世紀的工業革命期間，就連這些機構或善心都讓他們吃了閉門羹。他們的命運特別艱困。社會從來沒有直接剝削老年人，因為他們沒有工作能力可以出賣，但他們依然是受到剝削的受害者。在他們年輕與盛年時，統治階級沒有給他們足夠的收入，讓他們養育子女，而一旦耗盡了他們的勞動力，他們就被拋棄，只落得兩手空空。

成了沒用處、討人厭的人以後，老年人的命運就一如原始社會中的老年人，主要得靠家庭供養。出於感情的因素，或是出於擔心受到輿論譴責，有些人會照顧老年人，或至少無失無缺地對待他們。不過，更常見的情況是，大家會忽視他們，把他們拋棄在濟貧院裡。大家會驅趕他，甚至在暗中打他。

統治階級看見老年人經歷這種悲劇時，通常是不聞不問。他們在救濟貧窮老年人一事上所出的力，向來微不足道。自十九世紀起，貧窮老年人的人數激增，統治階級再也無法忽視他們。為了合

317 在原始人類社會，老年人往往要擔任調停者、仲裁人的角色。
318 在某些原始人類身上，我們也見到了這個雙重面向。

理化他們對老年人不聞不問的粗暴態度，他們便貶低老年人。這是階級的鬥爭，更甚於世代之間的衝突，致使老年的觀念具有雙重面向。

第四章　今日社會中的老年

大家都知道，老年人在今天的處境令人憤慨。檢視細節之前，我們應該試著瞭解這個社會怎麼這麼輕易地就決定不站在老年人這一邊。總的來說，我們的社會對流弊、醜聞、悲劇閉眼無視，而這並不妨礙它維持平衡，而它也不在乎接受救濟的孩童、少年犯、殘障者，以及老年人的命運。然而，它對老年人的漠不關心特別令人吃驚。我們社會中的每個人，應該都知道這涉及的是自己的未來。幾乎每個人，都和某些老年人維持了密切的關係。該怎麼解釋他們這種漠不在乎的態度呢？是統治階級強加給老年人這種低落的地位，不過，整體的勞動人口都是統治階級的同謀。在私人生活中，孩子和孫子也不太盡心力要讓老年人的日子好過一些。所以，我們就來看看成年人和年輕人通常是以什麼樣的態度來對待老一輩。

社會，是一個去整體化的整體，也就是說社會的成員是各自分開來的，但是藉由相互關係而連結在一起。人和人彼此瞭解，但這不是基於他們都是抽象的人，而是透過他們行動（praxis，意為透過行動能改造自己）的多樣性。「理解的基礎，在於和所有的人類行為共謀：每一個目的，一旦它被申明，就從所有人類目的的機能單位中脫離。[319]」沙特表示，相互性意味著：一，他人是超越目的的手段；二，我承認他是能改造自己的行動者，同時我將他像客體一樣併入我整全的計畫中；三，我承認他的行動是朝向他的目標前進，我也藉著同樣的行動朝向我自己的目標；四，我發現自己是他目標的工具和客體，藉著同樣的行為，他也是我目標的客觀工具。在這樣的關係裡，每個人都從他人那裡偷來真實的某一面向，並向對方指出他的界線。知識分子在面對一個體力勞動者時，便是這麼認識自己。

相互性主要是我從我目的論的向度，領會了他人目的論的向度。在人格解體的病態情況下，病人和他自己的目的再也沒有任何連結，這時候他人在他看來就像是外來種生物。不過，成年人對老年人之間的關係卻恰好相反。老年人（除了幾個例外狀況）什麼都不「做」。他被定義為「存在」（exis），而不是「行動」（praxis）。時間將他帶往一個終局——死亡——但死亡並非「他自己的」目的，也沒被設立為「存在的願景」。這也是為什麼老年人對還在社會中勞動的人來說像是「外來種生物」，他們在老年人身上並沒認出是自己。我前面說過，老年人激發人產生反感；我們藉著一種自我防衛的機制，遠遠地把老年拋到遠處。但是這樣把老年排除在外，只在下述這種情況才有可能：因為「和所有的人類行為共謀」在他這種情況不再起作用。

成年人、年輕人、孩童對待老年人的態度

老年人的處境在某種程度上和孩童的處境是對稱的；成年人也不和孩童建立相互性。要是大家

樂得在家裡說，一個孩童「就他這個年紀，他表現得太出色了」，以及說一個老年人「就他這個年紀，他表現得太出色了」，這並非偶然；表現出色，指的是他們還未是或不再是個人，卻能有人的行為。我們已經見到，在好幾個原始部族裡，老人和小孩都屬於同一個年齡層，而且在歷史中，成年人對待老年人和孩童的態度通常是類似的。只是，因為孩童是未來的勞動人口，所以社會投資在他身上，以保障他的未來，而在他們眼中，老年人不過是被判緩刑的死者。

「不具有相互性」不足以正面定義成年人和老年人之間的關係。這層關係有賴於孩童和父母之間的關係，尤其——因為我們活在一個男性的社會裡，而老年問題首先就是個男性的問題——兒子和父親的關係是受到兒子和母親關係的影響。

根據佛洛伊德，這層父子之間的關係是以它的雙重性為特點[320]。兒子尊敬父親，欽佩他，希望能夠等同於他，甚至取代他；最後，想取代他的這個慾望使他心生怨恨和畏懼。神話中的英雄人物總是起而反抗他們的父親，最後殺了他。現實裡，謀殺父親只是個象徵。父親的威望已經被剝除殆盡，這時候兒子可以和父親取得和解。但是，和解是只有當兒子取代了父親的位置才完成。佛洛伊德說，因此在基督教傳統裡，是在天父的權勢消退、耶穌基督居於幕前之後，和解才完成。只要敵對狀態還存在，就沒有相互性；敵對狀態在兒子身上是活生生的，並以侵略性、怨恨之心來表現，而通常這不會出現在父親身上。無疑地，在性方面具有侵略性的怨恨只發生在年輕人對老年人，而

---

319 參見沙特《辯證理性批判》。

320 參見《圖騰與禁忌》、《摩西與一神論》。

不發生在老年人對年輕人。它只是單向的關係（老年人對年輕人的怨恨，如果存在的話，也不過是一種次要的反應）。我們殺害父親，我們貶低父親的價值。但為了這麼做，我們於是不再敬重老年。

成年人對待老年人的實際態度，特徵在於他偽善的兩面作風。他在某種程度上屈服於我們最近幾個世紀看到強制於人的公眾道德，要他敬重老年人。但是為了他自己的利益，他最好是把老年人當成下等人來看待，並讓他們相信自己已邁入衰頹。他努力讓父親感覺到自己的不足、笨拙，以便老年人將事業轉移給他，兒子再也不要他的建議，讓老年人甘心扮演被動的角色。要是迫於輿論壓力，使他不得不供養老父母，他還是會聽憑自己的高興掌控他們；他越覺得父母親無法獨自做決定，就越毫無顧忌地掌控他們。

成年人以隱蔽的方式專橫對待依賴他的老年人。他不敢明白地命令老父母，因為他沒有權利要求老父母服從他，於是他避免與老父母正面交鋒，而是用策略擺布他們。他以基於老父母本身的利益來誘導他們。全家人都是一起合謀的共犯。大家極力耗盡老年人的耐力，以殷切的言語來使他再也不能動彈，以帶著譏諷的善意來對待他。大家在他們面前盡是裝傻，甚至就在他頭頂上互相交換帶有默契的眼神。大家故意說些傷人的話。要是說服的力量、狡猾的手段沒辦法讓老年人退讓，大家就會毫不遲疑地對他說謊或強迫他。譬如，大家會跟他說只是暫時到養老院住住，一等他住進去，他們就將他拋棄在養老院裡。在經濟上得依賴成年男子的女性和青少年，他們都比老年人更有能力護衛自己：做妻子的對家庭有貢獻，會做家事、在床上服侍丈夫；青少年則會成為大人，追究父母的責任。而老年人，只會落入衰頹、死亡中，沒有任何用處。他只是累贅、無用之物，大家只希望能夠忽視他。

這個衝突中所涉及的利益，不只是在實際生活層面，也在道德層面：大家要老年人符合社會賦予他們的面貌。大家強制他們衣著要合宜、行為要得體、表面要彬彬有禮。尤其是在性的領域，他們是受到抑制的。杜斯妥也夫斯基的《少年》中，當老親王索克勒斯基想要再婚，他的家人對他嚴加防備。這麼做不只是出於利益，而是這念頭本身就引人議論。大家威脅著要把他送到瘋人院裡，最後是囚禁了他，他後來因此而死。在二十世紀的中產階級家庭中，我知道有幾個類似的例子。

兒子對於父親往往懷著怨恨，這樣的態度也顯現在女兒對於母親上。比較不矛盾的感情是女兒對父親的、兒子對母親的。當他們親愛的父母老了，兒女會為他們犧牲奉獻。但他們要是結了婚，在配偶的影響下，對父母往往就不再那麼慷慨。

當成年人和老年人沒有任何私人關係時，成年人會鄙夷、厭惡老年人：我們已經見到在前幾個世紀裡，喜劇作者是怎麼在這題材上下功夫。老年人以誇張可笑的面貌顯現在成年人眼中，成年人樂得以誇張可笑的手法來描繪老年人，以便藉著嘲笑來和他分道揚鑣。有時這個嘲笑會做得過火，落入對老年人施虐的地步。有一次我在紐約包厘街觀賞著名的夜總會表演，看到幾名八十幾歲的老婦又唱、又跳、高高掀起她們的裙子，我覺得困惑失措，底下的觀眾卻笑成了一團。這樣的哄堂大笑到底意味著什麼？

現今，成年人以另外一種方式來關注老年人：把老年人當作剝削的對象。在法國是如此，但在美國尤其是如此，在城市、甚至鄉村裡，有越來越多診所、安養院、老人院，這些地方都盡可能讓老年人付出更多金錢以享有舒適和照顧，但這些舒適和照顧往往不值得他們所花的錢[321]。

極端的情況下，老年人不管在哪方面來說都是輸家，因為他們會因自己身分的矛盾而受苦。譬如在集中營裡，他們注定是第一批受害者；他們沒有工作能力，所以不會得到任何機會。然而，在越戰時，美國人「審訊」老年人，也像對待成年人一樣粗暴，因為他們也像其他人一樣可以提供情報。

年輕人、青少年和老年人之間，比較少反映他們和自己父親的關係，比較是反映他們和自己祖父的關係。十九世紀以來，祖父和孫子之間往往彼此情感深厚。孫子起而反抗成年人，因為覺得老年人是像他們一樣受到成年人的欺壓，所以和老年人齊心團結。在捷克斯洛伐克，是年輕人在一九六八年一月發起了一場護衛老年人的運動。某些女孩身上表現出喜歡親近老人的癖好，應該可以從對老祖父形象的戀慕來解釋（這種親老癖不存在於年輕男子身上；在某些病態的情況下，年輕男子通常會在他的性伴侶上尋找母親而非祖母的身影）。不過，當祖父母是家中一大負擔時，年輕人會覺得為了延長祖父母的生命而強制他們自己付出一些犧牲是不公平的。在西班牙一部殘酷而迷人的電影《小車子》中，年輕女孩不耐煩地等著祖父死去，因為她覬覦他住的那間房間。大家往往會對所有老年人心生這種怨恨之心。年輕人會嫉妒老年人在經濟或社會上所佔的特權地位，認為早該拋棄老年人。和成年人比起來，年輕人比較沒那麼虛偽，他們比較敢公開表達自己的敵意。

很多孫子很愛祖父母[322]，而且他們受到的教育是要敬重老年人。然而，如果是在下層階級的家

321 參見〈第二部〉附錄二，三五二頁。

322 參見回憶錄《私生女》裡，法國作家薇奧蕾特．勒杜克對她祖母費德玲的愛。我稍後會再細談孫子和祖父母的關係。

庭裡，孫子則有嘲笑祖父母的傾向。他們對於欺壓自己的成人社會的不滿，都報復在這個衰頽、殘弱、古怪的老人身上。我還記得在拉格里耶時，我的表兄弟、我妹妹和我，是怎麼嘲笑他們那些年紀頗大的家庭教師，而因為這些家庭教師的社會地位低微，大人們就寬容我們嘲笑他們。維昂[323]在小說《揪心》裡想像一個販賣老人的市集時，其實是很寫實的：貧困的老年人在市集上以拍賣的方式被賣掉，父母將所得的錢拿來買禮物給孩子，好讓他們玩耍。

❖

當代的人口老化現象與退休金制度

索維[324]寫道：「在所有當代的現象裡，最沒有爭議、最確定也最容易提早預見的，而且說不定後果最嚴重的，就是人口的老化。」

從古代以來，人的預期壽命不斷提高：羅馬時期是十八歲，十七世紀是二十五歲。父親過世時，做兒子的平均年齡是十四歲（未來會是五十五歲或六十歲）；一百名兒童當中，有二十五名會在一歲前死亡，另外二十五名在二十歲前死亡，再另外二十五名在二十到四十五歲之間死亡。只有十幾

323 譯注：維昂（Boris Vian，一九二〇—一九五九），法國作家、詩人，著有《歲月的泡沫》等。
324 譯注：索維（Alfred Sauvy，一八九八—一九九〇），法國人口學家、社會學家。

名會活到六十歲，而活到八十幾歲（傳說通常會說他們活到一百歲）是很難得一見的例外。大家會把他們視為賢哲，他所屬的社會會很驕傲地炫耀他。到了十八世紀，法國的平均壽命是三十歲。好幾個世紀以來，六十歲以上的人所佔的人口比例幾乎沒有變動：大約八．八％。在法國，人口老化的現象是從十八世紀末開始，其他國家則稍晚一點。一八五一年，法國六十歲以上的人口是十％；現在則佔了十八％，約九百四十萬人，而且其中約有半數住在鄉下地區。也就是說，從十八世紀以來，老年人口所佔的比例增加一倍。一九六九年，法國六十五歲以上的人口有六百三十萬人，等於佔了十二％的人口比例，其中約有五分之三是女性[325]。根據一九六七年九月的一份報告，歐洲共同市場的六個國家[326]裡，在一九三〇到一九六二年間，超過六十五歲的人口比例佔七．六％到十．六％；在斯堪地那維亞國家、英國、愛爾蘭這些國家裡，則有七．八％到十一．五％。在美國，超過六十五歲以上的人口達到了一千六百萬，佔總人口的九％，而一八五〇年時則只佔二．五％，一九〇〇年也只佔四．一％。從二十世紀初開始，法國八十歲以上的人口比例也增多了一倍，估計有一百萬人，其中女性佔了三分之二。大家預估到了一九八〇年，人口老化的現象會更嚴重，屆時法國六十歲以上的人會佔十九％，六十五歲以上則佔十四％。一般認為在一九八〇年，因為出生率從一九四六年以後便提高，情況會穩定下來。要是我們不計東德的情況（因為東德在最近二十年間人口外移嚴重，使得它的年輕人口銳減），人口老化最嚴重的國家應屬法國和瑞典。個中原因則不管到哪兒都是千篇一律：新生兒死亡率降低，出生率也降低。在一百年的時間裡，新生兒的死亡率從四十％降到了二．二％。也因為這緣故，法國男性的平均壽命提高到六十八歲、女性則是七十五歲；在美國，男性是七十一歲，女性是七十七歲。事實上，一個活到成年的人他後面所剩的生命並不比他的祖先來得更長。也就是說，一八〇五年時，一名五十歲的法國人仍有十八年的時間好活，若是在現在，他則有二十二年好活。所以，人口老化不意味著人的生命延長了許多，而是老年人口的比例大幅增加了。這個改變不利於年輕人口的比例，成年人的比例則沒什麼變化。就像索維說的，人口的結構就好像圍繞著一個中軸起了反轉，老年人取代了年輕人。幾乎在所有西方國家都有這樣的現象，而且這現象還伴隨著人口激增（除了愛爾蘭以外，它的人口不增反減）。

相反地，未開發國家通常是人口年輕的國家。在很多這類國家中，新生兒的死亡率仍然很高；即使是在某些死亡率較低的國家，通常仍因食物短缺、醫療資源不足、物質條件不良，使人無法長命。在某些國家，過半的人口低於十八歲。印度有三・六％是老年人，在巴西約有二・四五％，在西非的多哥則是一・四六％。

在資本主義民主國家裡，人口老化造成了新的問題。英國的健康部長伊安・麥克勞德便表示，這是「當前社會問題的聖母峰」。問題不只在於老年人的人數比從前增加許多，而且在於他們不會自發地融入社會。社會不得不決定他們的身分地位，而這個決定只能由中央政府層級來下。老年問題因此成為政治問題。

325 根據先前人口普查的資料，有兩百萬名男性、三百三十萬名女性是超過六十五歲。
326 編注：歐洲共同市場於一九五八年一月一日成立，參加者為西德、法國、比利時、荷蘭、盧森堡及義大利，目的在促進經濟方面合作發展，並在政治上提高其國際影響力。

事實上，在主要由農民和工匠組成的舊社會裡，工作和生活正好是吻合的。勞動者就住在他勞動的地方，他的工作和家務兩者並無差異。就需要高超技能的工匠而言，他的能力會隨著經驗而增加，也就是說隨著年紀而增加。某些會隨著年紀而能力遞減的工作會以能力分工，好讓每個人根據自己的能力來適應工作。老年人在完全衰殘以後，只能靠家庭維持他生存所需。我們已經見到他的命運並非總是讓人稱羨，但社會不關注他。

今天，工人住在一個地方，工作又在另外一個地方，純然出於他自己的意願。家庭和他的勞動是分離的。家庭縮減為一或兩對成年夫婦，還得照顧尚無謀生能力的孩子；他們收入微薄，不能保證有能力照顧老父母。然而，和從前比起來，勞動者得更早脫離職場，因為他一輩子從事的工作不會因他的經驗而有所改變。工作本身不會為因應各種年紀而有所調整。

我已經說過，在十九世紀末，工作遭剝奪後的老年勞動者便被人棄之不顧。社會不得不插手處理這個問題，但還是面臨了阻力。

首先，退休年金被認為是個補償辦法。一七九六年起，湯瑪斯．潘恩[327]提議給每位五十歲以上的勞動者年金。在比利時、荷蘭，從一八四四年開始，公務人員開始有了退休金。在法國，十九世紀時，軍人和公務人員也是首批收到退休金的族群；到了第二帝國[328]時，接著發給了礦工、水手、

327 編注：湯瑪斯．潘恩（Tom Paine，一七三七—一八〇九），英裔美國革命思想家，先後參與過美國獨立運動和法國大革命。

328 編注：即法蘭西第二帝國（一八五二—一八七〇），是波拿巴家族在法國建立的君主制政權。

兵工廠的工人、鐵路工人退休金。大家認為對於那些長期從事危險工作的人，退休金能補償他們。制度化、常態性的退休金發放有兩個條件，那就是工作年資夠長，以及到達某個特定年紀。

十九世紀末，德國經歷了資本主義迅速崛起，以及工業迅速擴張，同時社會主義動盪加劇，並且變得更加鞏固。俾斯麥瞭解到要阻止這樣的現象，就得讓無產階級得到基本保障。一八八三年到一八八九年，他創立了社會保險制度，並且在一八九〇年到一九一〇年間擴大、補全了這個制度。它主要是為保障工作上所冒的意外風險，但也保障了沒有工作能力的老年受薪人，費用由雇主和工人雙方負擔，政府在必要時也會提供補助金。這類的制度後來也在盧森堡、羅馬尼亞、瑞典、奧地利、匈牙利、挪威建立起來。

關於退休制度，還有另外一種做法，那就是由稅金來提供費用保護受薪人。丹麥在一八九一年、紐西蘭在一八九八年便採行這種制度，英國也在一九〇八年準備採行這種制度，直到一九二五年正式啟動。在法國，一九一〇年四月五日針對工人、農人退休人員而制訂的法律有一部分從不曾施行：法院判例不敢強制受薪人和雇主支付預備退休金的費用。一九二八年四月五日的法律在經過一九三〇年四月三十日的法律調整後，對保障年老的退休勞動者真正踏出了第一步。這個制度混合了一半是退休人員為自己儲備退休金，另一半是由全體勞動者分擔退休人員的退休金。一九三三年，當國際勞工大會通過第三十五條到第四十條關於老年人退休的公約時，已經有二十八個國家（其中有六個國家不在歐洲境內）創立了退休金制度。一九四一年五月十四日，在法國，有一條法律同意給予最窮苦的勞動者特別津貼。一九四五年十月十九日的敕令籌劃了老年保險。

退休金最早是發給工商企業的受薪員工；它本來是打算擴及所有人，但計畫沒成功，因為非受薪者的中產階級加以反對。一九五六年，法國創立了全國團結基金，目前有八十%的法國人可領到退休金。一九六四年，國際勞工大會的一百一十二個成員國當中，有六十八個成員國有退休金制。對開發中國家來說，全國社會保險通常得耗費鉅資，國家負擔不起。愛爾蘭就沒有社會保險，而只有救濟制度。

勞工有權利領取退休金的年齡，是由政府來規定；有權利領取退休金的人，也是那些公共和私營雇主選擇解雇的人員，以便他們從勞動者轉入非勞動者。這個身分的改變會在什麼時候發生？又會支付多少退休金？要做出決定，社會得考慮到兩個面向，一是它自己的利益，再來是領退休金的人的利益。

資本主義國家中，有三個國家——瑞典、挪威、丹麥——認為保障所有公民過穩定的生活是絕對必要的。這三個國家人口不多，政治上也沒有太多衝突，而且在蓬勃發展的自由資本主義之下，他們採行了社會主義。為了盡可能保障每個人的生活，高所得者得繳交極高的稅金，也對奢侈品課重稅。老年人受惠於這個制度，特別是老年人口佔十二%的瑞典，在瑞典，平均壽命也是全歐洲最高的，達到了七十六歲。它直到一九三〇年才第一次針對老年人制訂法律，不過到現在，社會保險制度讓所有的人都受惠，而且一直有所改進。不管收入多少，每位公民在法定的退休年齡六十七歲以後都能支領退休金。最低的退休金是每位獨身者四千五百九十五克朗[329]，每對夫妻為七千一百五十克朗。在一九六〇年，瑞典又增列了附加退休金的條款。總共，每名退休人員可支領他平均年薪的三分之二，而平均年薪是以他收入最高的十五年來計算。公務人員和職業軍人在六十五歲退休，其他勞動者也可以在六十五歲退出職場，在隨後兩年由私人保險來支付他的退休金。不過，通常工作的內容是配合不同年紀的體力，不會讓勞動者過份操勞，所以勞動者寧願工作到法定退休年齡。挪威的情況也類似，法定退休年齡是七十歲。在丹麥，男人的法定退休年齡是六十五到六十七歲，女人則在六十到六十二歲。

其他的資本主義國家的情況則截然不同。它們幾乎完全只考慮經濟上的利益，也就是資本的利益，而不是工作人員的利益。很早就被工作市場淘汰的退休人員，形成了社會的負擔，而這些建立在利益上的社會對退休人員很吝嗇。他們讓勞動者盡可能留在職場上，並保證他們生活過得穩定，這是個良好的解決之道；讓勞動者及早退休，並保證他們生活過得舒適，也是可行的選項。但是在中產階級民主社會裡，勞動者在退出職場後，絕大部分都陷入貧困。特別是在法國，針對老年所採取的政治措施令人髮指。二次大戰後，為了提高出生率，政府將很大一部分的預算用於家庭補助金上，從而犧牲了老年人的利益。政府後來意識到問題，便在一九六〇年四月八日設立了一個研究老年問題的委員會，由拉厚克先生擔任主席。他就此問題提出了一項報告，但後來沒有任何結果。

在比利時、西德、盧森堡、荷蘭，法定退休年齡不分男女都是六十五歲；在奧地利、英國、希臘，男性的法定退休年齡是六十五歲，女性是六十歲。通常，礦工的法定退休年齡比較低，而且軍人、

329　一克朗等於〇．九六法郎。（編按：約合台幣七．四元。）

警察、民航、交通、小學教師往往也比較低。在法國，警察、小學教師的法定退休年齡是五十五歲，但如果他們願意，也可以選擇六十歲退休；絕大部分的公務人員，尤其是教師，都在六十歲退休。另外一些公務人員，例如在塞納省政府工作的人是在六十五歲退休。很多的私人公司，依公司內部規定，退休年紀訂在六十五歲；有極少部分的公司（三%相對於九十七%）是訂在六十歲。有時候並沒有所謂的規定，勞動者都在六十五歲上下退休。

某些救濟制度事先假設老年人等同於殘障，並且支付窮苦人退休救濟：領取退休金的人不准再做給薪的工作。在比利時，到了一九六八年，他只有權利每個月做六十個小時的受薪工作；現在，他可以做到九十小時。其他國家則認為，照顧老年勞動者是社會的責任。在法國、德國、盧森堡、荷蘭、瑞士，領取退休金的人有權利工作，工作時數也不受限制；要是退休勞動者還有能力工作，可以就此受惠。在法國，根據人口學研究所於一九四六年七月所做的一項調查，兩千五百名受訪人士當中，有二十九%每週平均工作二十五小時，工作內容有時和他們之前從事的相關，像是教師會找學生授課、稅務稽查員會以私人的名義成為金融顧問。目前，據估算，為了維生，有三分之一以上超過六十歲的人、四分之一超過六十五歲的人繼續打零工，尤其是女人，她們通常會幫人打掃、做家事，薪水往往低於工會公定的價格。

老年勞動人口的職場競爭力

整體而言，半世紀以來，老年勞動者的人數漸次減少。一九三一到一九五一年間，老年人口的比例到處都見增長，老年勞動者的人數卻減少了。在法國（老年人口比例最高的國家之一），老年勞動人口從佔老年人口比例五十九．四％降到了三十六．一％；在義大利，從七十二％降到了三十三％；在瑞士，從六十二．五％降到了五十．七％。今天，七十幾、八十幾歲的老年人人數的確比從前更可觀。不過，即使是檢視六十五到六十九歲之間的人，勞動人口的比例還是下降的。我們會在農民、公司老闆、小店東、工匠、自由業見到老年勞動者；要是女人，她則多是務農、當女僕、護理人員，或是做生意。但是在工廠裡，年紀往往會貶低勞動者的價值，不論是管理階層的幹部、雇員，或者是工人。

通常，雇主並不信任老年人，這從徵人啟事就可看得非常明顯。幾乎在所有的國家，徵人的年齡上限是四十到四十五歲。美國有二十三州明令禁止歧視各種年齡層的人，但是，雇主會指示人事處忽視這道法令。根據一九五三年在紐約所做的調查，有九十四個職業介紹所認為老年求職者是他們最大的敵人：「他們話很多，什麼都不適合他們。他們很僵化，缺乏紀律、自制。」根據一九六三年在美國八大城市所做的另一項調查，有五分之一的職業介紹所把求職者的年紀限定在三十五歲以下，有三分之一限定在四十五歲以下。在比利時、奧地利，公共服務部門徵人時只徵四十歲以下的人。在英國，職業介紹所收到的工作機會有五十％只徵四十歲以下的人。在法國，某次調查顯示在四萬一千個工作機會中，有三十％徵四十歲以下的人，四十％徵二十到二十九歲的人，三十％徵五十到六十五歲的人。在美國的報紙上，九十七％的徵人啟事是以四十歲為上限。在法國，另一次調查顯示，八十八％的徵人啟事要四十歲以下的人；在比利時，有八十％的徵人啟事也是如此。這種對老年求職者的歧視幾乎到處都見得到，即使是在充分就業的時期也一樣。當兩家公司整併，或一家公司為了某種理由要縮編時，被資遣的當然是四十歲以上的工程師、幹部、員工。公司越大，工作的節奏就越快，資方也越會使生產合理化、規格化，連帶地也越想淘汰年紀大的員工。鄉下的工廠會比在城市工業區裡的工廠更加長期留住員工。而儘管年老婦女的平均壽命比男人長，她們在職場上卻較受到歧視。這樣的現象一點都不是最近才有的。一九〇〇年，四十五歲的女人、五十歲的男人非常難找到工作。一九三〇年，在紐約和美國各地，二十五％到四十％的公司只雇用某個年紀以下的員工；到了一九四八年，也有三十九％的公司這麼做。這種情況很普遍。

這樣的結果就是，很多年紀大的人早在退休以前就已經失業。在社會出現危機的時期，整體失業人口增加，老年失業人口的比例卻會降低；但是在充分就業時期，老人失業的比例會提高。老年工人會首當其衝受到頑滯失業現象的衝擊。而且他們一旦被解雇，就再也無法回到職場上。根據國際勞工組織在一九五五年的一份報告，在比利時、英國，失業長達二十四個月以上的勞工平均年齡在五十歲以上。失業和能力之間不必然有關。非技術工人和簡易操作工固然最容易受到影響，但因為生產工具的現代化，高階技工的職位也一樣不保。年輕人獨攬坐辦公室的工作，把艱苦、不良的工作留給年紀較大的人；這群人不得不壓低對薪水、工作性質、工作條件的要求，雖然他們也不是馬上就能逆來順受；但他們一旦接受了較低的條件，在經濟上、社會上、精神上都會受到貶抑。

雇主有什麼樣的理由這樣做？這些理由是成立的嗎？有多項調查試著回答這個問題。

在法國，費南德．波維哈調查了總共有六萬八千七百名工人的二百五十家公司。大部分的雇主表示，年紀會使肌力、聽力、視力降低；有小部分的雇主表示，年紀大的員工除了較不靈活之外，也較不能承受疲累、寒冷、炎熱、潮濕、噪音、震盪。根據法國民意研究所在一九六一年做的另一項調查，雇主認為五十歲的工人便讓人覺得「老了」；他的工作效率會大大減低，因為他不知道怎麼適應新的狀況；他也會變得比較沒力、速度變慢。這些缺陷不能倚靠經驗、資格、職業意識來補足，雖然這幾個方面他都比年輕人來得強。女人的工作能力比男人更早落入衰退。根據職業的不同，老化的年紀也不同。跟其他行業比起來，礦工衰老得更快，大約在四十六到四十七歲之間即見衰老。會計則比其他職業來得晚，大約到六十歲才見衰老。老年幹部沒有年輕人來得有活力。不管在哪個職業，老年勞動者對新奇事物都不感興趣，只是天天從事例行公事，有損他們的工作生產率。

根據英國的幾項調查，五十歲以後的工人，工作生產率和他們年輕時是一樣的，而且較少發生意外。但是一旦過了六十五歲，有二十五％的男人（有四十％的女人在超過六十歲以後）健康問題會影響他們的機動性（有一半的人是受到心血管疾病的影響）。英國最近有一項調查顯示，達六十五歲的受檢退休人士中，有八十五％已經無法繼續從事他們的工作，儘管他們認為自己還有能力。

一九六六年十二月，德國海德堡召開了一場研討會，最後也做出類似的結論，其中有一人提出報告表示，無法有同等工作生產率的老年勞動者比例，或者是無法執行和以前同樣工作的老年勞動者的比例提高了。

不過，這一點往往是捏造出來的。一個六十歲人的可能性，跟五十歲人的可能性並沒有很大差異。人的體力高峰是在二十七歲；到六十歲，體力減少了十六．五％，也就是說，跟四十八到五十二歲的人比起來，只減少了七％。至於雙手的靈巧度，十五歲到五十歲之間並沒有多少變化。而六十到六十九歲之間，執行工作所需的時間增加了十五％。

這些數字也很抽象；它們只涉及健康的人，而年紀往往會帶來身體上的毛病。觀察那些針對特定一群人所做的調查結果會更有意思。一九五一年在挪威，檢視了五千名工廠裡的老年受薪人之後，醫生表示，六十到六十四歲的這個年齡層，有八十二．六％的人有能力工作如常，七．三％可以做一些較輕省的工作，二．三％可以做半工，七．七％應該退休。在六十五歲到六十九歲之間，比例分別為八十一．五％、七．七％、二．一％、八．七％。七十歲以後，比例分別為八十．七％、四．一％、二．八％、十二．四％。在瑞典，大部分的工人、雇員一直到六十七歲都仍能完美地完成工作。根據英國伯明罕一項由醫生所做的調查，絕對無法工作的比例在七十歲是二十％、在六十五歲是十％，無法工作的原因是慢性病或殘障。

根據納菲爾德基金會所做的幾項重要研究顯示：在英國，老年的功能減退在很大程度上得到補償和克服，直到非常高齡才真的邁入衰頹。約克郡的紡織廠提供了一個很好的例子：折疊布匹和穿線是非常精確的工作，很多老婦人即使視力不佳也都能做得盡善盡美，因為熟能生巧。

一位老年學家告訴我一件事：在做了某些視力測試之後發現，有些大客車司機有視覺調整不足的問題，使他們在夜間無法面對迎面而來的車燈。不過，實際觀察他們在道路上行駛的情況，會發現他們在夜間駕駛一點問題也沒有，跟那些通過實驗室測試的人開得一樣好，甚至更好。他們自有辦法避開刺眼的車燈，以周邊的事物來辨認方向。技能、經驗、運用策略來避開視力不足的毛病，讓他們開車沒問題。這也是為什麼我們不能太過信任實驗室所得的結果。實驗室裡的情況和實際情況是不一樣的。

英國有一項報告，是在一九四七年時針對六十五歲以上的一萬一千一百五十四名勞動者做調查，發現（除了礦工這種艱苦的行業之外）五十歲和五十九歲的勞動者之間，以及六十和六十九歲的勞動者之間，其工作生產率沒有太大差別。他們的工作效率仍然很高。一九五四年在倫敦舉行的老年學大會上，報告者帕德森在比較六十歲和年輕的勞動者之後，下了個結論：「他們在量上的工作生產率和年輕人相差無幾，而且他們工作的品質更好。要談退休的話，七十歲比六十歲恰當。」另一方面，一項針對一萬八千名雇員所做的調查，顯示缺勤的比率會隨著年紀而下降，而非上升。

納菲爾德基金會針對一萬五千名老年工人做調查，發現在二次大戰期間，有五十九%的人繼續做他們以前做的事，而且跟他們六十五歲以前一樣做得很好。根據這項調查，當工作得不斷變換動作或需要體力，當時間節奏像在生產線上一樣刻板時，都會妨礙這些老年工人。而那些需要竅門、需要細心照應、某種程度上能自由調配時間的工作，則很適合這些老年工人。在工廠裡，他們的工作品質通常是受肯定的，而且他們也比較有敬業精神。我們認為年紀大有以下的利與弊：

一般認為重新開始一項新的工作對老年人來說是困難的。根據一九五〇年英國的一項調查顯示，老年人能完善地執行他們習慣的工作，即使這工作很辛苦，但是他們較難適應改變。

然而，就這一點，還有公開討論的空間。二次大戰期間，加拿大、美國、英國在工廠裡大量

弊	利
聽力與視力減退、體力減退、雙手的精確度降低、較不強壯、較不靈巧、節奏較慢；記憶力減弱、想像力減弱、創造力減弱、適應力減弱、分散性注意力減弱；較不勤勉、較沒活力、較不主動、機動性較差、較不善於社交	喜愛工作、節奏穩定、有方法、守時、專注警覺、配合意願高、有紀律、謹慎、耐心、如實完成工作

雇用老年工人。這時期，很多老年工人得面對從未處理過的新工作，而他們都把工作做得盡善盡美。很多專家認為他們有能力取得新的工作技能。一九五三年時，倫敦南部的大眾運輸由公共汽車取代了電車，駕駛員都得改駛公共汽車：五十六歲到六十歲之間的駕駛員有九十三％都成功地改駛；他們只是比年輕駕駛員多花了一到四個星期來適應，而且有四十四％的人和其他人一樣只花了三個星期就適應了。在六十一到六十七歲之間，有六十三％的人成功改駛。前面提到的約克郡老年女工，也是很快就取得必要的迅速反應以操作機器。

不過，在見習期間，老年勞工得克服某些障礙。他們的神經質、焦慮會引發記憶衰退；當他們得和年輕勞工競爭時，這情況會更嚴重。一個七十二歲的人在接受測試時，如果他以為只有自己一個人做測試，測試結果會和三十五歲的人一樣好；當他知道有年輕的對手也做測試時，他會因自卑感而使得測試失敗。因為怕犯錯，老年人通常會僵固在消極的態度裡。他們比較難矯正錯誤，會陷於自己從前所學的而動彈不得。已經有電力學知識的老年勞工，要他們去上電力學的課，學得恐怕不會比一個完全不懂電力學的老礦工來得好，因為把電流比作水流讓他們難以接受。老年勞工也往往對新事物不感興趣、沒有好奇心。我們已經看到，採取新的態度（新的取向）對他們是困難的。他們下決定比年輕人來得慢，因此他們起反應的時間也比較長。不過，他們往往能克服這些困難。重複性的工作，對他們是有利的：在工廠裡，他們一整天重複做著熟悉的動作，最後這些動作都變得像是自動的一樣。這裡，我們也同樣要提防從實驗室得出的結果：這些結果不一定適用於日常的工作。

某些因老年而引發的不便之處，很容易得到補救，例如讓他們戴眼鏡、工作時坐在椅子上而不是站著，有時只要有這類的措施就足以讓他們重新適應工作，但很少有公司這麼做。最常見的情況是，只要工人稍微表現不足，就會被調動職位。他會被調任為門房、保全、簿記員、稽核員、工具分配員、倉庫管理員等等，等於是降級。他的收入會變少，在物質上、精神上都受苦。此外，這些職位都因為機械化的緣故而減少，年老的勞動者因此被迫失業。

以斯堪地那維亞幾個國家為例，所有的調查都指出，老年人被迫退出職場不是天生的宿命，而是社會做出選擇的結果。技術的進步讓老年工人失去了資格。他在四十年前受的職業教育通常不夠用了，再次培訓他能夠改進他的技能。另一方面，疾病、疲勞使他希望休息；但這並非老年引發的直接後果。一個量力而為的六十五歲勞工，應該可以毫無困難地完成對工作過度的老年勞工而言太繁重的工作。我們可以考慮打造一個能讓成年人工作時數較短、較不費力的社會，使他們不至於到了六十歲、六十五歲就只能以報廢告結。瑞典、挪威就有部分實現了這樣的社會形態。但是在法國的社會，我們只在乎收益，企業主寧願盡可能地剝削受薪人，當他們被榨乾，就拋棄他們，換另外一批來，然後靠國家發放津貼來照顧老年勞工。

要是退休的人都能支領一筆舒適過生活的退休金，我們也不用在這裡討論了。如果真能這樣，我們就該為老年勞工慶幸他能及早退休，頤養天年。事實是，他要是沒工作就會處於窮困中，辭退他就像是否定他的工作權，他不僅無法休息，還往往被迫接受辛苦的工作、微薄的薪水。至於退休的年紀，有許多觀點是站得住腳的，我們稍後再詳談。不過，大幅提高退休金這樣的訴求是必要的。

法國退休老年人的收入

今天在法國，關於退休金的分配法，第一件讓人訝異的事就是它引發的不公平，因為一直到一九四五年仍有提前退休的特殊退休制，也有補充退休制和一般退休制。拉厚克先生在一九六六年十二月七日的一場會議上表示：「在此刻，各種不同退休制之間的不公平讓人震驚；有些退休制給人可以過舒適生活的退休金，相反地，有些人的退休金則很微薄。沒有任何正當的理由可以說明這個差異是成立的。唯一的解釋就是：這個差異是根源於歷史。但是，要補救它很困難，因為就經濟上來說是不可能讓所有退休制都支領最高的退休金，而且就心理上來說，不可能要那些支領高額退休金的人縮減他們的既得利益。」

下面的列表，可以讓我們對法國複雜的退休制稍有概念。

老年人收入一覽表

六十歲老年人的保障由下述兩者負擔：
—社會保險，要是有受保人的權利
—公家機構（省、市），要是不受社會保險的保障

社會保險會發放：
1. 老年退休金
2. 老年勞動者受薪人津貼
3. 年金
4. 補充津貼
5. 鰥寡年金
6. 專職母親津貼

◆**老年退休金**
◎發放條件：

只有繳納三十年的社會保險費之後才有權請領，這時才能支領全額退休金。不過只要繳納十五年以上的社會保險費即可請領退休金，但退休金金額是按比例分配。只有滿六十歲才可請領。通常大家都是滿六十五歲才請領，超過六十歲以後，退休金的比例是每多一年增加四％。

譬如：六十歲——二十％的退休金

六十一歲——二十四％的退休金

六十二歲——二十八％的退休金

六十三歲——三十二％的退休金

六十四歲——三十六％的退休金

六十五歲等——四十％的退休金

◎退休金的計算是根據：

1. 保險期限
2. 平均年薪
3. 幾歲請領

◎平均年薪

平均年薪的計算，是根據最後十年繳納社會保險費的薪水：

或者是六十歲的前十年；

或者是請領退休金之日期的前十年。

◎退休金多少取決於請領人的年紀。

◎退休金的比例因人而異，端視他以多少薪水為基礎來繳交社會保險費。

◎考慮到薪水的提高，退休金會在每年的四月一日重新評估。

◎每年最高金額：五千四百七十二法郎（六十五歲、四十%）。

◎它不考慮個人收入的上限。

◆老年勞動者津貼

◎發放條件：

1. 六十五歲，或是若失去工作能力則為六十歲
2. 法國人，或是隸屬於和法國有外交協議的國家
3. 住在法國境內，或是住在過去為法國領地的國家，或是住在法國海外領地
4. 證明其有二十五年的工作資歷

5.如果是一九四四年十二月三十一日以後才開始工作，並繳交社會保險費

◆專職母親津貼

◎發放條件：

1.六十五歲，或是若失去工作能力則為六十歲

2.法國人，或是隸屬於和法國有外交協議的國家

3.住在法國境內

4.在九年期間養育五個法國國籍的孩子

⊙備註：至於年老勞動者和專職母親的津貼，因為整體繳交的社會保險費不足，所以要看其收入上限：

每對夫妻收入以年收入五千四百法郎為上限。

每位獨身者收入以年收入三千六百法郎為上限（含津貼）。

◆補充津貼——全國團結基金

◎支付給老年勞動者或是專職母親。

◎每年支付金額為八百法郎。

◎每對夫妻收入以年收入五千四百法郎為上限。

◎每位獨身者收入以年收入三千六百法郎為上限（含津貼）。

◎不得超過上限。

◎老年人，不管他是領退休金或領津貼，在接受醫療、住院時都是由社會保險負責照顧。根據疾病的程度、生病的時間，社會保險會支付七十%、八十%，或是百分之百的費用。醫藥費自理部分[330]則是由受保人自行負擔。透過社會服務局的安排，社會保險的社會行動基金被請求發放「醫藥費自理部分」給受保人，並且在需要時會被請求發放「救助現金」給受保人。

◆社會保險年金

◎發放條件：

1. 六十五歲
2. 繳交五年費用，或是繳交少於十五年的費用
3. 要是繳交低於五年的費用，請領者只能要求歸還他已繳交的費用

◎年金比例：約繳付年金費用半數的十%

330 也就是社會保險不會支付的一筆款項。

⊙備註：現在有一些老年人，或者是因為他們在工作期間從來沒繳付社會保險費，或者是因為他們的工作是週期性的，或者是因為她們是寡婦，沒有權利支領「移轉支付退休金[331]」，或者是因為她們為了養育數個孩子而從來沒有工作，以致無法支領退休金、津貼、年金。最主要是他們也沒有權利受惠於社會保障。

◎可向其請領的公共服務單位：

1. 省政府
2. 市政府
3. 公共救濟事業局
4. 專門慈善機構
5. 私人慈善機構

◆老年特殊津貼（由法國信託局提撥）

◎發放條件：

1. 沒有支領社會保險的退休金
2. 收入未達一定金額的上限
3. 沒有房產

4. 沒有支領孩子膳食補助金

◎特別津貼的金額為：一年一千三百法郎

◎收入上限（包括特別津貼在內）：

每位獨身者每年三千六百法郎。

每對夫妻每年五千四百法郎。

◎因為預算不高，補充救助金由社會服務中心發放：

1. 房租救助金[332]（主要房租的一半）

2. 暖氣救助金（每年一百五十到一百八十法郎）

3. 每月現金救助金（五十到一百五十法郎）

4. 瓦斯券、電券、食物包裹、老年人免費餐點、交通費折扣。私人慈善機構的贊助

5. 免費醫療救助

---

331 譯注：移轉支付退休金（pension de réversion），指生前工作的人在死後，他的配偶可請領他的部分退休金。

332 發放條件是所租的房子沒附家具，而且租金低於二百法郎。

◆退休金增加額、養老金增加額、日常生活協助者津貼[333]（或是由社會保險發放，或是由省政府發放）

◎發放條件：

1. 六十五歲，或是若失去工作能力則為六十歲

2. 無法照應自己的日常生活（各種殘疾）

◎不論退休金、養老金、津貼金額多少，皆可請領這項增加額。

◎每年金額為六千七百法郎。

◎這項增加額只在受益人生前發放。

◎醫療救助百分之百提撥。

◆補充退休金

◎發放條件：

1. 六十五歲可請領。

2. 十年都在同一個行業裡工作（商業、工業、自由業）

◎雇主加入他那一行的退休金管理局（雇主和受薪人繳交退休金管理分擔費）。

◎如果失去工作能力，補充退休金可以在六十歲請領。

◎遺孀可以在五十歲請領補充退休金。
◎未成年子女可請領年金。
◎補充退休金的金額隨著繳交的退休金管理分擔費的不同而有差異。

◆幹部退休金

◎發放條件：
1. 六十五歲可請領，或是若失去工作能力則為六十歲
2. 發放條件與補充退休金相同
◎這類的老年職工，其對口單位不是社會服務局。幹部退休金的預算相對比較高，因為它包含了社會保險的老年退休金和幹部退休金。

有兩點要特別指出的是，六十五歲退休只能領四十%的薪水，以及退休金的計算方式是以職業生涯的最後十年為基準，而它不一定是最高薪水。應該重新以最高薪水，或是至少以平均薪水來計算才正常。要是雇主以不適任為由降低勞動者的職等，退休金便會減少，這顯然就是不公平。

333 要是有重症病人需要有人長期照顧，照顧他的人（或者是他家人，或是其他人）可向相關機構支領日常生活協助者津貼。照顧者被看作是病人夫妻之外的「第三人」，並且是相關機構支付照顧者津貼。

另一方面，退休金的提高遠遠跟不上物價的上漲：退休金每年只漲十%。每週工時四十小時的法定最低工資為每月五百六十七．六一法郎，而發放給老年人的退休金則不到這個金額的一半。根據《政府公報》[334]上最近一則法令顯示，老年人的最低收入為每月二百二十五法郎，等於每天七．三法郎；有一百萬名老年人只有這樣的收入：這比依照共同法來照應一名囚犯的費用少了兩倍半。有一百五十萬名老年人每月只靠不到三百二十法郎來維生。也就是說約有一半的老年人口被迫活在窮困中。孤立的老年人是當中過得最悲慘的。社會服務中心裡，寡婦比鰥夫的人數來得多許多，她們佔了經濟弱勢族群的七十到八十%。根據阿爾卑斯各業均等局的一項調查，在六千二百三十四名五十歲[335]到九十四歲的退休人員中，每位獨身者的平均收入是每月二百八十法郎，每對夫妻為三百八十法郎，某些退休人員仍以打零工維生。其中有五分之一的人只有二百法郎退休金，其中有十五%甚至不買報紙，因為太貴了。

子女極少在經濟上支助他們的父母，有三分之二的老年人沒接受子女的任何援助。有時候，他們為了得到撫養費而跟子女對簿公堂；但是即便他們告贏了，往往還是領不到撫養費。如果一般認為他們的子女是可以撫養他們的，他們就會被社會救助排除在外，而這使他們更加受苦。說來這真引人憤慨，一般並不考慮子女實際上給了老父母什麼，而只考慮他們可以給什麼。

一九六八年十一月十七日的《週日報》上，以〈七十五歲獨身老婦在巴黎，每個月靠三百一十七法郎維生[336]〉為標題舉了一個典型的例子。R太太過去曾在多家餐廳當侍應生和洗碗工，一直工作到六十八歲才因工作對她而言太過辛勞而停止。她以前的老闆從沒幫她加入社會保險，她每三個月只領一百八十法郎的退休金。她靠著積蓄，就這麼撐了四年。後來，她為自己只靠每月六十法郎過日子感到絕望，便在孚日廣場的長椅上對一位鄰居談到自己的情況，鄰居建議她去找社工人員。社工人員幫她請領了每三個月八百七十法郎的退休補發金，和八十法郎的房租補助金。她住在瑪黑區一間旅館的頂層：要先爬上三層美麗樓梯，再爬上兩層台階又窄又高的樓梯，才會到她房間。她狹小的房間裡沒瓦斯、沒電，只靠煤油來照明和取暖。水槽位於一階台階上的壁龕裡，從水槽提一桶水走下來簡直就像特技，尤其對身手不靈活的人來說。廁所是在房子的另一頭，必須走下半層樓，再爬上半層樓，然後再爬上十五階陡峭的台階。R太太表示：「上廁所是我的惡夢。冬天時，有時候在我不麻利的時候，我得緊貼著牆走，懷疑自己能否走下這陡峭的台階。」每三個月，她得付一百五十法郎的房租：「付房租是我最重要的事，因為我的鄰居想要我的房間。他們試著把我趕到養老院去，但我寧死不從。」她每個月只剩二百四十法郎過活，等於是一天八法郎。她幾乎不點煤油取暖，冬天時窩在被裡很晚才起床，白天就待在商店或教堂裡。有時候她會去看電影，看下午一點以前票價較低的早場電影，一連看兩、三場。她去電影院時坐地鐵，回來時用走的。她幾乎不花錢買衣服，每年春天都會把一件穿了十年的大衣拿去送洗。她收到兩雙賑濟的鞋子，和一條裙子。她每年會買三雙長統襪，每雙九．九法郎。她吃得很少：每星期吃三次兩法郎的牛排、三或

334 於一九六九年末刊行。
335 如果失去工作能力，可以提早申請退休。
336 由安妮．固德瑞進行調查。

四法郎的格魯耶爾乳酪，以及兩公斤的馬鈴薯。她的晚餐經常是配上一點糖和奶油的蘋果。她每個月喝兩公升的酒，每星期喝五百公克的咖啡。她有兩個姪子，在他們還小的時候，她曾經資助過他們，但他們現在住在外省，她沒再跟他們見面。幾乎每個星期日，她都到一位女性朋友家吃午餐。她會帶上一塊小蛋糕當伴手禮，她的朋友（家裡有一個真正的爐子，可以料理煤油爐上做不來的菜）則會把吃剩的讓她打包回去，第二天再弄熱吃。她說，她的日子過得一點也不無聊。她很常外出散步。她會在小店的店面前讀報紙標題，或是有鄰居會把隔夜的報紙給她。只要可以，她就會出席巴黎的一些活動，像是她就參加了查理．明希[337]的葬禮，但她不敢進去裡面，因為自己穿的大衣太舊了。她生命中最黑暗的一點就是住宿之處。她的朋友答應在他們位於芒特的房地產中為她保留一間兩房帶廚房的公寓。她夢想著能住在這樣的地方。但是她的朋友死了，朋友的子女把這間小公寓租給了其他房客。

看過這個個案後，我們再來看一九六七年這張由社工人員建立的預算表格（左頁），就更能明白其中的含意。

每天只有七到十法郎可以吃飯、穿衣、取暖，等於是被迫挨餓、受凍，以及被迫忍受隨之而來的各種疾病。這也是被迫陷於絕境中，導致他們必須做出一些可憐的事。像是在市場上，當清潔人員清掃已經沒有商家的場地時，一些看來乾乾淨淨的老婦人卻在垃圾裡翻翻撿撿，把撿來的剩菜裝

337 譯注：查理．明希（Charles Munch，一八九一－一九六八），法國指揮家、小提琴家。

幾筆預算：由社會保險或是公共救濟事業局負擔醫療費用

年紀	婚姻狀況	養老金金額	住宿狀況	房租	社會救助
63 歲 重病	獨身	每月 260 法郎	一房， 有廚房 不舒適廁所 在院子裡	每月 70 法郎	每月 100 法郎 日平均 9.06 法郎
76 歲 心臟重症	寡婦	每月 210 法郎	一房， 有廚房舒適	每月 90 法郎	每月 120 法郎 日平均 8 法郎
82 歲 工作到 77 歲	獨身	每月 230 法郎	從 1930 年起 即住在 旅館房間裡	每月 80 法郎	每月 150 法郎 日平均 10 法郎
78 歲 智力衰退	獨身	每月 180 法郎	阿爾及利亞 的旅館房間	每月 100 法郎	每月 150 法郎 日平均 7.66 法郎
丈夫 73 歲 妻子 74 歲	丈夫患了 不治之症	兩份退休金 每月 460 法郎	兩房 有廚房	每月 90 法郎	每月 100 法郎 日平均每人 7.83 法郎
丈夫 70 歲 妻子 69 歲 三個小孩	妻子 半身不遂	每月 690 法郎	兩房 舒適	每月 200 法郎	子女津貼： 每月 150 法郎 日平均每人 10.66 法郎
72 歲 幫傭 50 年	獨身	每月 280 法郎	一房 有廚房、 廁所在被 驅離後， 又重新安置	每月 130 法郎	房租補助金 60 法郎 社會救助 100 法郎 日平均 11.33 法郎
82 歲	一次大戰 戰爭遺孀	每月 320 法郎	兩房 不舒適	每月 100 法郎	每月 90 法郎 日平均 10 法郎
64 歲 無法治癒的 骨骼疾病	獨身	每月 160 法郎	一房， 有廚房	每月 60 法郎	每月 150 法郎 日平均 8.33 法郎
70 歲 有一子 40 歲 患有無法治療 的精神疾病	獨身	母親領有每月 210 法郎 兒子每月領有 180 法郎 總共 390 法郎	兩房 普通舒適	每月 80 法郎	每月 150 法郎 日平均每人 7.66 法郎

滿菜籃。在尼斯，市場上這樣的老婦人很多。看到一群老婦人趕忙奔向半腐爛的水果和蔬菜，這番景象特別讓人震驚。根據在馬賽和聖德田所做的一項調查，單獨過日子的老年人裡，有十％的男人、十九％的女人生活在「幾近飢荒」中。布里耶赫教授表示，大巴黎地區裡每年有數千名老年人餓死。報紙也報導，每年冬天都有老年人受凍而亡。

那些殘喘活下來的人不只要忍受窮困，也要忍受景況的不確定性。他們的開支總是無法平衡，迫使他們要不斷地求助於社會服務局。他們求助的政府部門經常缺乏同理心，往往還要他們填寫羞辱人的調查表，也被迫填一些讓人昏頭昏腦的複雜行政文件。

在艾蓮娜・維克多製播的專談老年的節目[338]中，一部隱藏攝影機錄下了幾名老婦人和幾名社工人員的談話。社工人員盡全力接待老婦人，但是看這些老婦人迷失在文件裡，想破頭地翻尋記憶，絕望地想瞭解她們所處的境況，真是讓人難過。更令人難以忍受的，是看她們卑躬屈膝、哀切求助的態度。老年人總感覺自己是在乞討，而且有很多人不願這麼做。不管對誰而言，醫療費用都一樣，但只有二十％隸屬於救助制度的老年人得到醫療救助，相對之下，有四十％的老年人是用社會保險，意味者他們拒絕醫療救助。無論如何，定期的社會救助只是權宜之計，他們還是活在不知明天在哪裡的焦慮中。

比利時、英國、西德、義大利的情況也大致相同。資本主義社會偽善的禮法，不允許它擺脫「吃閒飯的人」，但也只給他們剛好可以在死亡邊緣求生所需。一位退休的老年人悲傷地說：「要活，是不夠的；要死，卻又太多。」另一位退休的老年人說：「我們不能再勞動時，就只能當個死屍。」

幹部的情況相對沒那麼艱困，但仍不能讓人滿意。幹部裡有一類是享有大特權的人，像是工程師、高階行政幹部、高階公務員、自由業，其中有些人的收入是工人薪水的二十五倍。不過，也有些中階幹部、小公務員、技術人員，他們的薪資微薄得多，當中又以女人的薪酬特別差。他們隨時都有被解雇、落入失業的危險。退休對他們當中大部分人來說，是失去社會地位，而且是降低生活水準。根據一九六四年出版的一本書《退休幹部看自身的景況》，有八十%表示他們有足夠的收入，其中七十七%認為「剛好夠用」，只有二%表示他們有多餘，有十九%則是處在經濟不穩定的狀態，尤其以女人為甚。此外，六個寡婦中就有一個每月只領二百五十法郎，有五十八%則是低於五百法郎。整體而言，八%的退休幹部領低於二百五十法郎，三十二%領二百五十到五百法郎之間，三十二%領五百法郎到一千法郎之間，二十五%領一千法郎以上（有部分人士沒回答）。這當中有一半的人，他們的收入完全來自退休金，有二十六%的人，退休金佔他們收入的一半以上。所有的人都希望能領雙倍或再多領三分之二的退休金。不管幾歲的人（六十五歲到七十五歲），兩人中就有一個寧願能夠繼續工作。不過，有三分之二的人表示很適應自己退休後的新景況，只有三分之一的人（尤其是那些身體不健康的人和窮人）不能適應自己的新景況。有二十%的人重拾工作；其中五十二%的人是為了增加收入，十六%的人是為了有事做，二十六%的人則是上述兩個原因都有。那些不再工作的人當中，有八十三%寧願休息。沒有人願意去養老院，他們都想待在自己家裡。

338 節目名稱是《在陽光下邁入老年》。

有一類的人非常受不了退休生活，那就是基層管理人員，因為對他們來說收入銳減。他們不適應空閒的生活，幾乎是執拗地尋找新工作，但很難適應其他不同的工作。

美國老年人的貧窮景況

資本主義為了提升收益，不惜一切代價地提高生產力。漸漸地，產品的量大增，整套系統便要求提高生產率。老年勞動者再也沒有能力跟上強加於工人的工作節奏。他們失了業，而社會待他們有如賤民。要是我們觀察像美國這種最繁榮的社會、這種自稱為最看重福利的文明，這種情況更是不容置辯。

一八九〇年，七十％的老年人仍從事有酬工作；現在只有三百萬人，也就是二十％的人口領有薪資。其中，有二百萬人是男人，一百萬人是女人。一般而言，他們的報酬很低。而且，四十五歲到六十五歲之間很難找到工作，只靠著小裡小氣發放的微薄退休金維持生活。

有很長一段時間，美國的社會救濟措施和英國一樣。對於還健康的老年人，會有一筆津貼發給照顧他的家人，而且是發給向救濟處要求最少錢的家庭；對於衰殘的老年人，他們會被送到當地的安養院裡。這安養院同時是醫院、精神病院、孤兒院、養老院和傷殘院。大家不把再沒有工作能力的老年人看成是有權利的；大家認為他們懶惰，是失敗者、垃圾。主要還是要靠家人來照顧他們。

一八五〇年在美國加州，有許多勞動者是來自美國東岸的墾荒者，而且這些勞動者都沒家庭。他們之間形成了一種兄弟情誼，靠著這情誼為老年人爭取到了國家補助金。一八八三年起，加州政府提撥補助金給創設養老院的郡縣，後來又提撥給到窮人家中服務的人士。一八九五年，因濫用補助金的情況嚴重，取消了這項制度。加州政府後來就只提撥補助金給州政府設立的養老院。

十九世紀末，一些數據統計顯示了老年人當中的窮人數量，這時輿論才開始對此不再無動於衷。一九一五年，阿拉斯加通過了一條法律，允許政府每月發放十二．五美金的救濟金給某些六十五歲及以上的人。其他幾州也投票通過了類似的法律。

一九二七年，加州允許國務院社會福利局在加州做調查。調查發現，六十五歲及以上的人只有二％的人口支領救濟金。向來致力於救助老年人的「老鷹兄弟會」，在同一年費了好大力氣才讓聯邦政府承認政府有照顧老年人的責任，其他沒那麼知名的團體也紛紛跟進。但是，基於個人主義、自由主義的理由，也基於厭惡一切都採「社會主義」的理由，輿論絕大部分對強迫政府照顧老年人是厭惡的。不過，「老鷹兄弟會」提出的方案，還是有二十四州願意進行研究。加州在一九二九年通過了一條法律，內容是將援助擴及所有有需要的老年人。一九三〇年，其他十三州也仿效而行。一九三四年，有三十州都有了某種形式的救助計畫，但只有十州完全執行這計畫；然而，救濟很難取得，而且非常不足。慈善家、工會、教會也開始為老年人建造養老院。一九三〇年代經濟大蕭條的時期，老年人的景況很悲慘：他們都陷入失業的困境，政府也無力照顧他們。許多人老年人眼看著自己的存款迅速減少。他們被趕出自己的家。這場大蕭條使得社會保險局允許聯邦政府金援照顧老年人的州政府。各州政府的計畫繼續執行，而且第二個方針在此時生效，那就是保險。不過，真正受益的人極少，他們只支領微薄的保險金。

一九四三年，有二十三．四％的老年人支領救助金，而只有三．四％的老年人支領退休金。他們極低的生活水平是明顯的悲劇。這時候，有些幫助老年人的公用事業部門發展了起來。一九五〇年起，美國國會提高了救助金的金額，也擴大了受惠的人數。然而，一九五一年，絕大多數的老年人口他們的收入都遠低於維生所需的最低金額，而且沒有支領私人機構的救助。此時，研究老年問題的研討會紛紛召開。從一九五〇年到一九五八年，社會保險的受益人數增加了許多：原本只有四分之三的老年人口受益，這時提高到了十分之九；退休金也提高了。然而，根據史坦納和道夫曼在一九五七年所做的調查，六十五歲以上的有二十五％的夫妻、三十三％的獨身男人、五十％的獨身女人，他們的收入都低於維生所需的最低金額。

美國經濟學家瑪格麗特．S．戈登寫道：「老年人貧窮是我們為時最久、最困難的問題之一。」今天，在一千六百萬名老年人中，有超過八百萬人非常貧窮。一個六十五歲退休的男人，在繳交了極高的社會保險費後，他和妻子每月只支領一百六十二美元；如果只有他一個人，他就只支領一百零八．五美元。一九五八年，根據美國人口普查局的統計顯示，六十％的六十五歲以上的人每年收入低於一千美金：在生活費較低的城市中，這樣的收入比維生所需最低金額低了二十％；在生活費最高昂的城市中，則是低了四十％。來自子女或朋友的救助，只提高他們十％的收入，而且能夠得到子女、朋友救助的老年人，他們的經濟情況其實相對較穩定。獨自過活的人情況特別悲慘——尤其是獨自過活的女人。就像在法國的情況一樣，美國的寡婦比鰥夫來得多許多，有四分之一的人一年只靠不到五百八十美金過活，而這樣的收入只夠支付由農業部核定的最低食物開支（而他們還得穿衣、住房、取暖）。

美國民主社會主義者邁克爾．哈靈頓在他《另一個美國》一書中指出，活在貧困中的數百萬老年人是「向下沉淪」的受害者。窮人往往比其他人更常生病，因為他們住在不衛生的簡陋小屋裡，吃得很差，也幾乎無法取暖；但是他們沒錢看醫生，於是病得更嚴重，以致無法工作，也就更加深陷窮困中。他們為自己的景況感到羞恥，因此禁閉在家，避免和人接觸。他們不想讓鄰居知道自己是靠社會救濟過日子；他們放棄了別人提供的小小服務，也放棄了最基本的醫療，最後只會變成長期臥床不起的病人。有名證人在調查老年景況的參議院委員會上表示，這些社會的賤民是「三重原因——健康不佳、貧窮、孤獨——連續引發」的受害者。他們當中有些人曾經有一份收入還過得去的工作，過著正常的生活，後來卻成了「貧困的新成員」。隨著年紀漸老，他們的能力也大不如前；他們再也找不到工作，因為他們在技術上已經跟不上。即使是在鄉間，農業機械化也使得老年人被排除在外。一旦退休，收入自然銳減。但是在窮人裡，他們幾乎大部分向來就很窮。他們在年輕時從鄉下來到城市，但在城裡並沒有一路亨通。另一方面，農工沒有社會保險的照護。所有這些窮苦的人（收入不足的退休人員，或是沒有退休金的勞動者）都應該求助於社會救濟。有些州（尤其是密西西比州）很窮，發放的救濟金極低。不管是在哪裡，社會調查員對前來求助的人都懷有敵意：有一半請求救濟金的人都被駁回。求助者被迫製造一些他們當中很多人根本不曾擁有的文件，而他們往往是半文盲，甚至不太會說英文，所以社會救助中心的程序和組織教他們害怕。這個無力而不人性化的官僚主義只會羞辱他們，而沒有真正接濟到他們。社會救濟（福利國家）的運作完全顛倒而行。照護、保證、援助一律都用在強者、有組織者的身上，而不是用在弱者身上。那些最需要醫療照護的人，得到的照護反而最少。他們孤立的景況使得情況更嚴重。貧民窟的年輕人會在街上遊蕩，一夥一夥聚集起來，老年人則與世隔絕。在美國這個國家，因為距離、生活節奏讓他們彼此無法交流，而且主要的交流工具是電話，卻有五百萬人沒電話。費城公共衛生部門的藍登醫生寫道：「導致我們老年同胞發生情感性問題的最重要因素，應該說是他們被排除於社會之外，他們的朋友圈變小，強烈的孤獨，不再受到他人的尊重，以及對自己感到厭惡。」

哈靈頓先生下結論說，只有富裕的社會才會有這麼多的老年人，但社會拒絕給老年人富足的果實。社會只給他們「殘喘維生之所需」，其他什麼也不給。

老年人口的居住問題

老年人的住屋問題很嚴重，因為家庭崩解、社會城市化，以及老年人收入微薄。英國城市化的程度達到了八十％，德國七十％，美國六十五％，日本、加拿大六十％，法國五十八％。在日本，父權家庭因為大家遵循傳統的關係而保存下來；在西德，由於住房不足的關係，有很多老父母跟子女住在一起。在美國，有二十五．九％的老年人和子女同住，有二十二．六％是一家之長，有三．三％住在子女家。在法國，二十四％的老年人和子女同住，尤其是在鄉下；也只有在鄉下，才可見到有時候是一家四代同住在一個屋簷下。好幾代同堂有其好處。一來這樣比較省錢，再來這能讓世代之間保持接觸，三來年老的父母能幫助年輕夫妻。不過，它也有些嚴重的不便之處。如果擁有房產和土地的是老父母（在法國這很常見），他們會拒絕採取較現代的生活方式，他們的子女會很難承受他們的威權。莫杭[339]在研究波洛德梅[340]這個小鎮時，指出世代衝突的存在。「年輕成年人和與他們同住、同工作的父親有嚴重的衝突。」一名二十八歲的屋頂建造工人說：「我們想要現代化，但是總有老頭在一旁反對。」做兒子的等著父親讓位，等到了三十、三十五歲，這之前的十年他焦躁不耐地等待這一刻到來。老年人很惱火地說到了年輕人：「他們老是說些我們從來沒聽說過的事，他們想要騎到我們頭上。」

有很多鄉下的年輕人遷徙到城市裡，結果就是在鄉下的小村莊裡，甚至在小鎮裡，只住了老年人，他們以過時的方法耕田，並且承受孤立之苦。要是相反的，父親或母親住在子女家，他們很可能受到虐待，或是受到忽視。總之，他們因不得不依賴子女而受苦。他們覺得自己受到其他家人的剝削，或是欺負。相對地，他們會妨礙年輕夫妻的關係，有很多離婚事件是因和父母同住而引起。有些農民家庭會選擇「住在附近保持親近」的方式過活。在瑞士、德國、奧地利的鄉下地區，老年夫妻會離開家，另外住在離原來的家不遠、但較獨立的「小屋」裡。在法國鄉下也有類似的習俗。做父親的到了六十幾歲將土地的開墾工作傳給兒子，然後去住在鎮上的房子裡。但他還是繼續照管他的土地，參與工作，給予建議。一九六二年在維也納針對逾一千名老年人所做的一項調查顯示，老年人寧願和子女同住，或是「住在附近保持親近」。

339 譯注：莫杭（Edgar Morin，一九二一－），法國社會學家、哲學家。
340 參見《法國小鎮。波洛德梅的變化》。

城市裡的問題則不一樣。在法國，城市的問題令人焦慮，因為到處都有住房不足的危機，而且房子老舊，建造房子的速度極慢；特別是，新建造的都是些大型的住屋群落，租金對收入較低的老年人來說過於高昂。收入較低的老年人如果住在不附家具的房子裡，而且每月租金低於一百九十法郎，他就可以支領房租津貼。房東如果不願租給老年人，他只需把房租訂在每月二百法郎就行了，老年人如果沒有房屋津貼，就付不起這樣的租金[341]。在尼斯這個湧進退休人員的城市裡，房東這樣的做法很常見。一位社會學家說，到處都有老年人「不得不住在破落房子裡」。根據法國民意研究所的調查，雖然有很多老年人夢想著在法國南部有一幢小屋，但大部分的退休人員還是住在原來的家。有六十八%的夫妻至少擁有一房一廳一廚，但他們住的都是破爛不堪的老房子，沒水，沒暖氣，或是不衛生。一九六八年退休工人退休金管理局[342]所做的調查顯示，在一百八十萬的會員和三十四萬的領取津貼者當中，只有十五．五%的退休建築工人家裡同時擁有水、電、瓦斯、淋浴設備和廁所。有三十四%的老年人住在老建築物的頂樓，沒有電梯，只得靠兩條腿爬四到六層樓的樓梯。有時候在子女離家以後，他們住的房子變得太大，要維護就變得很困難。在大部分的情況下，他們的住房並不符合老年人所需，像是沒水、沒暖氣、沒電梯，這對體力衰退的人來說反增疲勞。他們有一半的人擁有自住屋，但這項統計是包括鄉下地區，所以房屋自有率會這麼高。他們有三分之一是承租住屋的房客，其他則有免費住屋，或是和人分租房屋。

住屋的問題是和孤獨的問題連在一起的。在美國，有三分之二的老年男人和他們的妻子一起生活，有十六．二%獨居，三．五%住在養老院裡。只有三分之一的女人，她的丈夫還在世；有三分之一獨居，有不少人是和子女同住；有四．三％住在養老院裡。在法國，有三十五％的老年人和他們的配偶住在一起，三十％獨居。獨居的人當中，尤其以女人佔大部分；有九％是和朋友或是和一名兄弟姊妹住在一起。一九六八年針對建築工人、公共工程的退休人員所做的調查顯示，有四十三％的人，跟家人住得很近，有二十三％家人住得不遠，有二十五％家人住得遠，有九％則是完全孤立。住得遠近，直接影響了家人往來是否頻繁。

不過，這些數字不太能反映實際上家人、朋友的親疏關係。針對這個問題的調查，調查結果常常自相矛盾，往往會引發爭議。在米蘭，受訪的人當中，有十％的男人、十三％的女人表示他們「非常孤單」；有二十％的男人、二十二％的女人表示「有時覺得孤單」；孤單的感覺會隨著年紀而增強。在美國加州，有五十七％沒和配偶住在一起的受訪人士表示「非常孤單」，和配偶住在一起的則有十六％如此表示。

這類的調查在英國來得特別普遍。在唐森德、楊格、威勒默、莫格、玻特所做的各項調查中，顯示了家庭（很廣義的家庭）在社會關係、在互助合作上扮演了重要的角色，尤其是母系親屬，也就是說以祖母、其女兒及其孫女為核心所組成的家庭。男人比較會上咖啡館，和朋友交遊：「男人有朋友，女人有親人。」一九五七年，唐森德在倫敦東邊的貝夫諾格林所做的調查顯得特別重要。

---

341 從這裡可看到這個法規的不公平及荒謬。如果房租是一百九十法郎，年老的房客可支領九十五法郎的房租津貼，他只要自己再付九十五法郎。如果房租是二百法郎，他就得自己支付二百法郎。

342 C.N.R.O.，即 Caisse nationale des Retraites ouvrières。

在他調查的老年人當中，有五%感覺「非常孤單」，二十五%「有時感覺孤單」，七十%「不孤單」。根據他的說法，很少有老年人是真的孤立，有些老年人甚至會有十三名親人住在附近；特別是，總會有一或兩個孩子住在離父母少於一．六公里遠的地方。在貝夫諾格林的祖父母（尤其是祖母）很勤快地照顧孫子，她們會帶孫子去上學，帶他們去散步，在家照顧他們，煮飯給他們吃。有四分之三的受訪者表示，他們每天至少見到一位親人，這位親人會幫他們的忙。根據薛爾登（皇家醫院院長）的調查，有五分之一的老年人飽受孤單之苦，其程度甚至到了令人痛心的地步，在鰥夫身上尤其如此——鰥夫比寡婦來得更嚴重。獨居的人當中，有約三分之一的人有親人住在少於○．八公里的地方，有四十%的人表示因為和孩子關係緊密而感到開心。但是，這些調查結果其實並不可靠。美國有另一位調查員發現，有九十二%的老年人表示他們受到自己孩子的敬愛，不過只有六十三%表示一般而言孩子敬愛他們的父母。似乎許多受訪者在回答這類問題時，他們會自欺欺人，或是會出於自尊心而欺瞞，因為大家才不願意承認自己孤單，或是受到忽視。另一方面，我們發現經濟能力低弱的老年人即使和親人關係良好，也不能讓他精神較為振奮。對那些經濟較寬裕的人來說，朋友來得比親人重要。有兄弟、姊妹、堂兄弟、表姊妹等等的住在附近，並不能幫老年人日子過得比較好。他幾乎只能靠他的配偶和他的子女，但他和配偶也可能兩人一起飽受孤單。最近在巴黎十三區由巴里耶醫生和塞畢佑所做的一項調查即顯示了這樣的情況。夫妻兩人比起獨居的人（鰥寡或獨身）更會將自己封閉在家，而他們彼此之間往往因出於嫉妒、怪癖、專橫的關係而變得緊密，但這會使得他們身邊再也沒有別人。一九六八年在巴黎人口稠密區的一項調查[343]顯示，有三分之一的老年人沒有任何社會聯繫，他們從不曾收到信[344]，從來沒有朋友上門，也從不到朋友家。他們誰也不認識。

為了在物質上、精神上護衛老年人對抗不舒適的生活環境和孤獨，於是醞釀了為老年人建造老人住宅區的想法。就這一點，歐洲的北方國家和南方國家之間有明顯的對比。在義大利、法國，這個計畫幾乎不曾實現。最近這幾年在法國，退休工人退休金管理局建造了幾處住宅區，這些住宅都蓋在離大城市很近的地方，好讓居住其間的老年人不致感覺遭到放逐：水平式、半水平式的公寓——最多四樓，或是垂直式的公寓——八樓或甚至更高，這些住宅區都規劃得非常好。第一個住宅區，於一九六四年十二月蓋在波爾多附近，其間住了一百多名身體健全或半健全的老年人。之後，又建造了五或六個住宅區，平均每個住宅區可住一百二十人。退休人員在此住得愉快，只是會抱怨自己只能留下十分之一的錢，其他都得拿去付房租和照護。但是就數量而言，這樣的結果仍然微不足道。在瑞士、西德，他們為老年人建造了比法國稍多的住宅，在荷蘭、英國則建造了很多。約在一九二〇年，英國人為老年人在倫敦近郊的一座公園附近建造了一個村子，也就是懷特利村。「老年福利委員會」在倫敦、哈克尼以及其他地方也建造了養老村。一九四〇年，在英國，幾乎在所有的破落房子裡都住著老年人，但大部分人後來都搬遷到特別為他們建造的新式住宅。

在這件事情上盡最大努力的，是斯堪地那維亞的國家。哥本哈根有一座著名的「老人社區」，

343　參見《法蘭西晚報》，一九六八年十一月八日。
344　除了公家機構的來函以外。

它是在一九一九年整建，在一九五五年現代化，其中共有一千六百個床位，長久以來被認為是最成功的範例。一九四〇年在瑞典，老年人住在不多見的簡陋房子裡，但後來他們全都被另外安置。從一九四七年開始，瑞典建造了一千三百五十間養老院，收容了四萬五千名老年人。老年人也享有另一種特別的住宅，那就是專為領退休金的人而設的大樓公寓。有些老年人領有「社區補助金」，能幫助他們支付正常公寓較高的房租。

一九五〇年在美國，杜魯門總統讓公眾注意到了老年的問題，並且籌組了一個八百人的委員會來研議這個問題，但沒得到什麼結果。譬如在聖路易，老年人往往被圈禁在貧民區裡，這裡的老房子被分為好幾個附家具的房間、分為好幾間小公寓，然後租給老年人，將他們擠在一起。這時也成立了幾個老年協會（像是守舊者協會、八十歲老人協會、快樂寡婦協會、五十歲年輕人協會等），並創建了不少退休老人住宅，只是每個月平均要一百五十美金才能入住。有些集體住居模式的住宅是靠著政府的放款建造起來，這樣的住宅不帶來收益，或者只有極少的收益。其他還有私人機關興建的養老住宅。對大部分的退休人員來說，他們都負擔不起這些住宅過高的租金。在最著名的伊莎貝拉公寓，每月最低的房租就要七十五美金。

我們必須指出這其中也有非常成功的案例——可惜是個特殊例外——那就是在聖安東尼奧的維多利亞公寓[345]。這是一棟大型現代建築，安置了原本居住環境極差的老年人。在三百五十二名申請者當中，有二百零四人中選。他們當中有將近六十％的人是獨居，其他的則是和配偶、家人或是和朋友同居。他們有很多人原本住在破屋裡，在先帶領他們參觀過公寓後（大家對公寓讚嘆不已），才將他們遷到這裡。一年過去了，大部分人都還是住在這裡。這公寓有個俱樂部（還有圖書館、各種娛樂等等），九十%的人經常到這個俱樂部走動。他們每月房租是二十八美金，一般而言比他們之前的房租來得貴一些，但空間來得比較寬敞，也比較舒適。大家住得都很高興，都覺得房租低廉。他們的生活有了極大的改變，更感覺到錢不夠用，因為他們會買家具、買衣服，不再像以前忽視住家的布置、個人的裝扮，但他們很開心有餘暇，並有許多消遣活動可以填滿餘暇。他們加入社團，認識新朋友，而且這不妨礙他們和老朋友聯絡，並且經常和家人講電話。他們認為自己比從前更健康，並說自己還是「中年人」，而那些仍住在破屋裡的人則認為自己年紀已大或是已經很老。他們的人生、情感都得到開展，幾乎每個人都認為自己很快樂。通過這個案例和其他幾個案例，可見得住屋對老年人一般景況的影響極其重要。所以，老年人通常住得極差，這一點真的很令人懊惱。

今日，有個問題討論得很熱烈。大家想要知道：老年人如果只和老年人相處是否是一件好事。維多利亞公寓的成功，有一大部分是來自它位於城市市中心，住在公寓裡的人沒和他們的家人斷了聯繫。在美國有好幾個「太陽城」[346]，裡頭只住著老年人，生活費用較高。住屋承銷人員、管理人員都表示，老年人只和老年人相處讓他們過得很快樂。但這類型住屋為企業帶來巨大收益，受益者當然會吹噓他們的商品。曾在一九六四年為《紐約客》雜誌寫了一篇其中一個「太陽城」報導的卡爾凡．提林，他對老年人在這裡過得「很幸福」持懷疑的態度。住在這些地方的人，買下他們的房

345　參見卡普在《老年人的未來》中的描寫。
346　編注：指形成房地產開發、具有市鎮概念的大規模養老社區。

子，投資了很多錢，並且和人斷了聯繫，他們不得不一直住在這裡；大部分的人都好好安頓了自己，但他們不說要是事情重來自己是否會做同樣的決定。

我們今日極力提倡的是類似位於布魯日的「貝居安會院式住宅」，那是以數棟獨立的小房屋聚集而成的形式，並且位於城市市中心，好讓老年人和他們的孩子離得不遠。更好的是，在整個社區裡創建混合各年齡層的人居住的住宅，創建為老年人而設、有公用設施的單人住房，讓住房獨立，但提供某些公共服務。

安養院的生活景況

當老年人在經濟上、體力上再也無法自理自足，唯一的辦法就是到安養院去。但在大部分的國家，安養院這個地方完全不人性，只是一個等死的地方，就像最近一個節目裡提到的巴黎薩勒佩提耶爾安養院一樣。

法國有一．四五％的老年人住在安養院，平均年齡是七十三到七十八歲，還有二％的老年人住在退休老人住宅裡。一項調查顯示，有七十四％的老年人很厭惡住進安養院；有十五％的人接受安養院，因為他們已不能自理。安養院共有二十七萬五千個床位，但目前有十五萬到二十萬人想要入住，卻沒有床位。有四大原因促使老年人想要申請一個床位：首先是，他們收入不足。有四分之三的接受救濟者是住在大型安養院裡，而他們比較喜歡入住小型私人安養院。第二個原因是他們找不到住處，或是沒有體力維護住處的整潔。第三個原因則來自於家庭因素，也就是子女拒絕照顧老年人，或是決定不再照顧他們。報導薩勒佩提耶爾安養院「等死處」的某個節目裡（一九六八年一月），安養院院長很憤慨地指出，老年人的家人往往在出門度假前把老年人送到安養院，度假結束後卻忘了把他們接回家。最後一個理由是，有些老年人需要醫療照護。通常，他們住進他們省裡的安養院時，有些是以窮人的身分入住，有些則支付了一部分退休金。也有一些「流動者」，他們不斷地換不同的安養院住，沒住在安養院的期間，就四處浪遊、喝酒。有些安養院拒收生病的老年人，有些則會接受病人，即使他們還很年輕。

根據德洛爾先生於一九五二年在一所安養院所做的調查，住安養院的女人比男人多了一倍，而在一百名女人當中，有七十四名是寡婦，二十二名獨身，四名是已婚；當中有六十五名身體健朗、頭腦清明，三十五名則是身體衰殘，或是非常衰老。住進安養院之前，有八十名住在一房或兩房的住宅裡，住所或是一樓的門房小屋，或是樓上，其中有二十一處是破舊的房舍，尤其是住在一樓門房小屋的。她們每月支領八千到一萬五千法郎[347]。有二十四名門房太太，會兼做一些不繁重的差事。其中有一名老太太，她在家裡的櫥櫃裡藏了三十公斤的糖、麵條、米。另一名老太太，則把二十萬法郎藏在好幾個地方。她們和子女、遠親、朋友、鄰居的關係良好。有四十五名寡婦育有子女，其中三十二名和子女關係良好。有三十%的人在醫院住院單上寫著「生理衰殘」，或是「缺乏社交能力」。

在今日，我們再沒有權利建造超過八十床的退休老人住宅，而是要求蓋讓單獨個人或是夫妻入

347 這裡指的是一九五二年的法郎。

住的獨立房間。最近這幾年，各地建造了好幾棟符合這個標準的住宅，共計三萬五千個床位，但還是供不應求，情況仍很悲慘。

公共健康部最近官方報告揭發的《悲慘的法國安養院》，所有證言都一致指出安養院裡不幸的景況。不管是在過去，還是在今日，安養院是名符其實「乞討者的收容所」。拉厚克先生承認：「我們知道，過去那種積聚許多衰殘的人、長期臥床不起的病人、健朗老年人的安養院，它們的管理方式是給他們最低限的住處（往往雜亂、擁擠不堪），以及最低限的食物。不幸的是，這樣的管理方式在今日仍然到處可見。」一九六〇年，健康部長曾寫道：「在安養院和退休老人住宅裡，公共衛生服務幾乎都不足。在很多這類的機構裡，醫療上幾乎可以不誇張地說是無人照管的。」同一年，國家健康監察總局的報告中表示：「在大部分安養院和公立退休老人住宅，對老年人的監護和醫療照護都非常不足。長期臥床的老年病人通常是在受人忽視的情況下走完一生。尤其是，我們都知道半身不遂的人要是做復健，他的健康狀態會有進展，而長期臥床不起在大部分的情況下都可以避免——這種情況就更教人難以忍受。」

在法國，大家常弄混了醫院和安養院之間的區別。大部分的安養院接納各種年紀的殘障和病人。在二十七萬五千張專為老年人而設的床位中（其中二十五％屬於私人機構所有），有十七％是由年輕的身障者和智能障礙者佔去了，二十五．一二％則是由長期臥床的病人佔去。

相反地，除了那些被子女棄置在醫院、再也不接他們回家的老年人之外，也有許多老年人來到緊急救護中心時，是帶著他們醫生的一封信，信上寫著：「某某先生（或某某太太）應該住院，因為他（或她）獨自過活，而且他（或她）年事已高。」醫院從來不拒收他們。在薩勒佩提耶爾、畢塞特赫，就有一些人在有五十張床位的「發爛間」[348]裡等死等了二十四年。聖安端有三間「清理障礙」的大廳，老年人等著其他人死去，以便佔他的床位，他們等著進巴黎附近新開設的醫院，醫院的設備良好，但每天的費用是五十一法郎。官方必須建造至少一萬六千個床位來安置「重症病人」，好讓他們釋出在其他醫院佔據的床位。

不管是安養院或是醫院，約有十七萬八千個床位是位於百年以上的建築物裡。它們往往是古老的醫院、城堡、軍營、監獄改建而成，一點也不符合它們新的用途。這些地方總有許多樓梯，而且往往沒電梯，以致某些老年人沒有辦法離開他們的樓層。在大型宿舍裡——自一九五八年起，這類大型宿舍便受到批評，但事實上大部分的床位都安置在這裡——病患和長期臥床的病人整天都躺在床上。床位和床位之間，往往沒有屏風做隔離，也沒有個人的床頭櫃、個人的衣櫃：老年人沒有一丁點屬於自己的空間。不同的性別被隔離起來，以致老夫妻無情地被拆開來。丈夫和妻子分別被安置在不同安養院裡，這種情況並非罕見（一九六七年春天，有一對八十幾歲的老夫妻一起在塞納河投河自盡，因為他們被分開安置在兩間安養院裡）。安養院裡要是有單人房，它通常是保留給支付管理費用的寄宿人。到某個時候，這些支付管理費用的寄宿人可能再也付不出錢，就會被人從單人

348 在一九六八年四月《法蘭西晚報》的一則報導裡，瑪德蓮．法朗克寫道：「那些令人反感的『發爛間』正在消失中。現在在薩勒佩提耶爾只剩幾間。在畢塞特赫醫院—安養院中，院長穆席耶先生在十八個月的時間裡從一千三百床所謂的『垃圾床』中撤銷了五百床。」

房移到容納許多人的團體宿舍。對他們而言，這又是一次新的陷落，因為這些地方都很破爛，每間宿舍一般都很陰暗。食堂裡通常有幾張大桌子和一些板凳，它往往取代了客廳。如果有客廳，通常都很小，而且布置不當。這些地方往往都很冷，沒有中央暖氣系統，或是只有部分的暖氣會運作。洗衣間、廚房的設備通常較為現代化，但大家都是吃一樣的餐，一點也沒考慮每個人的飲食需求並不相同。衛浴設備也不完善，大部分都沒有浴缸，只有淋浴。每位寄宿人每個星期只洗一次澡，甚至是每個月洗一次。「醫療上無人照管」實在是令人氣惱。通常是一名醫生負責照顧三百五十名住院的病人，甚至有一名醫生負責照顧九百六十五名寄宿人的可能。安養院的醫療支出佔其預算的二·七%，卻有許多病症嚴重的情況。

在這樣的情況下，我們可以理解：住進安養院，對老年人來說可能會是件悲慘的事。這樣的心理衝擊對女人而言來得更猛烈，因為她們比男人更加扎根在自己原本的家。她們會焦慮，會因此顫抖不已。漸漸地，很多人會逆來順受。有時候，住進安養院似乎會讓老年人重獲生之滋味，因為他們比較不孤立，會結交新朋友，而出於競爭心理，他們比較不像以往那樣邋遢。但這種情況很少見。

貝季紐醫生做了一項統計——許多證詞也讓我證實了這項統計—— 顯示了在一所安養院裡健康的老年人：

八％ 在八天內死亡

二十八·七％ 在一個月內死亡

四十五％　在六個月內死亡
五十四・四％　在一年內死亡
六十五・四％　在二年內死亡

也就是說，過半的老年人在他們獲准入住安養院後的一年內死亡。安養院的生活條件不良，不是唯一該為他們的死負責的，因為就老年人而言，移居他處往往會引發死亡。我們比較該為那些存活下來之人遭遇的命運感到悲痛。他們大部分人的處境可以用幾個詞來作結：被拋棄、被隔離、衰頹、痴呆、死亡。

住安養院的人，首先為他們受到的束縛而受苦。安養院裡的規定很嚴格，每天照章行事；早上起床，晚上要早睡。他和過去、他的生活環境切斷了聯繫。他往往必須穿制服，失去了個人的特性，不過是個號碼。通常，外人可以每天來拜訪，家人也時而會來看他，或是很少來看他，某些人則是完全沒有家人來探視。安老院往往位於交通不便的地方，家人、朋友只能在星期日前來，而此行交通所需的時間常讓他們覺得疲乏。就像巴黎西郊的省立南泰爾安養院，從巴黎市區搭地鐵和公共汽車，竟然要兩個小時才能到達。還真得有深厚的感情，才能讓人願意犧牲極少的休閒時間來探望。因此，老年人往往被棄置不顧。在尼斯，一所重要的退休老人住宅的院長在接受電視訪問時表示，只有二％的寄宿人會有人來拜訪。通常，寄宿人也不能自由地進出安養院。比方在南泰爾，寄宿人一個星期只有權利在一個下午出門一次。他們不知道該怎麼安排每天的日子。有時，他們會在安養院內打零工，以賺點小錢。有些女人受雇於洗衣間或廚房，但他們其實無心工作。他們大部分人的智識程度都很低，不太讀書，也不太聽廣播。電視——要是有的話——會讓他們眼睛疲勞。就連打牌也不能讓他們得到娛樂。他們對什麼都沒興趣，整天沒事做。或甚至，在吃過早餐後，他們又會回到床上，大部分時間都在床上打發。他們只是不斷地想著疾病和死亡。根據布里耶赫教授的說法，唯一能讓老年人感興趣的是做一些手工活。倫敦一所安養院的附屬機構有一個工作坊，老年人在此製造器物，像是枴杖等等的，以供院內衰殘的人使用。它讓這些老年人因此覺得自己是有用的。在法國外省，有少數幾處位於鄉下的安養院附有菜園，某些寄宿人很高興自己能種花種菜，但這樣的情況很少見。安養院的老年人沒有任何活動，被貶抑為「物」的狀態，很快就落入了衰老。到了允許他外出的那一天，他幾乎只有一個娛樂：喝酒。有很多寄宿人進安養院時原本是不喝酒的，卻住了一個月後就成了酒鬼。他們被允許擁有的零用錢[349]，也就是他們透過打零工賺到的錢，往往全部花在酒上。依照規定，安養院大門離賣酒最近的地方至少要有二百公尺。在南泰爾，禁止賣葡萄酒以外的酒給老年人，但光是葡萄酒就足以讓他們變成酒鬼。夏天，靠近南泰爾安養院的路上總是有男男女女的老年人躺臥在地上，或是靠著牆站或坐，手裡拿著幾瓶葡萄酒貼著心窩，整個人醉得不省人事。由於他們虛弱的身體其實受不了酒精，回到安養院後他們總是走路蹣跚，大吼大叫，到處嘔吐，而這種吵雜混亂的景況對那些愛好整潔、安靜的寄宿人來說特別難以忍受。葡萄酒讓他們譫狂，讓他們暫時忘卻了自己的不幸。酒也讓他們解放性慾；他們常常在酒醉狀態下互相配成對，或是異性成對，或是同性成對，讓他們勉勉強強滿足了性慾。

大部分的寄宿人很不能忍受集體生活，他們不快樂、焦慮、自閉。他們被圈禁在一起，而院方未曾為他們組織任何社交活動。他們易怒敏感、要求頗多，有時甚至顯得偏執。這常常會帶來衝突。所有老年人疾病發病的過程在安養院內部迅速地發生。

賈柯芭・馮・維勒德[350]的《大廳堂》中對安養院生活的描寫很貼切。這部小說必定是她個人對安養院認真觀察的結果[351]。作者透過一位新來的寄宿婦女的眼光，描寫了荷蘭的女性養老院。這位新來的婦女是由她再也沒有能力照顧她的心愛女兒帶來安養院，而她為自己很可能再也沒有一刻獨處的時間而感到焦慮。她說：「我向來厭惡有人注意到我。吸引別人的目光，對我來說向來有如酷刑！」從此以後，她人生的一切，包括死亡，都是在不懷善意、至少帶著批判目光的別人面前進行。另一所養老院的寄宿人對她說：「我們從來不能一個人獨處，這真是可怕，一直都有人圍繞著我們！……而且他們對待我們的方式，就好像不管哪個年紀的人都落入了童年。他們對我們說話就好像是對一、兩歲的幼兒說話一樣。」這位老太太因私人生活被否定而感到痛苦，因大家不將她當人看、將她當作「物」來對待而感到痛苦。這種事更甚於物質上的煩惱。

我沒能到南泰爾安養院參訪，因為院方拒絕我進入，但我拜訪了公共救濟事業局的安養院。它位於巴黎市中心，地點良好，其中住了大約二百人，男女都有。這所安養院四周是個大花園，有許

349 一個月二十五法郎。
350 譯注：賈柯芭・馮・維勒德（Jacoba Van Velde，一九〇三－一九八五），荷蘭女作家，小說《大廳堂》曾轟動一時。
351 西蒙娜與安德烈・史瓦茲－巴爾的《一盤綠香蕉豬肉》也處理了同樣的主題，但它的資料性較弱。

多樹和花。我到訪的那天是個晴朗的秋日，太陽充分地照亮每一個房間。地板、牆面、床單，一切都很潔淨。我見到了悉心照料病人的醫生，以及親切和藹、犧牲奉獻的年輕護理師。然而，儘管我對安養院的情況一清二楚，卻忘不了這次可怕的經驗：我見到人被貶抑、處在卑劣的處境裡。

幾位有能力支付較高住宿費用的特權人士住在單人房裡，另外有一部分人住在容納四、五個床位的房間。不過，絕大部分的人都住在容納許多人的大型宿舍裡。住大型宿舍的人，各自擁有一張床、一個床頭櫃、一張扶手椅，以及一個貼著床腳的小衣櫥。床位和床位之間的距離，大約是兩個床頭櫃的間隔。寄宿人就在這樣狹小的空間裡度過每一天。他們甚至沒有食堂（除了男人的宿舍旁有一間可用餐的小廳），直接就著床邊的小桌用餐。他們也沒有客廳，只除了一間他們從來都不去、毫無舒適度可言的小廳，就連接待訪客也不到這間小廳。這裡有一個奇怪的安排，沒人知道該怎麼跟我解釋，那就是：健朗的人被安排住在一樓，半殘的人被安排住在二樓，而長期臥床的病人被安排住在三樓。長期臥床的病人沒有行動的能力。大家把他當嬰兒一樣餵養他，幫他擦屁股；但是這種不能自主的狀態一點也不安然。我看到的老婦人全都流露出恐惶、絕望的驚厥表情，僵固在一種可怕的痴愚狀態中。也許大家再也無法對她們做什麼。二樓的情況，見了更是讓人憤慨。在那些半殘的人當中，有許多還能從宿舍的一頭走到另一頭。他們應該可以出門走走，但他們沒有能力走下樓梯；而且因為沒有電梯，他們等於完全被囚禁，連花園也去不了。讓情況更惡化的是，無法控制自己身體的老年人也被放在同一層樓，這些老年人整天只坐在有洞的椅子上。他們和其他人住在同一個空間，都被判活在發出惡臭的環境裡。一樓顯得較不臭，也較不窒悶，但我們在看到安養院中沒有生氣的生活時，不禁心頭一緊。這種沒生氣的生活很嚴重，譬如就有許多其實算是健朗的男人會在床上大小便。院長告訴我，社會照顧他們這些人，使得他們完完全全墮入被動，完完全全不打理自己（但我也在猜想，他們是對自己所處的環境心懷怨恨而藉此報復）。一整天，他們都坐在椅子上，什麼都不做。我看見一個男人躺在床上打毛線，另外兩個男人坐在床上玩牌。這就是我看到的全部。有人告訴我，二十名寄宿人當中有一人會看報紙。有幾個人會聽一點收音機。即使有人提議他們做點消遣，他們也都會落入一種遲鈍麻木的狀態，以致拒絕別人的提議。有人邀請四十名老太太免費坐車在巴黎附近旅遊，只有兩名老太太接受了。他們唯一的消遣，就是鬥嘴；女人尤其愛閒聊、爭論，組成小圈圈，結成聯盟，再破壞聯盟。男人當中則有些具有攻擊性，甚至會施以暴力。就像在南泰爾，或在其他各個地方，他們只要有機會就喝酒。他們被扣除了住宿費用之外的退休金，都花在買紅酒上。買酒一點也不是難事，因為附近就有許多咖啡館、賣酒的店家。夏天時，可以看見他們坐在附近大道的椅凳上，手裡揣著一瓶紅酒。老婦人也一樣會喝酒。晚上當他們或多或少醉醺醺回到安養院時，他們會和其他人鬥毆。

每個星期三，住宿申請人會到安養院來參觀；他們只有身體大致健朗才會被接受入住（他們後來變得衰殘時，院方會留下他們[352]）。醫生對我說，他們在申請被接受後會變得焦慮，這種情況讓人看了十分痛心。他們知道自己從此遠離活人的世界，他們進到安養院唯一的遠景就是等死。女人

352 安養院裡有很多瞎子和聾子。有個女人又瞎又聾，完全自閉起來。安養院裡也有醫務處。但是當情況嚴重時，病人會被轉送到醫院。

一旦克服了這種生活起變化的焦慮，會比男人更能適應這裡的景況。她們會比較合群；她們說長道短，好奇心會讓她們有事做。男人反而會比較孤立，而且他們對自己落入衰殘感受更尖銳。一位實習醫生告訴我：「剛開始，我會問他們以前是做什麼的。他們回答我，他們過去是地鐵剪票員或是工人，然後他們會哭成一團，因為當年他們工作，他們活得像個人……我瞭解。我再也不問他們問題。」很多寄宿人再也沒有家人。要是他們有家人，每個月大約有人來拜訪他們一到四次。

住在大型宿舍裡的女人，跟有單人房的女人之間有個鮮明的對比。我見到了四位住單人房的女人，她們會打理自己，會讀讀書，或是打打毛線；她們會和醫生開玩笑。在有五張床的寬敞房間裡，寄宿人在我看來幾乎是開心的，她們當中有一人曾經是美容師，雖然她只剩一顆牙，但她還是化濃妝。在另一間有三張床的寬敞房間裡，有個女人把自己打扮得齊齊整整，臉帶微笑，而且她在屬於自己的一個角落裡布置了兩張獨腳小圓桌，還在窗台上理出一片花圃。似乎只要擁有一點私密的空間就能改變她們的生活。

我覺得最可怕的是，管理人員在精神上遺棄了這些人。要是有大廳能讓他們齊聚一堂，要是能提供他們一點娛樂，要是有輔導員照顧他們，他們不會這麼快就墜入純粹生物的狀態。一位護理師對我說，明年安養院的設施就會提高標準，會設置客廳等等。只是這麼一來，住宿費就會貴上許多。這對現今的寄宿人來說將會是場悲劇。他們會被移居到巴黎近郊，到南泰爾、到伊夫里去。

美國的情況並沒有比較好。一些社會學家發現，安養院和退休老人住宅幾個世紀以來幾乎沒有進步。一九五二年，國家保健需求委員會表示：「無論是在什麼地方的老年人，他們的健康保健服務不論在質或是在量上都非常不足。」一九六五年七月十日，美國政府公布了一項名為「保健醫療」的新法規，其中有好幾章是針對老年人而起。醫療機構對政府介入這件事感到非常擔心。著名的兒科醫生斯波克因為在制訂新法規時接受了和政府合作，而被視為叛徒。醫療機構對此反感的原因似乎是在於個人主義和自由主義，這樣的原因使得美國很難施行社會保險[353]。

老年人的退休生活

迅速地由勞動人口落入非勞動人口中，並且被歸為老年人，沮喪地忍受收入減少、生活水準降低，這對絕大部分人而言是個悲劇，並且在心理上、精神上引發嚴重的結果。尤其對男人來說，這是個打擊。女人活得比較久，因此孤獨的老婦人是生活條件特別差的一群人。但整體而言，老婦人比她們的丈夫更能適應景況。身為家庭主婦，她的情況和從前的農民、工匠是一樣的。對她而言，工作和生活是混合在一起的。任何外在的法令都無法突然中斷她的活動。在孩子成人、離家之後，她的家務會減少。孩子離家這個驟變通常來得很早，而且往往讓她感到震驚，但她不會因此而完全沒事做。祖母的角色會為她帶來新的可能。六十到六十五歲的婦女在家庭之外工作的人數並不多。通常，除了幾個例外之外，和男人比起來，她們比較不投入職業中。有鑑於許多年輕婦女不工作，退休不會自動將退休婦女歸到某個年齡的級別。她們在家庭中扮演的角色，讓她們能夠維持自己的

353　參見〈第二部〉附錄二，三五二頁。

身分認同。負責家務的是她們，和家庭其他成員（尤其是孩子和孫子）密切互動的也是她們。妻子因此居於丈夫之上，往往她們將這高一等的地位當作是她的報復。有些女人會有攻擊性，起而羞辱男人的男性雄風。老年人總會意識到這種男女角色的互換。「主題統覺測驗」中有一幅插圖顯示了兩個男人，一老一年輕，以及兩個女人，也是一老一年輕。當受測者是年輕人，他們在詮釋這幅插圖時，不會賦予老婦人重要角色；而當受測者是老年人，他們眼中的老頭子似乎在被他的妻子欺壓，顯得屈服而沒地位；他們認為老婦人才是主宰者，代表律法的是她。對這個測驗的詮釋顯示了一般夫妻正常的演變。

在男人的生活中，退休引發了不連續性，也就是和過去徹底決裂。他必須適應新的身分，這身分帶給了他某些益處，像是能夠休息、有空閒時間。但是，這身分也帶給了他不便，像是變窮、喪失工作資格。

海明威寫道：「最糟糕的死亡是失去構成他生命中心的東西，失去那真正使他成為他自己的東西。『退休』是語言中最令人厭惡的字眼。不管是選擇了退休，或者是命運迫使我們退休，放棄工作——是工作讓我們成為自己——即等於墮入墳墓裡。」

我們都知道海明威是為了別的理由而自殺，但也是在他感覺自己再也沒有能力寫作時自殺。當人自由地選擇了工作，而且工作等於是自我實現時，捨棄工作事實上就等於是某種死亡。當工作是一種束縛，擺脫工作即是一種解脫。不過，事實上，工作幾乎向來都具有這樣的雙重面向，它是一種奴役、一種疲累，同時也是興趣的來源、平衡的元素、融入社會的關鍵。這樣的雙重性反映在退休這件事情上，我們可以把退休看作是長長的假期，或是人生就此報廢。

在這兩種態度之間做選擇，這兩者會如何組合，取決於多種因素。首先，要看個人的健康狀況。工廠和政府部門依據一般的法律規定了退休年齡。不過，我們也看到生理年齡和實際年齡往往並不相符。一個疲累、衰竭的勞動者，和一個在精神、體力都仍健旺就退休下來的人，他們對退休的反應並不相同。通常，有自由可以及早退休的教師，他們會視自己的健康狀況來決定是否退休。他們會去諮詢醫生，然後視診斷的結果做決定。

聖—艾弗爾蒙在一六八〇年寫道：「我們沒見過比這更普遍的，那就是老年人熱烈渴望退休；也沒有比這更少見的，就是那些退休的人不後悔自己退休。」這引句的第一句話對很多人來說是真的，但並非所有人都是如此。終於可以實現「退休即奇蹟」這個長久以來的夢想——這種印象流傳很廣；但是相對地，也有「退休即災難」這樣的印象存在。因為想到退休時總是懷著恐懼，所以許多勞動者都避免去想它。有一項針對建築工人所做的調查，顯示了這些工人在退休的前一年有八十五％的人完全不知道他們接下來能有什麼收入。退休工人退休金管理局提議寄給他們一份含有必要資訊的資料。六十四歲的工人裡有九十五％的人申請了這份資料；六十歲的工人裡有四十％的人申請了；六十歲以下則幾乎無人申請。退休像一把切肉刀一樣地落到勞動者的頭上。一位搬運工說：「我從沒考慮過要停下工作，我想退休之前我就會死了，因為我累得不得了。」一位僕役說：「我一點也沒想到要停下工作，是我的視力讓我不得不退休。」一名英國工人說：「有天早上我醒了過來，我就這樣是個退休的人了。」另一名工人說：「星期二晚上七點半，我還在工作，第二天一早我醒來，我再也沒事做了。」根據摩爾於一九五一年在美國所做的調查，有四十一％的教師不耐地等待著退休，有五十九％的教師則對退休不在乎，或是抱著負面的態度。美國另一項針對成衣工人所做的調查，顯示了有五十％希望退休，而且是及早退休，因為他們感覺自己沒有能力再做下去，而不是為了其他理由。美國另幾項針對勞工所做的調查，顯示了只有四分之一——最多是一半——很高興接受不再工作的想法。

最近，我們在塞納省九十五位教師退休兩個月前詢問了他們的看法。我們問他們，他們怕不怕退休以後會有老得比較快的感覺。五十五％的人回答怕；他們以灰暗的眼光看未來。其他回答不怕的人，態度是如此唐突，以致我們認為他們其實也畏懼退休。他們當中很多人說：「我就要意識到我的年紀了。」他們喜歡自己的職業，而且和孩子接觸讓他們變年輕。他們擔心會無聊，會落入一成不變的生活中；他們感覺自己「報廢了」。在社會上成為無用之人，這讓他們覺得沒必要再活著。他們畏懼孤立。年紀越大，越會感覺到自己老化。

在這個族群中，獨身的女人最受到影響。不過，在某些情況下，有配偶反而會讓人憂慮加劇，因為會擔心對方不能承受新的景況。有子女並不能幫助人面對未來，除非子女是和即將退休的父母住在一起，在這種情況下，父母不會怕自己老去。六十歲的男人如果有孫子，會比沒孫子的人更覺得自己老。有某些教師以很誠摯的態度回答：因為可以得到休息，退休反而能讓他們變年輕。他們打算到鄉下過活，並且對許多東西感興趣。某些人則表示他們並不在乎變老。接受詢問的女教師中，有好幾位已婚；她們出於使命、也出於拒絕傳統女性處境的心態而工作著：她們厭惡被排斥在社會之外。

一旦退休了，每個人面對退休的態度還是不同。要注意的是，我們在論及退休時的心態是和我們怎麼經歷退休相關的。有些退休人員被詢問他們對退休有什麼期待，以及他們對退休的想法是什麼，有二十九%的人認為退休比他們預期的更愉快，有三十一%的人認為比他們預期的更難受。在第一類人當中，有五十一%原先就期待退休是件樂事；那些退休讓他們感覺壓力沉重的人有六十六%原先就畏懼退休。對悲觀的人來說，情況通常會如他們所預期，而且會加劇；對樂觀的人來說，情況則會變好。

最常見的情況是，退休是出於不得不然，因為老闆辭退了他，使勞動者不得不停下工作；或者是出於健康問題、再沒有能力工作的緣故。他並不真的期待自己的新景況[354]。有時候，他們會做些計畫，為退休做準備。他們也會開始執行這些計畫。原先住在城市的，會搬到鄉下去。他們會去旅行。然而，這些都無助於他們適應新的景況。有時候計畫本身會僵在那裡，要去執行時已經沒了興致。

我們往往發現，大家在改變生活時會犯下嚴重的錯誤。例如大巴黎地區的很多建築工人一旦退休，會回到他們出生的鄉下；過不久，他們會因為覺得無聊而又回到巴黎。很多老年人會為了離子女較近，離開他們原先的住所，但子女並不照顧他們。他們白白犧牲了自己原來的生活習慣。或者是他們會搬到蔚藍海岸去，然後發現那裡的氣候對他們的風濕病有害。他們也發現房租太高，這迫

354　根據特昂東先生在一九五五年所做的調查，在二百六十四人當中有四十七%的人是因健康因素停下工作，有二十二%是被辭退，只有四%是自願退休（有部分人士並未作答）。

使他們住到養老院去。他們誰也不認識，因孤獨而受苦。即使他們計畫完善，一旦實行以後，卻發現自己一無所有；他們只是推遲了適應新景況的時間。極少有人能夠真正為自己未來的生活規劃做好準備。對大部分人來說，「砍頭似的退休」是一項考驗，有些人非常適應不良[355]。根據在美國佩里城所做的一項調查顯示，持續工作的人比退休人員來得更有活力；雖然他們休閒時間較少，但是他們的娛樂活動、社交生活豐富許多。

為了這個理由，也更是出於需要，我們可以見到許多退休人員在找給薪的工作；只有一小部分人能真的找到，但他們只有在找到的工作是自己原先的職業時才會滿意。有了空閒以後，其實極少能夠充分發展自己的愛好，即使原先沒空閒時必須壓抑這項愛好。相反地，通常他們只能滿足於就質上來看低於原先職業的工作，而且領的薪水較低。這樣的工作不太能撫慰退休人員的心。

脫離職業環境的退休人員，必須改變他們安排時間的方式，以及改變他們的習慣。所有老年人都有的那種「失去價值」的感覺，讓他們痛苦不堪。事實上，不只是他們領的錢比以前少，而是他們領的錢不是自己賺來的。要是他們非常具有政治意識，會把領到的退休金看作是自己一生工作所得的權利，但大部分人幾乎都把退休金看作是施捨。再也不能賺錢養活自己，對他們來說等於失勢。人的身分認同是由他所從事的活動、他的薪水來界定的；退休以後，他就喪失了這樣的身分認同。退休的技工不再是技工——他什麼都不是。畢傑斯表示：「退休人員的角色是不再扮演任何角色。」這等於是在社會中失去了地位，失去了尊嚴，而且幾乎是失去了他的真實性。此外，他們不知道怎麼排遣自己的空閒時間，他們陷在無聊中。巴爾札克在《小資產階級》中寫道：「雇員從勞動過渡到退休這段時間其實是危險期。退休人員當中，那些不知道或是不能為自己從前的職司找到替代方案的人，他們的行為會有極其奇怪的改變。有些人會因此死去；很多人會沉湎於釣魚，這項消遣的空虛類似他們在辦公室裡的工作。」

「身分查驗辦公室」在布魯塞爾所做的一項調查顯示，有八十七%的退休人員希望能夠工作，至少能夠時而有工作。根據在巴黎所做的另一項調查，有三分之二的退休人員抱怨日子過得無聊。他們會說：「我再也受不了了，我無聊得要命。」百貨公司的一名女雇員說：「我回公司裡看我的同事。我試著找回那伴隨了我四十年生命的氛圍，我無法沒這樣的氛圍。」整體而言，這樣的牢騷多發生在勞動階級，「白領階級」則來得比較少。

根據特昂東調查退休一年後的景況，在二百六十四位受訪者當中，有四十二．五%的人不滿意退休生活，有二十八．五%則是滿意，另外有十六%的人雖很高興能夠得到休息，但認為他們的收入不足。滿意自己退休生活的，通常是「白領階級」，因為他們的生活水準比較高。沒事做讓人壓力沉重；但是不滿意退休生活的主要根由，在於貧窮。這也就是為什麼雖然和「白領階級」比起來，勞動階級比較不眷戀工作，但會後悔離開工作的特別是勞動階級。

另一項調查則有些微不同的結果。有人詢問了一群剛退休的男人，問他們是否打算再工作。有一半的人回答是，不過只有十六%的人希望提高退休年齡。另一群受訪的退休人員，在問到他們的

355 德努齊耶在他的書《港口之樂》裡描繪了一位車站站長在退休後仍每天到月台上憂鬱地看著火車駛過。六個月後他便過世了。

經濟狀況時，有一半的人表示並不滿意，不過有三十九%的人拒絕延後退休年紀。特別是「白領階級」對此非常厭惡，勞動階級則比較不會。有四分之一的人表示如果薪水增加五十%，他們願意接受退休年齡再延後五年。一九六八年，在一群建築工人中，有三分之一的受訪者是在六十五歲以前請求清算他們的資料，讓他們退休（但是有八%的人在六十五歲以後繼續工作，而沒要求退休）。有八十二．五%的人希望退休年齡能訂在六十歲。所有的人都拒絕在退休以後再從事有給薪的工作。他們因為健康的因素而希望退休。

從不同族群的受訪者當中所得的矛盾情況——至少是不確定的情況——來自於勞動人口的雙重要求：要能夠休息和能夠活得體面。他們被迫要犧牲其中一項。勞動階級很高興能夠不用再工作，但是他們總是為錢、為健康、為住屋的問題擔心。和「白領階級」相較，勞動階級因為經濟水準降低而承受了孤立之苦。特昂東便收集了許多這一類的想法：「我沒了錢的時候，你要我對什麼感興趣呢？……當我落入貧窮時，再也沒有人會跟我來往……我不能讓人請我吃飯，因為我沒能力回請對方……有人請我吃飯時，我總能找到藉口拒絕，因為我知道我無法回請他。」

無聊、感覺自己不再有價值——納菲爾德基金會在東倫敦做的調查中，受訪者也同樣有這樣的反應。一位仍打些零工的七十歲退休人員很憂傷地表示：「我還不到站在一角看著別人工作的時候，但我想會有這麼一天的。」另一位處境類似的退休人員表示：「我要工作到一百歲。人老了以後，工作能填滿空虛。有段時間，我等著休息的那一刻到來，但現在我很高興有工作做。它填滿了空虛。」在唐森德針對退休四年的人所做的調查中，有一人抱怨道：「我不喜歡整天坐在這裡。我希望我的腿能夠讓我回去工作。」另一個人說：「我受夠了。我整天沒事做。家事是由我太太負責。我要是做了些什麼，她都認為我做得不好。」有位太太提到她丈夫剛退休下來那一天的情況：「啊，這真是大日子！他哭了，孩子們也哭了。」丈夫接著說：「我再也不知道要做什麼，這就像在軍隊裡被關禁閉的時候。我只看見四面牆。從前，我星期六晚上會和同伴、女婿出去。現在不行了。我就像個窮人。我口袋裡沒半文錢。我不能付我自己的開銷。退休以後，人生再也不值得活。」有個反覆出現的想法是：「我給我太太的，實在是微不足道……我什麼都給不了她，我真覺得羞恥……」退休人員再也沒有足夠的錢維持家用，他得依賴他的妻子、孩子；他覺得自己沒用、變得渺小；他遊手好閒；他試著幫點小忙，但大部分時候太太都覺得他討人厭，要他到一旁納涼。有個女人對調查人員說：「看他在家真令人厭煩。他老愛關心妳在做什麼，凡事都愛問。」另一個女人說：「一旦停止工作，他們在家裡完全沒事做，不像那些有花園的人家可以讓他做點什麼。他們一旦不工作，就立刻會死翹翹。我這裡不需要他。」

通常，女人很害怕她們的丈夫退休下來，因為生活水準會降低，會為錢發愁；因為他們會老是在她們身邊打轉，也因為在家裡他們沒事好做。只有在非常寬裕的家庭中，一些做太太的會很高興能更常看到丈夫。通常，做丈夫的會覺得自己討人厭。他會受到妻子的羞辱，往往也會受到兒子的羞辱。他的兒子比他更能適應現代的生活，所以地位也高於他。我們看過一些在家中原來是暴君的，一退休下來反而變得畏畏縮縮，連切一塊麵包也要徵得同意。有些人則陷入憂鬱症。

這樣的情況對健康會有什麼樣的影響呢？對這個問題的看法很分歧。大部分的法國老年學家把這看作有害健康。他們表示，退休下來第一年的死亡率比其他時候都來得高。一意樂觀的美國老年學家則表示，只有退休是自願的時候，才會有害健康——也就是說他們是因為健康不佳才退休，而不是因為退休才健康不佳；對健康良好的人來說，被迫退休不會改變他們的健康狀態，甚至往往健康變好，因為退休讓人得以休息，有充足的睡眠。然而，大家都知道精神和身體之間的關係。我們承認，老年人的精神狀況一年比一年差，特別是在六十五歲到六十九歲剛退休下來的時候，尤其是如果他們經濟狀況欠佳的話。這樣的情況，在美國亦然。身體狀況必然受到精神狀況的影響。

退休引發的焦慮有時會導致長期的憂鬱。根據布拉強－瑪爾居斯醫生的看法，這樣的憂鬱疊加了好幾層因素：把退休視為守喪、流放，這種守喪和流放都是建立在一種排除不了的哀悼、一種對家人的依賴、一種有憂鬱傾向的性情之上，並且無疑是建立在血液循環障礙、腺體功能障礙之上，儘管這些都很難察覺。也就是說，退休帶來的衝擊完全擊倒了那些過去情況有些不穩定的人。退休會引發分離的焦慮、被拋棄的感覺、孤獨的感覺、一無是處的感覺，這通常是在我們失去親愛的人時會有的感受。

為了防範在各方面來說都是不好的呆滯無活力，老年人有必要保有活動，不管是哪一類型的活動，他整體的機能都會得到改善。布里耶赫教授研究了一百零二名自行車老騎士，得到的結論是，他們的智力程度遠高於和他們同齡老年人的平均值。由F．克萊蒙和H．桑德宏針對四十三名住在勃艮第的八十多歲健朗老年人所做的調查，顯示了他們的健康都和從事某些活動有關。他們平均年齡是八十六歲。其中有三十四％的人繼續全職地做他們以前的職業，有四十％的人和他們的孩子一起工作，或是從事第二職業；有二十六%的人沒有職業，不過他們會閱讀、蒔花養草等等。有六十一%的人從不覺得他們的工作累人。他們有正常的社交生活。最有活動力的群體平均年齡是八十七歲；平均年齡八十三歲的則較沒有活動力。前者也做很多體力活動，像是騎自行車、走路、狩獵；後者則有二十五%從不閱讀，就連報紙也不讀；其他人則通曉時事。整體而言，有十八%的人較喜歡閱讀，十四%的人喜歡狩獵，只有七%的人沒有任何娛樂活動。

因此對老年人來說有事做很重要。根據美國的幾項調查，有四十%到六十%的老年人培養美國人所謂的「嗜好」（hobbies）。五十歲到七十歲之間，他們比過去花更多時間在嗜好上，但是七十歲以後他們就變冷淡了。我們不太知道七十歲以上的老年人是怎麼打發時間的。整體而言，他們失去了活動的興趣，因為從事活動必須機敏又大膽；像是閱讀和寫作；更像是讓自己的活動多樣化。根據莫爾淦一九三七年在美國所做的研究，針對三百八十一名七十歲以上的人做調查：有三十二．九%主要的活動是做家事，三十一．五%是做各種智力遊戲，十三．六%是散步、拜訪他人，九．六%是坐在太陽底下、看著窗外，八．一%是蒔花養草、照顧寵物，四．三%是做些支薪的小零工。

一個人的智識程度越高，他的活動也就越豐富而多樣。不過，退休的體力勞動者有很多是什麼事也不做。在老年人當中，完全沒有活動的比例很高。關於這一點，我們可以說這是「向下沉淪」。不活動會引發一種麻木狀態，這種狀態會扼殺所有活動的慾望。卡雷勒觀察到和年輕人比起來，老年人空閒時間過多顯得更危險，因為空閒越多，他們就越沒能力做些什麼活動。無聊使得他們無法好好消遣。針對安養院裡的院友問題，有人說道：「他們總可以打打牌。」布赫里耶教授對此的回答是：「在他們可以找事做，卻不找事做的時候，我們可以把這稱之為無聊。」不管是在安養院裡或安養院外，這樣的說法都是成立的。

《夜晚的呼喚》這部小說裡，英國作家安格斯．威爾遜描繪了一位六十五歲的婦人難以適應她的退休生活。這位婦人曾是一間旅館的經營者，勤奮活躍。她退休後住到子女家去，而她自己很清楚子女根本不需要她。「一想到她的新生活只會像是一疊白紙，她不禁一時感到驚慌。」她想讓自己有用，但她不會操作配備齊全的廚房裡那些電器產品。她的笨拙讓她焦慮不已，而焦慮更有礙於她學習。她的兒子對待她如同成年人對待成年人：他很親切、有禮，但往往顯得沒耐心，會以粗暴的態度和母親說話。家人不太給她事做，就要這樣年年賦閒下去讓她自己覺得害怕。她沒辦法融入孩子的生活中，也不太嘗試這麼做，因為她覺得自己是局外人，處於家庭的邊緣。她漸漸陷入憂鬱；連對電視、閱讀也不太感興趣。她白天裡睡大覺，晚上常沒吃飯就上床，她會出門去散步，人往往無意識地陷入麻木狀態。然而，

一次的意外事件，讓她忽然感覺自己是有用的，這讓她精神大好。就在她找回了一點生的樂趣之際，她開始對很多事情感興趣，尤其是對她向來陌生的兒子的工作感興趣。她決定不再寄生在兒子家，搬到一個老年人的村子裡。儘管這樣的結尾有點樂觀，但這部小說讓人印象強烈之處，在於它描寫了一個無路可出的景況。

老年人的孤獨、無聊與無用之苦

為了幫助不活動的人對抗孤獨與無聊，在英國、瑞典，尤其是在美國，都鼓勵老年人加入各種協會。有些協會聚集了各個年齡層的人。在美國，有些協會是特別為老年人創設的，或是老年人自己創設，或是年輕人為他們而創設。協會中會舉辦各種娛樂活動：遊戲、遊覽、戲劇表演等等。美國也設立了「日間中心[356]」——法國沒有類似的機構。最初幾所日間中心是在二次大戰期間開設，目前在紐約有四十處。退休的老年人可以到附近街區的日間中心去認識其他人。這讓他們有社交生活，並且能從事些活動。他們做些有用的事，他們演奏樂器或是聽人演奏，中心也會舉辦一日遊，或是舉辦討論會。教會、工會也設立了類似的中心。參加俱樂部的人、時常到日間中心的人，通常都比其他人來得快樂。不過，也可以說因為他們比較快樂，所以樂得常到這裡來走走。我們總是會落入這個惡性循環中：物質上或精神上越是貧窮，就越無法甩開貧窮。一個人的生活水準越高，他就越會參與到社會中，但這總會隨著年齡而降低。根據各項不同的調查，有一半的老年人表示從五十歲起，他們的社交活動就開始減緩了，只有一%的人表示他們的社交活動更多了。美國佛羅里達州的奧蘭多，有半數的老年人沒參加任何協會，在棕櫚灘則有三分之二沒加入協會。只有在處境起了徹底的變化時，我們可以起而和老年沉悶的被動性做抗爭。「維多利亞公寓」的經驗便證明了這件事；搬入維多利亞公寓前，大部分的老年人花很多時間在打盹，坐在那兒什麼事都不做。一旦

---

356 譯注：「日間中心」（centres de jour），指接待老年人一天或半天的中心。

根據他們的愛好重新安置他們、融入社群裡以後，他們便開始讀書、看電視、參與一些社交活動。但是這個成功的案例只涉及了極少部分人。

我們要提到在法國已有三年歷史、在格勒諾勃成立的「格勒諾勃老人局」。該局創設了二十三個休閒俱樂部，並且有兩個全職員工、五十幾名志工來主持這些俱樂部。他們的成員（約有兩千名，其中有一千五百名經常參加活動）會有文化活動、手作活動、體力活動，譬如八十歲以上的男男女女會有體操課。該老人局也開設了「退休準備中心」。這項舉措非常有意思，只可惜受惠的人一樣只限於極少數。大部分老年人的處境，可以用巴黎十三區最近創設的一間休閒俱樂部的標語作結：「退休，是從事休閒活動的時候，也是無聊的時候。」

一位法國社會學家寫道：「退休以及家庭的分裂加起來，讓老年人的處境更形孤單、無用、悲慘。」在資本主義國家（斯堪地那維亞國家除外），特別是在法國，老年人的處境的確是如此，但這兩項受指控的因素，只有在現實的社會背景下才顯得嚴重。如果花在老年人身上的預算不是這麼不足，他們的命運不會這麼悲慘。沒錢和朋友喝一杯、沒有屬於自己的地方、沒有一塊花園蒔花弄草、沒錢買報紙的退休人員，讓他痛苦的不是因為空閒時間太多，而是因為無法利用這些空閒時間，以及因為他的衰頹。一份退休金、一處合宜的住所，能使他免於讓他深感消沉的屈辱，並使他能有最低限的社會生活。

然而，即使是寬裕的老年人都還是會為自己的無用而感到痛苦。我們這個時代的矛盾是，老年人的健康狀況較從前為佳，他們更長時維持「年輕」，也因此沒事做只會讓他們更難忍受。根據所有老年學家的看法，人生最後二十年健康良好，卻沒從事任何有用的活動，這在心理上、社會上都是不可能的。必須給這些人活著的理由。只是「苟延而活」比死更糟糕。一位曾經是技工的退休老人無緣無故地用槍打傷了一名警察，人家在問他的動機時，他回答：「人就是無法退休了又同時活著。」[357]

分階段退休當然是比「砍頭似的退休」來得好。之所以較好，就是獨立勞動者（除非他突然生了重病）可以漸漸地擁有空閒時間，但是仍久久地持續工作，至少是以較短的工時工作。這可以分階段漸次進行，對受薪員工也一樣。例如，我們可以將工作職位分為幾個範疇，根據工作所要求的，工人漸漸地從最難地降到最簡單的，或是減少他的工時。除了嚴重衰殘、嚴重疾病的人之外，這個辦法能滿足絕大部分的人，因為完全沒事做對大家來說都是無可忍受的。只是這個社會為此必須有徹底的變革。首先，退休金必須根據最高薪水來計算。只有在這樣的條件下，工人可以在他晚年時接受較不累人、薪水較低的工作。其次，年輕人和成年人的就業，不能受到失業問題的威脅。

今日在法國，極少有比退休年齡的問題更具爭議性了。老年學家為被迫沒事做而加快衰頹的老年人感到遺憾。然而，工會人士反對提高退休年齡，甚至要求降低退休年齡。他們的首要論點是老年工人需要休息。他們認為，有過多的空閒時間也許會造成危險，但是在工作處境仍維持原樣的情況下，延長勞動者的工作年限只會更危險。刊登在一九六七年《世界報》、由艾斯寇菲爾－蘭比歐

357 於一九六四年初發生在美國鳳凰城。

特醫生針對巴黎工人所做的一項調查，顯示他們在體力上、精神上比一般的巴黎人來得更弱。有人隨機抽檢了一百零二名在一間汽車大廠工作的技工，發現不到五十五歲，他們和一般平均值比起來血壓較高，心跳更快，肌力更不發達，心血管障礙更常見，睡眠障礙也更常發生。我們也注意到他們的智力有早發性衰退的現象。在現代社會中，因為比較少靠體力，所以工作比過去來得較容易承受；但是由於節奏加快、分工較細，卻使得耗損更加嚴重。我說過，這樣的衰頹不是因自然衰老之故，而是工作制度所致。只要這一點不改變，事情仍然會是如此。必須護衛年老工人的休息權利。

再者，工會人士還反對，在經濟建立在利潤上的情況下，我們不能儲備便宜的勞動力，讓大老闆過度剝削無產階級中受剝削最嚴重的階層，而且這會使得工人的抗爭更沒有效率。這是決定性的論點。只要社會現狀是如此，它就迫使人在下述這種可怕的情況下二擇一：或是犧牲千百萬的年輕人，或是讓千百萬老年人悲慘地無所事事。所有人都同意不取第一項，那麼就只能選擇第二項了。再也不只是醫院或安養院，而是整個社會都成了老年人的大型「等死之所」。

當我們問老年人他們是希望繼續工作，還是從職場上退下來時，他們的回答往往令人傷心，因為他們提到的理由總是負面的。要是他們願意繼續工作，理由常是出於擔心落入貧窮；要是他們寧願退出職場，理由常是為了照顧自己的健康。但這兩種情況，都不是出於滿意自己的抉擇的正面態度。既不是工作，也不是休閒能讓他們得到自我實現；不管是在工作或休閒中，他們都不是自由的。

高茲[358]在《艱難的社會主義》一書中指出，工作受限制等於將消費視為被動。「分子的個人」在工作上、在消費上都不在自己家中。不過，老年是不工作，是純粹的消費。整個人生「被動的休閒」最後只能導致退休以後的大型「被動的休閒」，也就是無所事事地等死。

老年的悲劇是徹底受制於斲傷生命的制度，也就是說：這制度對大多數人來說並不賦予人生存的理由。工作和勞累暫時掩蓋了這個生存理由的缺乏；它只有在退休之際才顯露出來。這比無聊來得嚴重多了。變老以後，勞動者在這個世界上再不佔有任何位置，因為事實上社會從來不曾賦予他一個位置，只是他從前沒時間意識到這件事。當他意識到時，他會落入迷惘的絕望中。

面對這樣的現實景況，所有「對老年的頌讚」都顯得像是專為從前所謂的「菁英階層」而發。幾個世紀以來，作家們就只在乎這些菁英階層（我們只稍稍在西塞羅、叔本華的簡短句子中瞥見又老又窮是難以承受的處境，即使是對智者而言）。他們未理睬又老又窮的人，但慶幸他們上了年紀便能解脫熱情。在今日，我們知道「老」和「窮」幾乎等於是同義字。如果說老年讓人從熱情中解脫出來，那麼老年會因為沒有能力滿足自己的需要而激化了需要。老年人忍受飢餓、忍受寒冷，他們因此而死去。這時候，只有虛無能「解脫」他們的身體。在此之前，他們的身體殘酷地經歷了挫敗和痛苦。沒有任何主題如此公開地顯現我們所繼承的文化是如此的不道德。

358 譯注：高茲（André Gorz，一九二三—二〇〇七），法國左翼作家、社會哲學家、記者。

	男人			女人		
	獨身	已婚	鰥夫	獨身	已婚	寡婦
40-50 歲	975	340	721	171	106	168
50-60 歲	1434	520	979	204	151	199
60-70 歲	1768	635	1166	189	158	257
70-80 歲	1983	704	1288	206	209	248
80 歲以上	1571	770	1154	176	110	240

有些老年人感覺到自己的景況無可忍受，以致他們寧願死去，而不願「活著受苦」。老年人是自殺人數最多的年紀，而且遠遠超前。涂爾幹[359]是第一個做出自殺比例統計圖的人，圖中顯示了自殺的百分比從四十歲到八十歲是增加的。在法國，每個年齡層、婚姻狀態以一百萬人計，在一八八九年到一八九一年間，自殺的人數如上表：

由上表可見，男性的自殺人數比女性多得多。其他國家所做的統計也和涂爾幹的統計表一致。還有稍後由霍布瓦克[360]所做的統計，和一九五七年由《里昂醫學期刊》所發表的統計，得到的結果也都相同。

根據最新的統計資料，法國老年人自殺約佔全部自殺人口的四分之三。直到五十五歲之前，十萬人當中有五十一人自殺；五十五歲之後則提高到一百五十八人。根據世界衛生組織一九六〇年的一項報告顯示，在英國、法國、義大利、比利時、荷蘭、葡萄牙、西班牙、瑞士、奧地利，男性自殺比例最高的是七十歲和七十歲以上，女性自殺的最高峰則是在六十歲，但自殺人數遠在男性之下。在加拿大和在美國的非裔美國人、在挪威和瑞典，自殺人數最多的年齡層是六十到六十九歲之間。老年人當中，自殺的死亡率遠高於肺結核，儘管肺結核造成了眾多受害者。整體而言，第一次世界大戰之後，自殺的人數減少了（在美國，就比例來說，自殺人數少了三分之一），但就六十歲以上的人，這個減少並不明顯。在美國，根據S．德．格拉西亞的統計，十萬名四十幾歲的人當中有二十二人自殺；但這比例會隨著年紀增加，十萬名八十歲的人當中則有六百九十七人自殺。有部分老年人自殺，是源自於沒治好的神經官能抑鬱；但絕大部分的老年人自殺，是對自己不可逆反、不可忍受的絕望景況的一般反應。在《老年自殺》（一九四一年出版）這部著作中，作者奎勒肯定地表示，精神病極少是老年人自殺的原因。他們自殺得從社會、心理的層面來解釋：身體及智力的退化、孤獨、無所事事、不適應社會、不治之症等等。根據奎勒的看法，自殺從來不是基於抑鬱單一原因所造成的，而是涉及到此人的一生。

老年人的處境令人絕望的原因之一，在於他們無力調整自己的景況。法國二百五十萬名貧苦的老年人分散在各處，他們之間沒有團結可言，無法對社會形成任何壓力，因為他們在國家經濟中再也不扮演活躍的角色。在法國尼斯，有許多老年人定居於此：他們佔全體住民的二十五%，在選舉時，他們投的票是算數的。但是他們彼此不認識，各自為政。社會發生變化讓他們感到恐懼，總是

359 編注：涂爾幹（Émile Durkheim，一八五八－一九一七），法國社會學家、人類學家，與馬克思、韋伯並列社會學三大奠基人物。

360 編注：霍布瓦克（Maurice Halbwachs，一八七七－一九四五），法國哲學家、社會學家，是最早提出「集體記憶」概念的人。

害怕會發生糟糕的事。他們把票投給保守政黨的候選人。在美國，老年人有時會有某種政治權力。退休以後，他們自願住到佛羅里達州、加州，在某些地方他們人數眾多（特別是在佛羅里達州的聖彼得斯堡），因而形成了重要的選舉團。另一方面，在美國現實政治的背景下，創設了新的經濟—政治組織，老年人在其中非常具有影響力，但這涉及的是特權階級。貧苦的老年人不會搬到佛羅里達去住，也沒有政治影響力。他們是弱者，是受到壓榨、無能為力的人[361]。

361 關於社會主義國家中老年人的景況，參見〈第二部〉附錄三，三六二頁。

論老年｛第一部｝

西蒙波娃繼《第二性》之後，再次打破西方千年沉默的重磅論述

La Vieillesse

作者　西蒙·德·波娃 Simone de Beauvoir
譯者　邱瑞鑾
特約編輯　吳佩芬
封面設計　賴柏燁
內文排版　高巧怡
行銷企畫　蕭浩仰、江紫涓
行銷統籌　駱漢琦
業務發行　邱紹溢
責任編輯　林淑雅
總編輯　李亞南

出版　漫遊者文化事業股份有限公司
地址　台北市103大同區重慶北路二段88號2樓之6
電話　(02) 2715-2022
傳真　(02) 2715-2021
服務信箱　service@azothbooks.com
網路書店　www.azothbooks.com
臉書　www.facebook.com/azothbooks.read
發行　大雁出版基地
地址　新北市231新店區北新路三段207-3號5樓
電話　(02) 8913-1005
訂單傳真　(02) 8913-1056
初版一刷　2020年08月
初版四刷 (1)　2024年07月
定價　台幣899元

國家圖書館出版品預行編目 (CIP) 資料

論老年 / 西蒙. 德. 波娃(Simone de Beauvoir) 著 ; 邱瑞鑾譯. -- 初版. -- 臺北市 : 漫遊者文化出版 : 大雁文化發行, 2020.08
2 冊 ; 14.8 x 21 公分
譯自 : La vieillesse
ISBN 978-986-489-397-3(全套 : 平裝)
1. 老年
544.8　　109009992

ISBN　978-986-489-397-3（平裝）